I0876441

LITTÉRATURES DU MONDE
sous la direction d'Alain Montandon et Françoise Lavocat
37

Récits romantiques russes sur le magnétisme

Ouvrage publié avec le soutien de l'IdEx Unistra de l'université
de Strasbourg et du programme d'investissement d'avenir
de l'Agence nationale de la recherche

Récits romantiques russes sur le magnétisme

Traduction et édition critique par Laetitia Decourt
et Victoire Feuillebois

PARIS
CLASSIQUES GARNIER
2021

Laetitia Decourt est maître de conférences en littérature russe à Sorbonne Université. Elle s'est spécialisée dans la littérature russe du début du XIXe siècle, et travaille actuellement à une histoire matérielle de la littérature russe.

Victoire Feuillebois est maître de conférences en littérature russe à l'université de Strasbourg. Spécialiste du romantisme européen, elle travaille notamment sur l'histoire du magnétisme et les rapports entre littérature et médecine.

© 2021. Classiques Garnier, Paris.
Reproduction et traduction, même partielles, interdites.
Tous droits réservés pour tous les pays.

ISBN 978-2-406-12391-0 (livre broché)
ISBN 978-2-406-12392-7 (livre relié)
ISSN 2115-5674

INTRODUCTION

La Russie de la décennie 1830 est exposée à une puissante vogue magnétique, dont les œuvres littéraires témoignent abondamment par le dense réseau d'allusions et de reprises thématiques qu'elles tissent avec les théories de Mesmer et leurs prolongements. Dans *Le Nez* [Нос, 1836] de Nikolaï Gogol, où des événements étranges semblent envahir l'espace urbain pétersbourgeois, l'auteur explique la propension des habitants de la cité à lire ces faits comme surnaturels à la lumière de la dernière mode scientifique en date : « Les esprits étaient alors tournés vers le surnaturel. Des expériences de magnétisme venaient depuis peu de passionner le public[1]. » Dans une rédaction alternative d'*Eugène Onéguine* [*Евгений Онегин*, 1825-1832], le magnétisme fait partie intégrante du *small talk* que le héros pouchkinien aux multiples talents mondains déploie en société :

Et il pouvait en effet avec eux
Discuter de matière savante
Et même lancer d'ardents débats
Sur Lord Byron, sur Manuel,
Le magnétisme, le bon Parny
Ou bien Monsieur de Jomini[2].

---

1 Nikolaï Gogol, « Le Nez », trad. Henri Mongault, in *Œuvres complètes*, Paris, Gallimard, coll. « Bibliothèque de la Pléiade », 1967, p. 618. Gogol fait certainement allusion aux expériences de Moritz Hermann (Boris Semionovich) von Jacobi (1801-1874), savant prussien qui vint en Russie en 1835 et s'y livra à des travaux divers visant à l'application du magnétisme à l'ingénierie. La presse russe se fit très largement l'écho de son expérience de 1834 sur le « *perpetuum mobile* électromagnétique » (« Elektromagnetisches Perpetuum mobile », *St. Petersburgische Zeitung*, 1834, 5 сентября, C. 804 ; *Журнал мануфактур и торговли*, 1834, n° 10, C. 60-61).

2 Пушкин А. С. *Евгений Онегин : Другие редакции и варианты* [*Eugène Onéguine : variantes et corrections*] // Пушкин А. С. *Полное собрание сочинений : В 16 т.* – М. ; Л. : Изд-во АН СССР, 1937-1959. Т. 6. Евгений Онегин. – 1937. – С. 217. Jacques-Antoine Manuel (1775-1827) est un homme politique français libéral, célèbre pour ses confrontations avec les députés conservateurs à la Chambre dans la décennie 1820 ; Évariste Parny (1753-1814)

Une autre variante, relevée par Vladimir Nabokov dans son commentaire sur *Eugène Onéguine*, donne « carbonari » à la place de « magnétisme », ce qui souligne l'association entre les théories de Franz Mesmer et un réseau secret de forces occultes. En tout cas, il est clair que Pouchkine mobilise des références contemporaines problématiques, qui peuvent donner lieu à un débat enflammé pour des raisons politiques, scientifiques ou littéraires : l'effet d'accumulation rend le passage léger et irrévérencieux, tout en restituant au magnétisme son caractère ambigu et fascinant pour les contemporains de l'auteur.

Le magnétisme se trouve tellement associé au premier tiers du XIXe siècle qu'à l'inverse, le Bazarov de *Père et enfants* [Отцы и дети, 1862] d'Ivan Tourguéniev, médecin farouchement antiromantique, déclare que le temps est passé où l'on pouvait se laisser envoûter par l'attraction d'un regard de femme : désormais, l'anatomie de l'œil est bien connue et il n'est rien qui échappe à la compréhension objective du médecin ou du savant. En mobilisant l'exemple du regard qui fascine, le personnage fait allusion à la théorie de l'un des précurseurs du magnétisme, le Belge Jan Baptist Van Helmont (1579-1644), qui avait pensé démontrer qu'on pouvait tuer une grenouille si on le regardait assez longtemps dans les yeux : il reprend également la figure du magnétiseur au regard de braise auquel on ne peut résister, de même que l'assimilation fréquente entre regard magnétique et naissance de sentiments érotiques – autant de motifs très présents à l'époque romantique et qui font à celle du jeune médecin positiviste figures de poncifs éculés, mais parfaitement identifiables. Bazarov dessine en tout cas clairement une opposition entre deux sciences, se répartissant de part et d'autre de ce conflit de générations qui donne son titre au roman tourguénievien : aux romantiques une science approximative, héritée en droite ligne de l'alchimie ou la magie, marquée par des conceptions scientifiques comme le magnétisme ; aux physiologues qui leur succèdent la capacité d'établir des paradigmes médicaux bien mieux étayés, fondés sur l'observation objective et rationnelle – de manière significative, c'est la grenouille qui devient chez Bazarov l'emblème de ce nouvel idéal médical, mais cette fois comme incarnation d'une approche scientiste et matérialiste du monde.

---

est un poète néo-classique français que Pouchkine aime et cite très souvent ; le général suisse Antoine de Jomini (1779-1869) mit ses talents de stratège au service de Napoléon, puis de son rival Alexandre Ier et devint général dans l'armée russe.

Ces trois références nous permettent de cerner l'horizon dans lequel se déploie le magnétisme en Russie à l'époque romantique : celui-ci apparaît comme un pourvoyeur de frisson fantastique comme de sujets de conversation mondaine ; il est un prisme au travers duquel le regard sur le monde est renouvelé en suggérant l'existence de choses invisibles et potentiellement surnaturelles, mais donne aussi lieu à une appropriation parodique qui met l'accent sur les aspects les plus nébuleux de ces théories, chez Pouchkine ou chez Tourguéniev ; il est enfin l'objet d'un profond débat scientifique, tout en apparaissant, ainsi que le montre l'exemple de Bazarov, comme un élément incontournable de la *Weltanschauung* de la génération 1830. Le magnétisme investit ainsi la science, mais aussi l'horizon social, les mentalités, et, on le voit, la littérature, de manière sérieuse ou au contraire sur le mode de la parodie plus ou moins élogieuse et de la remise en cause plus ou moins fondamentale. Ce qui frappe donc, c'est à la fois la centralité et la malléabilité de cette nébuleuse magnétique qui se déploie, entre art, sciences et société, dans la Russie de 1830 et dont la diversité des textes présentés ici voudrait rendre compte.

Mais si le magnétisme postule, on le verra, la capacité d'agir sur des objets à distance, il ne s'agit pas pour nous de proposer un simple constat d'influences qui s'exerceraient du monde des sciences à celui des lettres, en sélectionnant des œuvres qui témoignent d'une perméabilité de la sphère artistique aux débats médicaux et sociaux du temps : la production littéraire autour du magnétisme dans le romantisme russe des années 1830 montre qu'il ne s'agit pas uniquement d'une thématique à la mode, mais d'un instrument décisif dans le renouvellement des formes littéraires, dans la consolidation d'une sensibilité et d'une écriture fantastiques appelées à devenir la marque de fabrique du romantisme et dans la perception de la psyché humaine et de son rapport à un ailleurs invisible, souterrain ou au contraire idéaliste et transcendant. Pour mettre en valeur cette productivité du modèle magnétique en littérature, il faut d'abord affronter un certain nombre de paradoxes qui tiennent à sa diffusion dans l'espace russe.

LE MAGNÉTISME ANIMAL, PHÉNOMÈNE DU XVIIIe SIÈCLE ?

Le premier de ces paradoxes est que le magnétisme animal est d'abord une théorie médicale apparue au XVIIIe siècle dans un contexte germanophone, puis français : il est loin d'être spécifique à l'espace russe et moins encore au XIXe siècle – il s'appuie à la fois sur des conceptions alchimiques et cosmiques anciennes, allant de Paracelse à Jakob Böhme, et sur un réseau d'échanges scientifiques et mondains propre à l'Europe des Lumières.

Franz Anton Mesmer (1734-1815) est à l'origine un médecin viennois, mais c'est à Paris où il s'installe en 1778 que ses thérapies suscitent un franc engouement. Elles reposent sur un cadre théorique présupposant l'existence d'un fluide invisible qui connecte l'homme à l'univers et dont la mauvaise circulation est la source de bien des afflictions physiques et morales. À l'aide de « passes » effectuées directement par un magnétiseur sur le malade pour le plonger dans le songe magnétique ou par l'intermédiaire d'objets tiers comme le baquet ou les arbres, il est possible de rétablir cette circulation et donc guérir de pathologies diverses. L'intérêt pour le magnétisme remonte loin dans l'histoire de la médecine, et Mesmer est l'héritier direct de médecins renaissants comme Paracelse ; mais il est le premier à systématiser de tels principes dans ses célèbres *Propositions* et à mettre en place des protocoles thérapeutiques précis, qui mettent notamment l'accent sur les moyens de mettre en circulation ce fluide :

> 1°. Il existe une influence mutuelle entre les Corps Célestes, la Terre & les Corps Animés.
>
> 2°. Un fluide universellement répandu, & continué de manière à ne souffrir aucun vuide, dont la subtilité ne permet aucune comparaison, & qui, de sa nature, est susceptible de recevoir, propager & communiquer toutes les impressions du mouvement, est le moyen de cette influence.
>
> 3°. Cette action réciproque est soumise à des lois mécaniques, inconnues jusqu'à présent[3].

---

3 Franz Anton Mesmer, *Mémoire sur la découverte du magnétisme animal*, Genève, Paris, chez P. Fr. Didot le jeune, 1779, p. 74.

Selon Mesmer, la découverte de ces lois cachées du fonctionnement humain et cosmique ouvre des possibilités nouvelles de guérison, par les effets bénéfiques de cette influence fluidique :

> Une aiguille non aimantée mise en mouvement, ne reprendra que par hasard une direction déterminée, tandis qu'au contraire, celle qui est aimantée ayant reçu la même impulsion, après différentes oscillations proportionnées à l'impulsion et au magnétisme qu'elle a reçu, retrouvera sa première position, et s'y fixera. C'est ainsi que l'harmonie des corps organisés, une fois troublée, doit éprouver les incertitudes de ma première supposition, si elle n'est rappelée et déterminée par l'agent général, dont je reconnais l'existence : lui seul peut rétablir cette harmonie dans l'état naturel[4].

Pour autant, la nouvelle école thérapeutique du magnétisme animal suscite de violents débats. D'abord, Mesmer et ses disciples imposent à leurs patients, et en particulier leurs patientes, une promiscuité qui fait scandale : on se souvient alors qu'il a quitté Vienne en catastrophe en 1777, après que le père d'une jeune aveugle qu'il traitait et à qui il avait fait partiellement recouvrer la vue, Maria Theresia von Paradis, lui a intimé l'ordre de ne plus s'approcher de sa fille. L'image du magnétiseur lubrique qui exploite la faiblesse de ses malades et l'état de transe dans lequel il les plonge se développe alors en Europe, sur un mode inquiétant, mais aussi très fréquemment par le biais de la caricature et du vaudeville, qui assimilent davantage le magnétiseur à un charlatan préoccupé de satisfaire ses intérêts sexuels et financiers plutôt qu'au mage inspiré souhaitant rétablir la circulation cosmique des fluides. D'autre part, un profond débat s'engage sur le bien-fondé scientifique du magnétisme et en particulier sur la réalité matérielle du fluide qui en est le grand principe : à la demande du roi Louis XVI, deux commissions scientifiques, l'une rattachée à l'Académie des Sciences, l'autre à la Société Royale de Médecine, examinent les pratiques d'un disciple de Mesmer, Charles Deslon, et en discréditent les bases médicales, renvoyées, en l'absence de preuve tangible de l'existence d'un fluide quelconque, à un pur effet de l'imagination.

Sous la charge de ces conclusions, les théories et les pratiques autour du magnétisme animal tendent à se scinder en plusieurs courants qui prennent plus ou moins leurs distances par rapport aux idées originelles

4 *Ibid.*, p. 10-11.

du médecin viennois, dans l'espoir de répondre à cette accusation sur l'inexistence – ou l'imperceptibilité – du fluide. Une première école reste proche des doctrines originelles, en maintenant qu'il existe bien un fluide, mais en mettant l'accent sur son efficacité thérapeutique, plutôt que de tenter d'en démontrer la réalité matérielle : elle répond donc, sur le mode de l'*evidence-based medicine* actuelle, que c'est sur le nombre de patients qu'il a guéris que le magnétisme animal a assis sa réputation et que la preuve n'est pas à chercher dans les principes théoriques, mais dans une efficacité curative qui est, elle, bien documentée. Un second courant, appelé psychofluidiste, relève le gant en présupposant l'existence d'un fluide universel qui n'a pas de réalisation concrète, mais participe néanmoins à des processus de régulation de la santé par le biais de l'imagination : ici aussi, il y a donc bien quelque chose, même si on ne le voit pas ; en revanche, l'accent est mis sur la guérison comme phénomène d'ordre psychique[5], dans lequel la volonté que le magnétiseur exerce sur le patient joue un rôle fondamental. Un dernier courant prend une orientation nettement spiritualiste et mystique et voit dans le fluide, réel ou imaginaire, le vecteur de la connexion profonde qui relie l'homme au cosmos et qui reste invisible aux non-initiés : ce que l'on voit du monde ne suffit donc pas, et le magnétisme animal invite alors à aller au-delà des apparences, dans une perspective idéaliste.

Quelles que soient les différences entre ces courants, le magnétisme animal engage, on le voit, une conception du monde qui remet en cause la frontière entre le visible et l'invisible en soulignant que ce qu'on ne perçoit pas par les sens ou la raison existe peut-être quand même, et sans doute gouverne souterrainement l'existence humaine. Il met aussi en relief le rôle fondamental du magnétiseur, qui est le pivot de ces protocoles curatifs incompréhensibles au commun des mortels comme aux experts et qui pour les psychofluidistes exerce une suggestion décisive sur le patient et le force ainsi à guérir. Enfin, le magnétisme animal dépasse les simples frontières de la médecine, en instaurant une dynamique de réconciliation entre le microcosme et le macrocosme, entre le

5 C'est à ce titre que le magnétisme animal est parfois décrit comme un jalon important dans la découverte de l'inconscient (*cf.* Henri F. Ellenberger, *Histoire de la découverte de l'inconscient*, Paris, Fayard, 1994) et de la « guérison par l'esprit », pour reprendre une formule célèbre de Zweig (*cf.* Stefan Zweig, *La Guérison par l'esprit : Mesmer, Mary Baker-Eddy, Freud* [*Die Heilung durch den Geist : Franz Anton Mesmer, Mary Baker-Eddy, Sigmund Feud*, 1931]).

monde réel et une forme d'au-delà de la réalité, ce qui le colore d'une dimension philosophique, religieuse et parfois politique.

À terme, c'est une nouvelle conception de l'homme et de sa relation au monde immanent ou transcendant que le magnétisme animal fait émerger – et cette nouvelle conception est marquée par une capacité d'action, par le mot, le regard et la volonté, à distance ou de manière directe, ce qui ne pouvait que séduire un esprit des Lumières marqué par une confiance renouvelée dans la dignité et le pouvoir de l'individu. Les deux disciples français de Mesmer, Joseph Philippe François Deleuze (1753-1835) et Armand de Puységur (1751-1825), qui assurent la pérennité des théories magnétiques au début du XIXe siècle, jouent un rôle décisif à cet égard[6]. Deleuze reprend en particulier l'affirmation de Jan Baptist von Helmont dans son traité de 1621 *De magnetica vulnerum curatione* [*Sur la guérison magnétique des blessures*], où le savant belge affirme qu'étant à l'image de Dieu, l'homme doit être capable d'agir sur certains objets par sa seule volonté, et notamment par sa parole. Ce pouvoir est habituellement dissimulé à l'homme, mais le magnétisme permet justement de révéler cette capacité d'influence qui passe par des vecteurs immatériels : si elle rappelle les pouvoirs magiques d'êtres surnaturels et à ce titre peut faire l'objet d'une réelle méfiance, elle est aussi ce qui distingue l'être humain et peut lui permettre de répandre le bien autour de lui. Sous l'influence de Van Helmont, qu'il commente[7] et cite[8] abondamment, Deleuze déplace le débat de la question du fluide proprement dit à l'exposé d'une forme de théorie de la volonté individuelle dont le fluide magnétique ne serait que la base :

> 1. L'homme a la faculté d'exercer sur ses semblables une influence salutaire, en dirigeant sur eux, par sa volonté, le principe qui nous anime et nous fait vivre.

---

6 Ce sont d'ailleurs leurs ouvrages que se procure le personnage du « Cosmorama [Косморама, 1840] » de Vladimir Odoïevski lorsqu'il cherche à se renseigner sur le magnétisme : ils sont aussi célèbres que Mesmer lui-même (*cf.* Vladimir Odoïevski, « Le Cosmorama », *Contes bigarrés et autres nouvelles*, trad. Victoire Feuillebois, Paris, Classiques Garnier, 2016, p. 363).

7 Joseph Philippe François Deleuze, « De l'opinion de van Helmont sur la cause, la nature et les effets du Magnétisme », *Bibliothèque du Magnétisme Animal*, Paris, 1877, vol. I, p. 45, vol. II, p. 198.

8 Dans sa préface à la très influente *Instruction pratique sur le magnétisme animal* (1819), Deleuze remercie le marquis de Puységur, élève de Mesmer, qui selon l'auteur a permis au magnétisme de ne pas être oublié après le maître viennois comme il l'avait été après Van Helmont.

> 2. On donne à cette faculté le nom de magnétisme : elle est une extension du pouvoir qu'ont tous les êtres vivans d'agir sur ceux de leurs propres organes qui sont soumis à la volonté. [...]
>
> 4. Donc la première condition pour magnétiser c'est de vouloir[9].

Deleuze insiste sur le fait que l'existence et les modalités d'action du fluide ne sont qu'un postulat qui émane de ce constat bien moins contestable de la capacité de l'homme d'exercer une influence sur autrui :

> 3. Nous ne nous apercevons de cette faculté que par les résultats, et nous n'en faisons usage qu'autant que nous le voulons. [...]
>
> 5. Comme nous ne pouvons comprendre qu'un corps agisse sur un autre à distance, sans qu'il y ait entre eux quelque chose qui établisse la communication, nous supposons qu'il émane de celui qui magnétise une substance qui se porte sur le magnétisé, dans la direction imprimée par la volonté. C'est cette substance, la même qui entretient chez nous la vie, que nous nommons fluide magnétique. La nature de ce fluide est inconnue, son existence même n'est pas démontrée ; mais tout se passe comme s'il existait, et cela suffit pour que nous l'admettions dans l'indication que nous donnons des moyens d'employer le magnétisme[10].

Le renversement produit par Deleuze a une importance capitale dans l'histoire du magnétisme, qui devient l'histoire de ces magnétiseurs perçus comme puissants et potentiellement inquiétants, agissant au sein d'une nature traversée de forces obscures qu'ils sont les seuls à savoir maîtriser. Mais il implique aussi une conception profondément empirique dans laquelle le magnétisme est finalement le nom donné à des phénomènes que tous peuvent constater : on sort donc de la pratique médicale pure pour produire une théorie où chaque homme peut retrouver le miroir de sa propre expérience et la définition de son rapport singulier au monde et aux autres.

---

9 Joseph Philippe François Deleuze, *Instruction pratique sur le magnétisme animal*, Paris, Dentu, 1825, p. 9-10. Le texte est traduit en Russie en 1836.

10 *Ibid.*

LA PREMIÈRE VAGUE DU MAGNÉTISME ANIMAL EN RUSSIE

On comprend dans ce contexte qu'une théorie aussi malléable et protéenne ait pu connaître une diffusion européenne importante. La Russie est, dès le XVIIIe siècle, largement exposée à la vogue magnétique : cette histoire a été retracée en détail par les spécialistes de littérature Grombach et Bogdanov[11], ainsi que plus récemment encore par l'historien Iouri Kondakov[12], et nous nous contenterons ici d'insister sur les différentes phases de cette réception, pour mieux mettre en valeur le contexte spécifiquement dix-neuviémiste dans lequel les œuvres traduites ici sont écrites.

En effet, dans un premier temps, la réception du magnétisme animal en Russie suit de près ce qui se passe en France. La Russie de Catherine II, très au fait des modes parisiennes, connaît bien les théories de Mesmer. Elles semblent y avoir été introduites très précocement : d'après Grombach, la première mention du magnétisme en Russie remonte à 1765, où un médecin nommé A. Bacheracht avait tenté de guérir par des aimants un mal de dents[13]. Alors qu'en 1785, un savant anglo-portugais demande encore à l'astronome Johann Eiler, secrétaire de l'Académie des Sciences de Saint-Pétersbourg, si la théorie du magnétisme animal est connue des membres de l'académie russe[14], la mode magnétique bat en réalité son plein. Le poète de cour Gavrila Derjavine écrit qu'« en 1786, à Saint-Pétersbourg, le magnétisme était en très grande vogue[15]. » Trois ans plus tard, son ode « Au bonheur [На счастье, 1789] » revient sur le déferlement de la vague mesmérienne dans la Russie de 1786 en introduisant un point de vue largement ironique, puisqu'en ces temps

11 Громбах С. М. *Пушкин и медицина его времени*. М., Медицина, 1989, С. 132-151 ; Богданов К. А. Магнетизм и черепословие // *Врачи, пациенты, читатели : Патографические тексты русской культуры XVIII-XIX веков*. — М. : ОГИ, 2005, С. 178-196.

12 Кондаков Ю. Е. *Эзотерическое движение в России конца XVIII – первой половины XIX вв*, М. : Касталия, 2018, С. 161-200.

13 Voir *Санктпетербургские ведомости*, 1765, nº 42, cité par Громбах С. М. *Пушкин и медицина его времени*. С. 135.

14 Богданов К. А. *Магнетизм и черепословие*. С. 182.

15 Державин Г. Р. *Сочинения*. Под ред. Я. Грота. Том 1. Санкт-Петербург : Тип. Имп. Акад. наук, 1864, С. 245.

de Lumières et de triomphe de la raison, on voit dames et demoiselles se presser pour être magnétisées[16]. En 1789 toujours, l'écrivain sentimentaliste Nikolaï Karamzine, qui s'apprête à explorer l'Europe, demande conseil à Lavater dans une lettre – que doit-il penser du magnétisme ? Il conclut que le phénomène est trop important pour qu'il ne se penche pas par-dessus lors de son voyage[17]. Dans son traité *Sur l'homme, sa mortalité et son immortalité* [*О человеке, о его смертности и бессмертии*, 1792-1796], le philosophe Alexandre Radichtchev attribue quant à lui les phénomènes magnétiques à l'existence d'un fluide nerveux[18] que l'on retrouve dans d'autres phénomènes physiques en vogue (c'est aussi l'époque du galvanisme et de la découverte de l'électricité).

Le mémorialiste A. Bolotov, qui a laissé d'importants témoignages sur la vie sous le règne de Catherine II, note l'intérêt soutenu de la population pour les magnétiseurs : il relate une expérience d'un certain major Blanckennagel, qui aurait plongé dans une transe magnétique la mère d'un garçon malade, la rendant capable de produire un diagnostic fiable sur l'affection dont souffre son enfant, mais aussi d'écrire des vers[19]. Il souligne en revanche le dédain croissant de la tsarine elle-même, d'abord bien disposée envers le magnétisme[20], puis enga-

16 Ekaterina Neklyudova, *Under doctors' eyes : private lige in Russian literature in the first half of the ninteenth century*, PhD, Stanford University, 2012, p. 49.

17 « Was muß man über Magnetismus denken ? – Ich frage Sie darum, weil ich weiß, daß es Ihre Aufmerksamkeit verdiente und von Ihnen untersucht wurde. Es ist immer ein zu wichtiges Phänomen, als daß ich es auf meiner Wanderschaft durch die Welt unbemerkt lassen konnte. », Н. М. Карамзин. *Переписка Карамзина с Лафатером. 1786-1790. // Карамзин Н. М. Письма русского путешественника.* Л. : Наука, Литературные памятники, 1987. С. 495. Lavater est un passeur important du magnétisme en Russie, notamment dans les milieux francs-maçons, par le biais du professeur Ivan G. Schwartz qui en parla dans ses cours : c'est par ce vecteur qu'un auteur célèbre comme Nikolaï Novikov, collaborateur de Schwartz et franc-maçon lui-même, entendit par exemple parler du magnétisme.

18 А. Н. Радищев. *О человеке, о его смертности и бессмертии* // Радищев А. Н. *Полное собрание сочинений.* М. ; Л. : Изд-во Академии Наук СССР, 1938-1952, С. 42.

19 Кондаков Ю. Е., *Эзотерическое движение в России конца XVIII – первой половины XIX вв*, С. 163.

20 À la demande de Catherine II, l'Ambassadeur russe à Paris, le prince Bariatinski, avait rassemblé des documents concernant Mesmer. Il écrit à la tsarine le 18 août 1784 pour lui signaler que Mesmer vit bien à Paris depuis 1778 et qu'il prétend y guérir ses patients d'une simple imposition des mains : c'est l'occasion pour lui de livrer une description précise d'une séance de magnétisme. Bariatinski évoque aussi auprès de Catherine des aspects plus noirs de la personnalité de Mesmer, soulignant que de nombreuses femmes, notamment des aristocrates, suivent ses cures, ce qui pousse le pouvoir, qui avait demandé

geant un médecin étranger qui le pratiquait à renoncer à son art sous peine d'expulsion[21]. Ce revirement est certainement dû au fait que le magnétisme animal était particulièrement apprécié des francs-maçons et d'autres sociétés secrètes comme les Rose-Croix[22], dont Catherine II se méfia de plus en plus au fil de son règne, allant jusqu'à organiser des persécutions contre leurs membres.

Mais au-delà de son aspect politique, l'attitude de la tsarine est aussi symptomatique de la perception ambivalente dont le magnétisme est à l'époque l'objet. Comme dans le Paris de la fin du XVIIIe siècle, beaucoup en Russie succombent à cette mode, mais ils sont plus nombreux encore à douter et à souligner les ridicules et les dangers de ce nouveau paradigme qui prétend guérir le corps et l'âme : dans sa pièce *Le Chaman de Sibérie* [*Шаман Сибирский*, 1786], la tsarine elle-même n'avait pas manqué à ridiculiser l'intérêt des adeptes du magnétisme pour des processus invisibles bien contraires à l'esprit des Lumières. Le personnage principal de l'œuvre, Amban-Laï, n'est qu'un simple charlatan qui profite de la crédulité des autres[23] et il s'inscrit dans la lignée des figures de médecins imposteurs qui peuplent la comédie russe du XVIIIe siècle (une autre pièce de Catherine, portant sur le galvanisme, est justement intitulée *Le Menteur* [*Обманщик*, 1785[24]]). Le magnétisme est dès cette époque un objet propice à l'appropriation parodique, mais (contrairement à ce

à Mesmer de quitter Paris pour pratiquer à la campagne, à demander des comptes au sulfureux docteur sur le plan scientifique. L'ambassadeur rappelle aussi que n'importe qui peut suivre une formation auprès de Mesmer pour 100 louis d'or : malgré cette forte somme, il a plus de cent étudiants et doit demander au médecin Deslon de l'épauler (voir « О животном магнетизме » // РГИА. Ф. 1284. Оп. 2. Кн. 23. Л. 40-43 ; Кондаков Ю. Е., С. 165-166).

21 Богданов К. А., С. 183-184.

22 Ainsi que le remarque V. Bokova, qui souligne que ces différents courants se sont reconnus dans le magnétisme animal, susceptible de faire progresser les sciences tout en présupposant la supériorité de certains êtres sur d'autres : Записка Ф. Н. *Глинки о магнетизме / Публ.* [вступ. ст. и примем.] В. М. Боковой // *Российский Архив : История Отечества в свидетельствах и документах XVIII-XX вв.* : Альманах. М., 2001. [Т. XI]. С. 19-20. Au XIXe siècle, de nombreux membres de sociétés secrètes, notamment dans les groupes décembristes, étaient à la fois francs-maçons et adeptes du magnétisme, comme A. Pestel, les frères Mouraviev-Apostol ou N. Bestoujev.

23 Deux des dupes se nomment « Bobine » (terme qui désigne en français dès le XVIIIe siècle une figure risible) et « Dobrine » (qui vient de la racine russe qui désigne ce qui est bon), ce qui crée un effet comique

24 *Cf.* Natalia Korioukina-Sacré, *L'Image du médecin dans la littérature russe du XIXe siècle*, thèse de l'Université Paris Sorbonne, 2011, p. 57.

qui se passera à l'époque romantique) il reste essentiellement confiné à des genres particuliers comme la comédie de cour et de mœurs.

Le romantisme russe ne découvre donc pas le magnétisme : pourtant, on peut observer une nette différence dans la réception des années 1780 et celle qui a lieu un demi-siècle plus tard. Elle est à certains égards perceptible dans la célèbre nouvelle de Pouchkine *La Dame de pique* [*Пиковая дама*, 1834], qui met en scène une vieille comtesse tout droit sortie de l'époque de Catherine II. Son intérieur semble avoir échappé au passage du temps : on y trouve des figurines de porcelaine représentant bergers et bergères, une horloge de chez Leroy, célèbre facteur d'horloge du Paris d'Ancien Régime, et mille bibelots dont l'auteur dit qu'ils sont les inventions du siècle passé au même titre que la montgolfière ou le magnétisme de Mesmer. Comme précédemment dans *Eugène Onéguine*, le regard se fait moqueur et réduit le magnétisme à un simple artefact poussiéreux. Pourtant, le reste de la nouvelle est plus ambivalent à cet égard : le personnage principal, Hermann, accède à cet intérieur car il a l'intention d'arracher à la comtesse, devenue bien vieille, une combinaison magique de cartes permettant de devenir riche à coup sûr – dans la scène à laquelle nous faisons référence, il assiste à la toilette nocturne de la dame âgée et épuisée par le bal, qui prend soudain aux yeux du lecteur la forme beaucoup plus inquiétante d'un cadavre animé par le galvanisme ou d'une somnambule mesmérique. Le texte bascule dans l'indécision fantastique précisément à ce moment-là et le protagoniste finit par en être victime et par devenir fou. Le critique M. P. Alekseev allait même jusqu'à dire que le magnétisme dominait toute la fiction, puisque la fascination du jeune officier Hermann pour le secret des cartes lui vient lors d'une soirée où un de ses amis raconte comment sa grand-mère aurait acquis ce secret : depuis cette nuit fatale, où il serait tombé sous l'influence d'un récit et d'une idée fixe, Hermann vivrait donc sous une influence qui le pousserait à renoncer à tous ses anciens principes d'économie et de prudence pour se lancer dans un projet plus qu'hasardeux[25]. Le texte de Pouchkine montre en tout cas de manière claire les deux visages du magnétisme de part et d'autre de la frontière entre XVIIIe et XIXe siècles – l'un relativement amène,

25 Алексеев М. П. *Пушкин : Сравнительно-исторические исследования* / АН СССР ; Ин-т рус. лит. (Пушкинский Дом). — Л. : Наука. Ленингр. отд-ние, 1972, С. 102-103.

capable de ressusciter le monde velouté de l'âge de Catherine même s'il apparaît en soi comme teinté de ridicule, l'autre plus inquiétant et profondément associé au tournant fantastique de la littérature russe.

LA « RENAISSANCE DU MAGNÉTISME » AU XIXe SIÈCLE[26]

Après cette période faste autour de 1780, le magnétisme animal connaît en France un relatif désamour. En revanche, l'espace germanophone, que Mesmer avait dû quitter précipitamment, prend la relève. En 1814, à la veille de la mort du maître, la première chaire de mesmérisme de l'Université de Berlin est attribuée à un disciple du médecin viennois, Carl Christian Wolfart, auteur d'un long traité en trois volumes intitulé *Mesmerismus oder System der Wechselwirkingen* (1814) ; un hôpital de trois cents lits spécialisé dans les cures magnétiques est également inauguré dans la même ville. Ce tournant dans l'histoire du magnétisme est contradictoire : d'un côté, les débats proprement scientifiques autour du magnétisme ne font plus autant rage et la théorie semble acceptée par un nombre croissant de médecins, à une époque où le rationalisme des Lumières s'éteint et où d'autres paradigmes explicatifs voient le jour ; mais de l'autre, il ne faut pas en conclure que les théories du magnétisme animal sont connues en profondeur et acceptées du grand public. Au contraire, la relative extinction des débats officiels autour du magnétisme lui fait quitter la sphère proprement scientifique et intégrer un ensemble discursif très complexe, où les questions médicales cèdent le pas aux interrogations philosophiques et esthétiques. Le magnétisme n'en perd pas son aura sulfureuse : il prend une coloration plus inquiétante encore qu'auparavant, susceptible de brouiller la perception objective et rationnelle du réel. Mais c'est aussi à cette époque que l'imaginaire magnétique se déploie à plein du côté de la sphère esthétique, qui s'en sert pour consolider le nouveau modèle romantique d'une littérature

26 Nous reprenons ici la formule utilisée par le journal *Le Messager de l'Europe* [*Вестник Европы*] dans un article de 1824 : « О четвертом возрождении магнетизма », *Вестник Европы*, n° 5, 1824, C. 30-47.

d'imagination plutôt que d'édification et y puise des représentations d'états alternatifs de la conscience susceptibles de frapper le lecteur et de lui révéler l'étendue et la puissance insoupçonnées de son esprit.

Un tel mouvement est perceptible en Russie, qui se met alors à l'heure allemande : le coup d'envoi de cette renaissance est sans doute la traduction en 1818 de l'ouvrage du magnétiseur allemand Kluge *Versuch einer Darstellung des animalischen Magnetismus als Heilmittel* par Danilo Vellanski (1774-1847), médecin, ancien élève de Schelling et vecteur fondamental de la pénétration de la pensée allemande en Russie. Le choix de traduire l'ouvrage de Karl Kluge (1782-1844) est lié au fait que celui-ci avait la réputation d'avoir exposé les théories de Mesmer de manière plus claire que le maître : dans sa traduction parue sous le titre *Животный магнитизм, представленный в его историческом, практическом и теоретическом изложении*, Vellanski ajoute une troisième partie, théorique, à l'ouvrage de Kluge, et il écrit plus tard un ouvrage en nom propre intitulé *Le Magnétisme animal et le tellurisme* [*Животный магнетизм и теллюризм*[27]]. À ce titre, le rôle joué par Vellanski ne peut être sous-estimé[28] et, de manière significative, c'est l'année où il publie sa traduction que le magnétisme fait son retour sur les planches avec l'opéra de Ludwig Wilhelm Maurer *Le Médecin autodidacte, ou le Magnétisme animal* [*Лекарь самоучка, или Животный магнетизм*][29]. De même, dès 1824, l'écrivain romantique Vladimir Odoïevski correspond avec Vellanski et s'immerge dans les théories magnétiques, qu'il relaie ensuite dans ses œuvres, comme *Le Cosmorama* [*Косморама*, 1840], dont le personnage principal cherche à se soigner par le magnétisme[30], ou *L'An 4338* [*4338-й год*, 1835], récit d'anticipation

---

27 *Cf.* Богданов К. А. *Врачи, пациенты, читатели : Патографические тексты русской культуры XVIII-XIX веков.* С. 187.

28 On note d'ailleurs que, près de vingt ans après cette traduction, Ossip Senkovski utilise encore le mot « magnitisme [магнитизм] » emprunté à Vellanski dans son article, cité plus bas, sur un roman de Nikolaï Gretch.

29 Voir sur ce point Natalia Korioukina-Sacré, *op. cit.*, p. 79.

30 « Dans l'intervalle, considérant toutes les circonstances étranges qui m'étaient arrivées, je fis l'acquisition de tous les livres possibles au sujet du magnétisme : Puységur, Deleuze, Wolfart, Kieser ne quittaient jamais ma table de travail ; il me semblait enfin que j'avais trouvé l'explication de mon état psychologique, je me mis bien vite à rire de mes terreurs passées, je me débarrassai de toute pensée sinistre ou secrète et finis par me convaincre que tout le mystère résidait dans ma disposition physique, que ce qui se passait en moi s'apparentait à ce phénomène, si fameux en Écosse, du "don de seconde vue". J'appris

qui se déroule dans un monde où les thérapies magnétiques sont devenues la norme et où le baquet a pignon sur rue[31]. Quant au journal *Le Téléscope* [Телескоп], il souligne en 1831 l'extrême popularité des cours de Vellanski, auxquels seuls les Pétersbourgeois peuvent assister, à la grande déception des Moscovites[32].

Cette pénétration du magnétisme en Russie *via* l'influence allemande se traduit d'abord par une consolidation de son aura médicale. Au début du XIXe siècle, de nombreux médecins pratiquent le magnétisme, signe qu'il s'implante sur le plan médical dans un certain nombre de pratiques. Le prince Alekseï Dolgoroukov en a laissé un précieux témoignage dans son *Précis de mesmérisme animal* [*Орган животного месмеризма*, 1860] : il met l'accent sur le rôle de médecins d'origine allemande qui servirent de relais dans ce renouveau trouvant son origine dans les territoires germanophones, comme Konrad Stoffregen (1767-1841) ou Emil Rheingold (1787-1867), mais il évoque aussi des Russes[33], comme le célèbre docteur Ivan Spasski (1795-1861) qui fut le médecin de famille de Pouchkine[34].

---

avec joie que ce type de maladie nerveuse passe avec l'âge et qu'il existe des moyens d'en venir à bout. », Vladimir Odoïevski, « Le Cosmorama », *Contes bigarrés et autres nouvelles*, trad. Victoire Feuillebois, Paris, Classiques Garnier, 2016, p. 363.

31 « Au bout de quelque temps, notre hôte nous a conviés dans une partie de la maison où se trouvait un baquet magnétique. Je dois dire que le magnétisme animal est ici l'occupation favorite des salons, et qu'il a complètement remplacé les anciens jeux de cartes, de dés, les danses et tous les autres divertissements. Voilà comment on procède : une personne se tient devant le baquet (d'ordinaire, on choisit une personne plus aguerrie dans la manipulation magnétique), tous les autres tiennent une corde qu'on déroule depuis le baquet, et la magnétisation commence : elle conduit certains à un simple sommeil magnétique qui a pour effet de fortifier la santé, sur d'autres, elle semble n'avoir aucun effet qu'on puisse constater, mais d'autres encore entrent dans un état somnambulique, et c'est là qu'est tout le sel de la chose. Faute d'habitude, je faisais partie de ceux sur qui le magnétisme n'agissait pas, et j'ai ainsi pu être le témoin de tout ce qui s'est passé. », *Ibid.*, p. 224.

32 Громбах С. М. *Пушкин и медицина его времени*. С. 138.

33 Selon M. P. Alekseev, dans son ouvrage *Pouchkine et les sciences de son temps*, l'essor du magnétisme ne s'explique pas seulement pas l'importation d'idées venues d'Occident et mettant l'accent sur la notion de fluide invisible (on songe aussi au galvanisme, auquel Pouchkine fait souvent allusion), mais aussi par les nombreuses découvertes effectuées par des savants russes dans les années 1820-1830, là où la science était jusque-là dominée en Russie par les savants étrangers. Alekseev décrit une société en pleine effervescence, où les nouveautés scientifiques sont extrêmement nombreuses et discutées dans le champ social (Алексеев М. П. *Пушкин и наука его времени : (Разыскания и этюды) // Пушкин : Исследования и материалы* / АН СССР. Ин-т рус. лит. (Пушкин. Дом). — М. ; Л. : Изд-во АН СССР, 1956. – Т. 1. – С. 9-125.)

34 Долгоруков А. *Орган животного месмеризма*. СПб., 1860. С. 267-286.

En 1816, un décret impérial stipule que la pratique du magnétisme est réservée aux médecins patentés et qu'elle doit se faire dans certaines conditions bien particulières : s'il y a là une réelle volonté d'encadrement (qui ne tient pas uniquement au magnétisme puisqu'on la retrouve ailleurs dans le développement de la profession médicale en Russie, longtemps sous contrôle exclusif du pouvoir[35]), on peut déceler dans cette décision une attitude finalement plus bienveillante que le rejet scientifique dont le magnétisme avait été l'objet au siècle précédent – à l'instar de ce qui se passe dans les territoires allemands, il s'agit d'admettre le potentiel thérapeutique propre à la pratique, même si on cherche à la surveiller.

Les accusations de charlatanisme ne disparaissent pas pour autant, notamment parce qu'une pratique privée du mesmérisme se poursuit après 1816, et parfois défraie la chronique : les deux magnétiseurs les plus célèbres de l'époque, Anna Tourtchaninova (1774-1848) et Vsevolod Vsevolojski (1769-1836) ne sont pas des médecins, ce qui ne les empêche pas d'attirer à eux des foules de patients et de curieux. La première est une magnétiseuse professionnelle, célèbre pour son regard et ses prophéties, et par ailleurs très bien en cour : guérisseuse personnelle du prince Golitsyne, elle est même convoquée par le tsar Nikolaï Ier qui veut l'entendre sur son art[36]. Le second est l'un des hommes les plus riches de Russie et un profond original qui pratique le magnétisme à ses heures perdues. À eux deux, ils incarnent la pérennité d'une pratique alternative du courant, entourée d'une aura de soufre ou d'un soupçon de ridicule, à l'heure même où le magnétisme gagne en reconnaissance auprès des autorités médicales.

Mais une telle prégnance du magnétisme dans l'espace social est aussi le signe que l'attrait pour le magnétisme excède à cette époque de loin la simple approche thérapeutique : il entre en résonance avec

---

35 On rappelle que les premiers établissements de type « psychiatriques » sont par exemple destinés à évaluer la capacité de service des fonctionnaires de Catherine II et qu'il n'y a pas jusqu'au début du XIXe siècle de pratique médicale privée reconnue comme telle.

36 Cette figure attire, de manière légitime, une attention croissante dans les études récentes sur la première moitié du XIXe siècle russe : Трофимова В. С. *Новый источник о деятельности Анны Александровны Турчаниновой – магнетизерши* // *История науки и техники : источники, памятники, наследие*. Москва : Янус-К, 2019. С. 417-419 ; Лямина Е. Э. *Турчанинова Анна Александровна* // *Русские писатели, 1800-1917 : Биографический словарь* / гл. ред. Б. Ф. Егоров. – М. : Большая российская энциклопедия ; СПб. : Нестор-История, 2019. – Т. 6 : С–Ч. – С. 334-335 ; Iouri Kondakov lui consacre une large part de son enquête, déjà citée, sur le magnétisme russe.

la nouvelle sensibilité qui émerge dans la deuxième moitié du règne d'Alexandre Ier (1801-1825) et qui conduit à une floraison de courants mystiques, idéalistes ou ésotériques. Chacun d'entre eux semble trouver dans le magnétisme une base solide pour étayer sa vision du monde : pour les très nombreux francs-maçons comme l'écrivain Alexandre Labzine (1766-1825) cité ici, le mesmérisme « libère l'âme du monde matériel[37] » et s'accorde avec leur vision spiritualisée de la place de l'homme dans l'univers, tout en reposant sur des bases rationnelles et empiriques. Pour les martinistes et les adeptes des courants ésotériques ou spiritualistes qui sont foules à l'époque, le « sommeil magnétique » est interprété comme « un message en provenance d'un au-delà mystérieux[38] ». Les adeptes de la *Naturphilosophie* qui fait fureur en Russie dans les années 1820 et 1830 y retrouvent la trace de l'enseignement de Schelling, qui suppose que l'organique et le non-organique, le monde idéal et le monde réel sont liés : il donne un fondement explicatif à une union invisible entre les êtres et les phénomènes que les plus sensibles devinent sans pouvoir l'expliquer. La sensibilité romantique y voit une réconciliation entre le monde réel et un monde invisible – les deux faces du *dvoemirie* ou « double monde » romantique identifié par Iouri Mann[39] se réunifiant ici dans une « synthèse intégrale[40] » qui est l'objet premier de la quête philosophique et spirituelle des hommes du temps. De manière générale, le magnétisme s'accorde avec la volonté de « transfiguration de la vie[41] » qui caractérise cette époque idéaliste en suggérant qu'un autre monde, agissant à distance sur le nôtre, constitue une *terra incognita* à découvrir, ou un continent noir qui peut engloutir celui qui n'aurait pas conscience des pouvoirs gigantesques qui s'y dissimulent.

Une scène du roman *La Femme noire* [*Черная женщина*, 1834] de l'écrivain romantique Nikolaï Gretch exemplifie ces différents éléments : le roman évoque le destin d'un jeune homme, Kemski, poursuivit depuis l'enfance par la vision d'une femme en noir. Il rencontre l'étrange Piotr Alimari, vieillard aux allures de mage et de philosophe, qui lui

37 Cité dans Зеньковский В. В. *История русской философии в двух томах*. Ymca-Press, P., 1948, T. 2, C. 110.

38 Лотман Ю. М. *Семиосфера*. Санкт-Петербург : Исскуство-СПБ. 2000, C. 124.

39 Манн Ю. В. *Динамика русского романтизма*. – M. : Аспект Пресс, 1995.

40 Зеньковский В. В., C. 108.

41 *Ibid.*

fait découvrir le magnétisme : Kemski assiste à la cure d'une femme plongée dans le sommeil magnétique par le praticien, ce qui lui permet non seulement d'améliorer son état, mais aussi d'entrer dans un état de communion avec les présents, en l'occurrence Alimari et Kemski qui lui tiennent chacun une main. Elle a notamment dans sa transe une vision de cette femme en noir qui semble poursuivre Kemski, lequel voit à son tour en songe la situation décrite par la malade. Pour Alimari, ce type de révélation est caractéristique de ce que « voit notre âme, lorsqu'elle est totalement immergée dans l'oubli du monde extérieur[42] ». Le principe mesmérique sert ici à unifier différents éléments de type ésotériques, philosophiques et médicaux, en supposant un principe de communication secrète qui passerait par un fluide réel reliant toutes choses entre elles, par l'influence ici bénéfique du magnétiseur ou tout simplement, comme le suggèrent les propos cités d'Alimari, par l'action autonome et insoupçonnée de la psychologie humaine. Songe prophétique, télépathie, concordance naturelle de phénomènes visibles et invisibles, action à distance du mage tout-puissant, force de la volonté ou de l'esprit humain : le magnétisme les contient tous, les résume et les explique. Il n'y a donc pas à s'étonner que chaque sensibilité y ait trouvé son compte.

UN OBJET AMBIGU AU CROISEMENT DES DISCOURS

Cette renaissance du magnétisme à l'époque romantique a une conséquence majeure : elle place le magnétisme, plus qu'au siècle précédent où il oscillait entre débats médicaux et parodie littéraire, au croisement de plusieurs sphères discursives, ce qui renforce son ambivalence et son ambiguïté. Le débat sur la légitimité scientifique persiste, mais il est en quelque sorte doublé par un déploiement du magnétisme sur le mode de l'explication analogique, à partir de l'image du fluide invisible : devenu clé de lecture de phénomènes jusque-là cachés et à peine perceptibles, il devient la métaphore du sentiment amoureux, de l'influence politique, du rapport de l'homme au sacré. On le voit par exemple dans la nouvelle

42 Греч Н. И. *Черная женщина. Роман.* // *Три старинных романа* : В 2 кн. Кн. 2 – М. : Современник, 1990, С. 127.

de Mikhaïl Pogodine « Adèle [Адель, 1830] », traduite ici : elle n'est pas celle qui manipule le plus le magnétisme parmi les textes que nous proposons au lecteur, et pourtant le magnétisme y est tout de suite introduit, d'abord sous la forme d'un sujet de conversation obligé entre deux jeunes romantiques éperdus d'idéal, ensuite comme explication souterraine à la fois de l'attachement érotique qui unit ces deux êtres et de la mort brutale et inexplicable du jeune homme lorsqu'il se sent appelé par sa compagne défunte. Un processus similaire est à l'œuvre dans « Emma [Эмма, 1834] » de Nikolaï Polevoï, où le magnétisme sous-tend la consolidation du lien amoureux entre les deux personnages, mais est aussi assimilé au pouvoir secret de la religion, qui arrache elle aussi le personnage féminin à la matérialité du monde et la transporte dans une sphère céleste à laquelle elle a en réalité toujours appartenu. On se situe dans un sens très imagé du « magnétisme », qui ne repose pas nécessairement sur des connaissances théoriques et scientifiques extrêmement fermes, mais qui montre à quel point ces théories constituent une grille de lecture courante des multiples aspects de la réalité romantique.

Un dernier exemple de l'élargissement de l'imaginaire autour du magnétisme s'observe dans *Le Magnétiseur* [*Магнетизер*, 1830], roman inachevé dont Antoni Pogorelski fait paraître dès 1830 le premier fragment en revue et qui constitue l'un des textes les plus influents du romantisme russe dans l'appropriation de la thématique magnétique. Le récit se concentre en effet sur la figure de la jeune Pacha, qui raconte à ses parents les événements dont elle a été le témoin dans la demeure de la comtesse T***. Une femme de chambre, Katerina, était la victime de crises durant lesquelles son comportement semblait totalement déréglé (pleurs, rires, cris, babil incompréhensible). Un marquis italien de passage en Russie parvient à l'apaiser par son regard, ainsi que par certaines passes magnétiques. Mais Pacha, qui assiste à cette séance, se sent désormais comme sous l'emprise des pouvoirs effrayants du marquis, dont le regard l'a pénétrée, nous dit le texte, comme une flèche de feu. Le récit s'arrête sur le constat de l'extrême détresse de la jeune Pacha, alors que la femme de chambre est complètement guérie. La science devient ici le prétexte à une érotisation extrême des relations thérapeutiques, en mettant en scène un Italien vénéneux et une jeune Russe candide, mais on voit aussi surgir une nette thématique politique et sociale (les magnétiseurs sont des aristocrates qui imposent leur pouvoir aux moins bien dotés qu'eux dans la société). Le texte de Pogorelski souligne aussi la grande diversité des supports sur lesquels le magnétisme prend corps : le récit mentionne le fait que le père de Pacha, féru de lectures, lit dans la presse des articles sur les débats suscités par ces théories. Du magnétiseur aux pouvoirs mystérieux à la circulation large de cet objet discuté dans le cadre des lieux de savoirs et de la presse, le magnétisme occupe donc des espaces divers et apparaît comme un nœud de discours aux valeurs profondément plurielles.

Ces diffractions de valence sont perceptibles dans la réception du roman de Nikolaï Gretch *La Femme noire* (1834), dont il a déjà été question. On constate une explosion des publications sur le magnétisme dans la presse autour de la parution du roman, mettant en relief le caractère polémique du magnétisme sur le plan littéraire et scientifique. L'article le plus influent et le plus révélateur est sans doute celui du comparse de Gretch Ossip Senkovski, écrivain conservateur, éditeur et publiciste célèbre de l'époque[43]. Tout en faisant l'éloge du livre sur le plan littéraire, Senkovski se permet néanmoins d'introduire une polémique sur le fondement magnétique d'un ouvrage qui revendique son caractère scientifique et se présente comme une histoire vraie : il rappelle que la théorie est encore souvent assimilée à du charlatanisme, mais surtout il remet en cause la réduction des phénomènes psychologiques à un mouvement fluidique.

Selon Senkovski, il existe une différence entre « l'âme animale de l'homme » et son « âme spirituelle » : celui-ci partage la première avec tous les êtres vivants, mais la seconde lui appartient en propre. Or, les manifestations les plus étonnantes de la pensée humaine, et notamment le don de double vue ou les hautes pensées morales ou philosophiques dont jouissent les magnétiseurs et les magnétisés de Gretch, ne peuvent trouver leur source dans cette circulation fluidique qui traverse l'âme animale : elles restent un profond mystère et sont l'apanage des plus doués seulement, et non de tous ceux qui se forment au magnétisme. Par rapport à la présentation de Gretch, qui faisait dire à Alimari que le songe magnétique renvoyait à ce que « voit notre âme, lorsqu'elle est totalement immergée dans l'oubli du monde extérieur[44] », c'est-à-dire à

43 Сенковский О. *Черная женщина и животный магнитизм. По поводу романа Черная женщина, Н. Греча. Библиотека для чтения 1834*, Т. IV, отд. V, 1834, С. 17-54.

44 Греч Н. И. *Черная женщина. Роман. // Три старинных романа* : В 2 кн. Кн. 2 – М. : Современник, 1990, С. 127.

une action entièrement psychologique, Senkovski tient à souligner que le magnétisme n'explique donc pas tout. Son argumentation cherchant à séparer le magnétique du psychologique rappelle la différence entre le courant psychofluidiste et le courant spiritualiste chez les adeptes du magnétisme après Mesmer, mais elle souligne aussi à quel point la prolifération de discours sur le magnétisme permet de faire émerger un nouvel objet, particulièrement labile et complexe : la psychologie humaine, espace à explorer, lieu qui met en jeu la frontière mouvante entre influence extérieure et fonctionnement autonome, entre prégnance de processus physiologiques et existence de mouvements qui les dépassent.

Sur le fond, Gretch et Senkovski sont donc d'accord sur une forme de programme commun : le magnétisme pose la question d'une action à distance, invisible à l'œil nu, et met en relief le mystère de cette action. Comme on le voit dans la critique de Senkovski, ce mystère vaut parce qu'il n'a pas à être résorbé, mais finalement accentué pour déployer son plein potentiel : c'est ce qui fait que cette base est appelée à devenir un puissant instrument littéraire, développé dans les textes qui composent ce volume, à la fois parce qu'elle constitue un levier fantastique particulièrement efficace, en multipliant les possibilités d'opacification et d'incertitude dans la fiction, et parce qu'elle met en valeur la productivité de l'approche littéraire, capable de nouer entre eux les différents fils du magnétisme, de se plonger dans les mystères du corps et de l'esprit, et en définitive de se présenter en retour comme un potentiel vecteur d'influence à distance sur le lecteur.

LA CONTAMINATION DU FANTASTIQUE PAR LE MAGNÉTISME

La présence du magnétisme au carrefour de discours aussi divers en fait un matériau fantastique hors pair. En effet, le début du XIXe siècle est, comme on le sait, marqué par un changement fondamental dans l'organisation des genres traitant du surnaturel : l'invention, à partir d'une erreur du traducteur français d'E. T. A. Hoffmann, de cette nouvelle catégorie met en relief d'une part la pénétration d'un monde surnaturel dans le quotidien, là où jusqu'ici le conte de fées ou le roman gothique réservaient à leur personnel d'un autre monde des espaces géographiques éloignés et distincts, et d'autre part l'incertitude qui domine les phénomènes décrits dans les textes fantastiques, dans lesquels est en général maintenue l'hésitation entre une explication réaliste et une hypothèse surnaturelle. Le magnétisme entre en résonance avec ces nouvelles règles génériques : il investit l'espace de la vie courante, puisqu'il prétend expliquer l'ensemble des phénomènes de l'existence ; en même temps, il défamiliarise le rapport au corps et à la raison à travers des manifestations corporelles et psychiques dont l'origine comme la guérison obéit, dans le cadre théorique du magnétisme, à un principe au mieux impalpable, peut-être même totalement inconnu et inconnaissable.

La nouvelle « Emma » dont nous proposons la traduction dans ce volume est exemplaire de ce processus d'opacification : tout le récit est articulé autour de la nécessité de guérir le jeune prince S***, qui souffre de démence, mais à aucun moment on ne sait ce qui provoque en définitive cette guérison – s'agit-il de l'action magnétique d'Emma, auquel croit le médecin allemand chargé de la santé du jeune homme ? S'agit-il d'un processus psychologique extra-médical, lié à l'interruption des terribles traitements dont le jeune homme était jusqu'alors l'objet et au lien amical ou amoureux qu'il noue avec la jeune fille ? De la même manière, on ignore la cause exacte – dépit amoureux, extase mystique ou extinction de son énergie vitale tout entière transférée au malade – de la mort de la jeune fille à la fin du texte. La princesse S***, mère de l'aliéné, déclare au médecin qu'il ne comprend rien à ce qu'il fait, car il pense tout en termes physiologiques et non psychologiques ; à l'inverse, le grand-père d'Emma l'accuse d'être le responsable de la disparition de la pure *Mädchen* en ayant minimisé les facteurs sociaux et psychologiques à l'œuvre dans le processus de cure. Toutes les explications sont en réalité plausibles et possibles, mais aucune ne s'impose dans le texte, faisant ici encore du magnétisme le révélateur paradoxal de phénomènes trop complexes pour être cernés avec une absolue certitude.

Cette étrangeté et cette incertitude, le magnétisme les injecte aussi au cœur des pratiques quotidiennes ordinaires : la figure du médecin ou de l'amateur de sciences, ordinairement associée à la raison et parfaitement familière de lecteurs qui la croisent dans leur existence, devient le pivot de ce retournement en se colorant d'une nuance souvent inquiétante et potentiellement surnaturelle. À ce titre, la nouvelle d'E. T. A. Hoffmann « Der Magnetiseur » (1814) joue un rôle fondamental : cette « chronique familiale » raconte la chute d'une famille entière sous l'influence néfaste du magnétiseur Alban, appelé pour soigner la fille atteinte d'un mal inconnu et décidé en réalité à la séduire et à la perdre. Le poète russe Dmitri Venevitinov, grande figure de l'influence de Schelling en Russie, s'attelle à la traduction du texte, publiée en 1827 sous un titre qui met en relief l'intérêt de cette thématique magnétique dans la littérature fantastique : « Что пена в вине, то сны в голове[45] » (titre que l'on pourrait traduire de manière libre et très hoffmannienne par « L'Écume des songes »). Fidèle à l'esprit d'Hoffmann, le texte de Venevitinov met en effet très fortement en relief la personnalité maléfique du magnétiseur, dont le pouvoir de séduction et de suggestion est présenté comme une arme redoutable ; mais il maintient et accentue le dispositif de brouillage qui fait que le récit tout entier, constitué de scènes racontées et transmises, est sujet à caution : comme le dit le titre, et le premier personnage à prendre la parole dans le roman, tout ceci pourrait aussi bien être le résultat d'une tête échauffée dont les songes n'ont pas plus de consistance que l'écume.

Le texte d'Hoffmann mettait déjà en place un dispositif qui est très souvent repris, partiellement ou dans son intégralité, par le romantisme russe : le magnétisme y est traité au prisme d'une structure narrative à plusieurs niveaux, qui introduit une distance entre les faits relatés et l'auditeur ou le lecteur et empêche ces derniers d'être parfaitement sûrs de la véracité de ce qu'on leur rapporte. On retrouve ici les origines du développement du magnétisme en Russie, notamment en contexte maçonnique, où celui-ci est très fréquemment associé au genre littéraire de la mystification, ainsi que le relève Iouri Kondakov au sujet du « Journal des invocations magnétiques d'A. N. Golitsyne [Журнале магнетических призывов А. Н. Голицына[46]] ». À l'époque romantique, ce trait est accentué par le fait que le magnétisme est représenté comme un élément très prégnant des usages mondains, ce que nos nouvelles traduisent par le fait qu'elles mettent souvent en scène des dispositifs

---

45 Гофман Э. Т. А. *Что пена в вине, то сны в голове* / Пер. В. <Д. и А. Веневитиновых> // *Московский вестник*. – 1827. – n° 5. – С. 244-301.

46 Кондаков Ю. Е. *Князь А. Н. Голицын : придворный, чиновник, христианин. Монография*. СПб., 2014. С. 251-266.

de conversation dans le grand monde ou d'échanges épistolaires autour de cette question. On peine donc à accéder au niveau premier où le récit se déroulerait directement sous nos yeux, tandis que les niveaux de narration s'intercalent entre nous et la vérité brute du fait et que les interprétations se multiplient à chaque strate – on songe au cadre dialogique qui ouvre « La Paysanne d'Orlach [Орлахская крестьянка, 1842] » de Vladimir Odoïevski ou à celui qui clôt « Qui est-il donc ? [Кто же он ?, 1831] » de Nikolaï Melgounov.

Les personnages de « tiers » qui pourraient attester le caractère véridique de l'histoire participent en réalité de cette multiplication des filtres : dans « Qui est-il donc ? », non seulement ce narrateur extérieur et rationnel est impliqué dans la fiction (il est l'ami du défunt réincarné et le confident de Glafira), mais dans une scène frappante il se retrouve lui aussi sous l'emprise de Vachiadan, qui le réduit littéralement à l'état de statue de pierre. Plus tard, lorsqu'il retrouve Glafira dans la forêt, c'est pour recueillir son dernier témoignage et l'enterrer : décidément, il aura été bien incapable d'intervenir dans la fiction et aura été absent ou paralysé à tous les moments décisifs où son point de vue extérieur aurait pu être utile. Dans « La Paysanne d'Orlach », le personnage qui raconte l'histoire est un mesmérien convaincu, mais toujours discrédité par d'autres discours concurrents affleurant dans la fiction : d'ailleurs, ne raconte-t-il pas une histoire, certes véridique, mais vieille de dix ans, qui s'est produite fort loin de la Russie, et sur laquelle il a déjà coulé beaucoup d'encre sans que l'on puisse déterminer avec exactitude de quoi il s'agit[47] ?

Dans *La Femme noire*, ce dispositif d'opacification qui fait du magnétisme un puissant outil fantastique repose sur la double assertion contradictoire qu'il s'agit d'une « histoire véridique » inspirée de la vie de Gretch lui-même et reposant sur ses mémoires [« Записки о моей жизни »] et qu'en même temps les événements déterminants de cette fiction des origines remontent à un passé reculé et impossible à atteindre : Gretch évoque en effet la figure d'une énigmatique grand-mère douée de seconde vue, qui avait entrevu la mort de son fils chéri avant que la

47 Comme le rappelle Heino Gehrts, Madeleine Gronbach est réputée avoir été victime de février 1832 à mars 1833 de phénomènes surnaturels (départs de feu, attaques inexpliquées d'animaux) et de visites et de possessions par deux personnages, une nonne « blanche » et un moine « noir » : ils lui révèlent des éléments historiques inconnus qu'elle répète ensuite dans des états de transe (Heino Gehrts, *Das Mädchen von Orlach. Erlebnisse einer Besessenen*, Stuttgart, Ernst Klett Verlag, 1966).

nouvelle officielle ne lui en parvienne. La frontière entre récit factuel et récit fictionnel apparaît comme profondément perturbée et les régimes de discours s'entremêlent de façon à nourrir la curiosité, mais aussi le scepticisme, du lecteur.

L'effet d'opacification est d'autant plus fort que, dans le cœur impossible à atteindre de ce récit, se trouve ce magnétiseur noir dont tout le monde constate l'action néfaste, sans pour autant déterminer si elle est d'origine fantastique ou bien à mettre simplement au compte d'une puissante séduction. Dès 1830, c'est bien *Le Magnétiseur* [*Магнетизер*] qu'Antoni Pogorelski choisit comme figure de proue de son roman sur le magnétisme, resté inachevé mais publié dans la première livraison de la populaire *Revue Littéraire* [*Литературная газета*] qui lui assure un large écho : sous l'influence directe d'Hoffmann, l'auteur a senti tout le profit à tirer de cette figure ténébreuse et insaisissable et ouvre ainsi dans la littérature russe une veine où, par l'intermédiaire du magnétiseur noir, le fantastique et le magnétisme animal collaborent étroitement. S'il a l'air aussi angélique que l'Alban d'Hoffmann, s'il s'est révélé capable de guérir du seul contact de sa main une jeune femme atteinte d'inexplicables convulsions, le marquis italien de Pogorelski est bien redoutable : son simple regard a laissé une empreinte indélébile sur la pauvre Pacha, qui devait être l'héroïne du roman et la malheureuse victime du marquis. Redoutable aussi, le magnétiseur de « La Paysanne d'Orlach » d'Odoïevski, qui quatre cents ans après sa mort est capable de prendre possession d'une jeune paysanne et de la maltraiter sauvagement ; redoutable encore, le Vachiadan de « Qui est-il donc ? » de Nikolaï Melgounov, qui par la simple force de son regard peut mesmériser toute une famille et leur arracher sous leurs yeux sa victime Glafira, avant de profiter d'elle dans un château ensorcelé en se faisant passer pour son fiancé défunt.

C'est donc bien d'abord les caractéristiques négatives du magnétiseur que met en avant le romantisme russe, suivant en cela la mode hoffmannienne : le magnétiseur devient une figure fondamentale du fantastique, au point de les récapituler toutes, comme dans « Qui est-il donc ? » de Melgounov, où Vachiadan emprunte de nombreux traits à l'hôte étranger hoffmannien, mais condense aussi les grandes figures de la littérature fantastique classique. Du vampire de John Polidori, il a l'extraordinaire aisance en société, dont on sait s'il faut l'attribuer à ses talents propres ou à un magnétique pouvoir de suggestion, et la capacité de revenir d'entre les morts – ou bien simplement de se faire passer pour un défunt en influençant le regard d'autrui. Du Melmoth de Charles Mathurin, Vachiadan a le rire démoniaque et la faculté de réapparaître où on ne l'attend pas – à moins là encore qu'il ne suggère à ses victimes qu'il est autre qu'il n'est réellement. Ces figures canoniques se retrouvent ainsi relues et unifiées par le prisme du magnétisme, qui en accentue à la fois le caractère horrifique et l'incertitude principielle. Et à l'inverse, le magnétisme contamine les autres sphères fantastiques : ainsi que le remarque Ekaterina Neklyudova, il est frappant de voir que deux des textes canoniques du fantastique russe, « Le Portrait [Портрет] » et « Vii [Вий] » de Gogol, reposent tous deux sur l'idée d'un regard pétrifiant et meurtrier, directement empruntée au magnétiseur[48], tandis que le mythe de la folie romantique rappelle souvent, par exemple dans « La Salamandre [Саламандра, 1841] » d'Odoïevski ou « Le Bonheur d'être fou [Блаженство безумия, 1833] » de Polévoï, la capacité de clairvoyance surnaturelle typique du magnétisme et finissant par s'inverser en malédiction pour celui qui est doué de cette seconde vue[49].

MAGNÉTISME ET RÉVERSIBILITÉ THÉRAPEUTIQUE

Mais l'efficacité fantastique du magnétisme repose aussi sur le fait qu'il constitue un phénomène réversible : on se souvient qu'il est à l'origine inclus dans un paradigme thérapeutique, qui subsiste dans les représentations littéraires en faisant, à des fins fantastiques, un principe tantôt bon, tantôt mauvais. À la source même du thème magnétique dans la littérature fantastique russe, on trouve une scène profondément ambivalente : le magnétiseur de Pogorelski développe son emprise sur la pauvre Pacha, mais n'est-ce pas au moment même où il guérit la femme de chambre du trouble qui l'affectait sans remède ? Par ailleurs, le caractère inachevé du texte interdit de déterminer avec certitude la vision de l'auteur : l'imitation hoffmannienne laisse penser que le magnétiseur sera aussi un scélérat ;

---

48 Ekaterina Neklyudova, *op. cit.*, p. 62.

49 *Ibid.*, p. 67 ; *cf. Bienheureux les fous. Aksakov, Odoïevski, Polévoï*, édition établie et traduite par Virginie Tellier, Paris, José Corti, 2011.

toutefois, on constate que l'histoire commence avec une maladie que le père de Pacha, lui-même intéressé par le magnétisme, pourrait après tout guérir. Le texte doit-il constituer un avertissement contre les dangers du magnétisme et les méfaits des magnétiseurs, ou montrer comment le magnétisme, en bon *pharmakon*, peut à la fois perdre et soigner ?

Sans doute le mieux renseigné, parmi des auteurs de son temps, au sujet du magnétisme, sur lequel il continue d'écrire dans la décennie 1840, alors que la mode littéraire en est relativement passée, Vladimir Odoïevski souligne ce caractère ambivalent dans ses écrits théoriques et dans ses œuvres. Comme de nombreux romantiques, il considère que l'homme ne peut suivre uniquement son instinct, au risque de basculer dans une vision idiosyncrasique du monde et à terme de sombrer dans la folie ; pourtant, le point de vue purement rationnel peut tout aussi bien l'égarer et lui dissimuler des vérités fondamentales. Il s'agit donc de trouver un moyen terme susceptible de rétablir une forme d'équilibre entre les deux pôles. Or, le magnétisme nous permet de nous relier à cet instinct qui constitue le sous-bassement de toute existence humaine afin de mieux le connaître et ainsi de mieux le maîtriser : « L'état magnétique, ce degré d'instinct, n'est pas induit par de quelconques preuves ou conclusions que le magnétiseur ferait au malade, mais par le sentiment instinctuel du magnétiseur, sentiment qu'il ne comprend pas lui-même[50]. » C'est la raison pour laquelle le magnétisme est à la fois l'origine de la maladie et la source de la guérison : c'est bien dans les livres de Puységur et Deleuze que, après une soirée à l'opéra qui lui a révélé l'étendue de cette sphère inconsciente et instinctuelle associée au magnétisme et donc la nature même de sa maladie, le Vladimir du « Cosmorama » d'Odoïevski cherche le salut[51].

À l'autre bout du spectre, chez un auteur beaucoup moins lettré qu'Odoïevski, le même renversement s'observe : dans *La Femme noire*, Gretch instaure un horizon d'attente proche de celui du magnétiseur noir, mais le roman rompt avec cette tradition lorsque le héros découvre que l'apparition magnétique qui le poursuit n'est autre que sa propre femme,

50 Одоевский В. Ф. *Наука инстинкта. Ответ Рожалину* // Одоевский В. Ф. *Русские ночи – Ленинград* : Наука, 1975, С. 201.

51 *Cf.* Natalia Korioukina-Sacré, *op. cit.*, p. 83 ; Сакрэ Н. В. *Между Э. Т. А. Гофманом и Ф. Шеллингом : медицинский дискурс в творчестве В. Ф. Одоевского* // *Культура и текст*. 2017. nº 1 (28).

qu'il croyait morte et qui est en réalité bien vivante. Ce retournement est d'autant plus frappant qu'il provient d'un auteur qui n'est pas un idéologue du romantisme ou un disciple de Schelling : il tient néanmoins à montrer que le magnétisme n'est pas pourvoyeur d'illusions effrayantes, mais permet d'avoir les prémices d'une révélation finale – il fait voir le monde tel qu'il est, même si on ne le comprend pas toujours au départ.

De fait, la place centrale occupée par le magnétiseur noir dans le développement du fantastique en Russie ne doit pas occulter le fait que tout un pan de la littérature sur le magnétisme de l'époque rejoint l'ambition thérapeutique qui était celle de Mesmer, de ses disciples et de ses successeurs. Bien qu'il ait beaucoup moins été mis en avant dans la critique littéraire, le thème du magnétisme positif se retrouve donc de manière fréquente dans les œuvres romantiques, donnant une vision de la doctrine de Mesmer moins stéréotypée que ce à quoi on a tendance à la réduire, et surtout accentuant l'aura d'incertitude et d'ambivalence fantastique associée à cet imaginaire. Nous avons déjà cité la nouvelle d'Odoïevski sur « La Paysanne d'Orlach », où deux représentations, positive et négative, du magnétisme, s'équilibrent : la jeune Enchen est d'abord la victime d'attaques surnaturelles, sous la forme de coups qu'elle reçoit ou de départs de feu autour d'elle. Lorsqu'elle a la vision d'une femme en gris, tout la porte à croire qu'il s'agit d'une apparition maléfique en lien avec ces phénomènes : la femme a l'air d'autant plus sinistre qu'elle lévite dans un coin de la maison d'où, parmi ses hallucinations, Enchen croit entendre des cris de nouveau-né. Mais en réalité, cette femme vient d'un autre monde pour apporter à la jeune paysanne son secours : tué il y a quatre cents ans par le même esprit maléfique qui s'attaque alors à Enchen, le fantôme veut la prévenir qu'il faut détruire cette maison où un moine noir a commis de nombreux forfaits, l'a elle-même retenue prisonnière et a assassiné les enfants nés de leur union. Le moine noir apparaît à son tour pour confirmer ce qu'a dit la vision. Figure issue du roman gothique à la Matthew Lewis, il réunit tous les traits du *villain*, mis à part le fait qu'il ne triomphe pas dans sa tentative de corruption : prévenue par la dame blanche, Enchen demande à son père qu'on abatte la maison, ce qui la libère de fait de l'emprise démoniaque dont elle était victime.

Odoïevski prend soin de laisser planer le doute sur cette histoire réelle qui défraie la chronique : il insère son récit dans un cadre mondain où le magnétisme est, on l'a dit, un objet de conversation et de débats non-scientifiques et il multiplie les interprétations possibles de cette histoire, à tel point que le mot de conclusion de la nouvelle revient à un diplomate qui, en vrai homme des salons, comprend qu'à défaut de croire au magnétisme, on peut l'utiliser habilement dans le monde pour attirer l'attention sur soi – ce sera la seule conclusion assurée qu'on peut tirer de cette histoire. Toutefois, en dépit de ce cadre qui maintient une forte incertitude sur le cœur de l'intrigue, Odoïevski tient à présenter à son lecteur un cas médical avéré et son traitement littéraire vient résumer et compléter l'examen des faits discutés dans la presse spécialisée de l'époque : or, ici, ce n'est plus le magnétiseur noir qui domine et qui gagne, mais la dame blanche qui utilise les mêmes procédés et les mêmes vecteurs, assimilés par les spectateurs du récit ou de son cadre à des transes, des phénomènes de possession ou des hallucinations. Non seulement celle-ci se matérialise avant son oppresseur, mais elle parvient à en obtenir une vengeance *post mortem* : tranchant avec beaucoup d'autres récits fantastiques sur le magnétisme, c'est bien une guérison que la nouvelle met en relief, et même une double guérison car la dame blanche peut désormais reposer en paix, tout en ayant évité le pire à Enchen. Même dans l'hypothèse naturalisante où il n'y a pas d'intervention surnaturelle, la guérison de la jeune paysanne reste effective et c'est dans sa transe qu'elle en trouve la clé.

Le phénomène magnétique a ici des conséquences positives directes sur celle qui est traditionnellement la victime du magnétiseur noir, la jeune fille : de manière frappante, non seulement Enchen devient l'objet de l'attention générale, mais on s'émerveille de la voir rapporter dans ses transes des faits vieux de quatre cents ans, qui ne sont avérés que dans un second temps par les historiens ayant consultés les archives. De manipulée, Enchen devient agente en apprenant à son entourage des faits historiques qu'ils ignoraient. On observe un renversement similaire, quoique donnant lieu à une fin moins heureuse, dans « Emma » de Nikolaï Polévoï où le médecin magnétiseur est chargé de guérir la folie du jeune prince S*** : comme on l'a dit, il utilise pour cela une jeune Allemande dont la présence a un effet apaisant sur le prince et qu'il ambitionne d'utiliser comme un de ces objets tiers préconisés par les protocoles mesmériens, à l'instar du baquet – la jeune fille est d'ailleurs qualifiée d'« objet » et le jeune prince de « sujet » dans les parties du texte où le docteur relate ses expériences médicales. Pourtant, dans la nouvelle, de nombreuses voix s'élèvent pour suggérer au médecin qu'il ne comprend pas forcément ce qu'il fait : il en reste au niveau des processus physiologiques, sans envisager le drame qui va se jouer entre les deux personnages, puisque la modeste Allemande tombe amoureuse du jeune aristocrate qui, guéri par ses soins, préfère retourner à sa flamboyante fiancée. Il s'agit là d'un démenti complet infligé au médecin, qui avait prévu que le processus magnétique attirerait fatalement Emma et le jeune prince, qui couleraient des jours paisibles ensemble.

Le magnétiseur, incapable de comprendre les ressorts de son protocole et d'en anticiper les résultats, se trouve ainsi discrédité dans la fiction : à l'inverse, la figure d'Emma se trouve promue, puisqu'en l'absence d'un véritable médecin pour mettre en place et contrôler le protocole, c'est bien à elle que revient le mérite d'avoir guéri le jeune prince sous l'effet magnétique, au sens propre ou figuré, de sa présence. Elle n'est plus un objet, mais bien l'acteur direct de cette guérison, même si l'issue lui en est fatale, pour des raisons volontairement mal élucidées dans le texte, mais où le facteur social et psychologique est mis sur le même plan que le contrecoup du magnétisme proprement dit. En reconfigurant les rapports entre le médecin magnétiseur, son patient et l'objet tiers qui est le vecteur de la guérison, et en montrant comment l'un guérit tandis que l'autre périt, Polévoï rappelle ici que le magnétisme est bien un médicament : s'il tombe entre les mains d'un mauvais praticien, comme cet obscur médecin dont tous les personnages remettent en cause les conséquences, il peut causer des troubles destructeurs comme la mort d'Emma, chez qui il a activé un pouvoir gigantesque ; mais manipulé par une âme pure et destinée à faire le bien, le magnétisme peut aussi sauver un jeune homme d'une folie devant laquelle tous les remèdes avaient échoué.

MAGNÉTISME ET POUVOIR DE LA LITTÉRATURE

Le magnétisme est donc un instrument décisif dans la genèse du fantastique russe à l'époque romantique : sur le plan théorique, il étaye une vision du monde qui remet en cause le primat de la raison et de la perception objective des phénomènes en promouvant une connaissance du monde *via* des états alternatifs de la conscience et des vecteurs mystérieux d'union avec la réalité sensible, supra-sensible ou extra-sensible ; sur le plan littéraire, il permet de multiplier les filtres qui opacifient la vision du lecteur, lui présentant ainsi un ensemble textuel où se brouillent les frontières entre fait et fiction, entre vérité et mensonge, entre visible et invisible, entre réalité et illusion. Mais cette collaboration ne s'arrête pas là : en définitive, la littérature revendique pour elle-même un pouvoir magnétique, en se constituant comme une sphère d'influences capables de frapper l'imagination de son lecteur.

Parmi le dense réseau de métaphores qui se développe à partir du magnétisme, l'association entre le pouvoir du fluide et le pouvoir de la fiction est en effet fréquente. On la trouve au cœur du discours critique : tout désireux de pourfendre son adversaire littéraire Nikolaï Gretch, Vladimir Odoïevski publie une recension anonyme de *La Femme noire* où il désigne le roman comme une œuvre très faible sur le plan artistique et cherchant évidemment à utiliser le magnétisme à des fins de reproduction d'une thématique littéraire alors populaire : « on dit qu'un roman doit être une entité vivante ; qu'importe qu'on le dise, vous prouvez le contraire : prenez un peu de magnétisme, quelques plaisanteries, quelques sentences morales, arrosez de cette potion quelque intrigue obèse – et vous obtiendrez un roman en quatre tomes dans le genre, par exemple, de *La Femme noire* de Gretch[52]. » Le magnétisme comme thème littéraire fait ici l'inverse du magnétisme scientifique : il fige le texte du côté de l'effet de mode et de la technique stéréotypée du roman à destination du grand public russe ; mais en filigrane, on sent émerger une conception du roman elle-même magnétique, où la fiction digne d'intérêt se trouve traversée par un fluide qui vivifie l'ensemble de ses parties. Ici encore, le magnétisme a une valeur ambivalente, mais il sert néanmoins à décrire ce que fait ou devrait faire la littérature.

Plusieurs textes romantiques sur le magnétisme soulignent cette analogie entre le pouvoir magnétique et le pouvoir de la littérature : de manière significative, le personnage du « Cosmorama » qui cherche à se soigner par le magnétisme prolonge sa thérapie par l'écriture de son journal et la mise en forme de sa propre histoire. Un texte comme

52 Cité dans Сакулин П. Н. *Из истории русского идеализма. Князь В. Ф. Одоевский. Мыслитель. Писатель.* Т. 1, ч. 2, М. : Издание М. и С. Сабашниковых, 1913, С. 399.

« Qui est-il donc ? » de Melgounov fait clairement le lien entre l'influence du magnétiseur noir qui officie dans la nouvelle et celle que peut avoir une œuvre : l'intrigue se noue autour d'une représentation du *Malheur d'avoir trop d'esprit* [*Горе от ума*] (1821-1822) d'Alexandre Griboïedov, dans laquelle Vachiadan en vient, à la suite d'une défection, à jouer deux rôles, celui de Tchatski et celui de Famoussov. Or, son talent d'acteur est littéralement mesmérisant : il joue si bien que chacun croit qu'il y a bien deux acteurs sur scène.

Magnétisme et littérature, tous deux perçus comme de fortes puissances de suggestion, jouent ici de concert pour créer l'ambiguïté fantastique : les spectateurs ne voient rien dans cette performance qu'un don extraordinaire, alors que le lecteur se doute qu'il y a sans doute davantage à comprendre. Tout au long de la nouvelle de Melgounov, le texte de Griboïedov joue en fait le rôle ordinairement attribué au magnétisme : en s'épanchant dans l'intrigue, la fiction griboïedovienne prend sur la réalité un pouvoir de prédiction et d'influence. Lorsque le père de la jeune victime Glafira cite les propos du personnage de la pièce Famoussov, qui déplore les difficultés que rencontre un père dans l'éducation d'une fille, il ne croit en fait pas si bien dire : sa fille sera bientôt victime d'un enlèvement et passera un an comme concubine d'un homme démoniaque. Lorsqu'à l'acte final, Tchatski révèle sa présence à Sofia, Vachiadan ôte les lunettes teintées qui dissimulent la puissance de son regard et Glafira s'évanouit pour de bon : applaudie pour la perfection de sa composition, la jeune fille a en fait réellement perdu connaissance, comme son émule fictionnelle. La pièce et la vie réelle des personnages se rejoignent ainsi sous l'influence conjuguée du magnétisme et du théâtre.

Est-ce à dire que la littérature est, à l'instar de beaucoup de figurations du magnétisme, perçue comme le vecteur d'une influence maléfique dans le romantisme russe ? Pas nécessairement, car comme pour le magnétisme ce pouvoir est réversible : chez Melgounov, Glafira est retrouvée dans la forêt par le narrateur et, avant d'expirer, elle lui raconte son séjour dans le château maudit de Vachiadan et la mort de son ravisseur. Or, les détails de cette mort reprennent exactement ceux du rêve que fait le personnage de Sofia dans la pièce de Griboïedov. La littérature se détache ici du magnétisme pour prendre un rôle plus ambigu : s'agit-il encore d'une réalisation néfaste d'une scène littéraire dans la vie du personnage, ou le propos est-il de dire que Glafira, influencée par son rôle, pense avoir vécu cette scène, alors même qu'il n'en a rien été ? Dans les deux cas, la littérature la sauve, soit parce qu'elle montre que Glafira n'a en fait pas été exposée à la scène horrible où son amant est déchiqueté par des monstres sous ses yeux, soit parce qu'en dépit de la volonté du magnétiseur, elle réalise cette fois une scène qui signe la libération de la jeune victime en supprimant son bourreau.

Car comme le magnétisme, la littérature dispose d'un pouvoir performatif qui s'affirme dans la fiction : toute l'intrigue de la *Femme noire* de Nikolaï Gretch repose sur le fait que Kemski pense être victime d'une possession à travers le rêve obsédant qu'il fait d'une femme en noir ; mais la fin du roman révèle qu'il s'agit de sa propre épouse, qu'il croit morte, et de son propre enfant qui ne cessent de lui apparaître : leur matérialisation en chair et en os dans la fiction va assurer que le personnage se débarrasse à jamais de ce songe qui l'assaillait, mais pour mieux lui prédire la rencontre à venir. Le songe magnétique, comme la fiction elle-même, constitue donc un répertoire d'images amenées à se réaliser dans l'existence du personnage, ce qui leur permet de renforcer le lien et l'action que l'imaginaire revendique avec et sur le réel. Le détour par le non-réel, songe magnétique ou fiction littéraire, permet en définitive de voir le monde tel qu'il est. De même, dans « La Paysanne d'Orlach », les visions d'Enchen n'ont pas seulement une valeur rétrospective permettant d'éclairer les événements passés, mais ils comportent une réelle dimension performative puisqu'ils réalisent la volonté de quelqu'un d'autre – à l'origine le moine noir, puis la femme en gris qui demande la destruction de la maison. On assiste donc à un déversement des représentations de l'imaginaire dans le réel, élément typique du romantisme, tout particulièrement dans son versant russe où les rêves prophétiques, de la « Terrible vengeance [Страшная месть, 1832] » gogolienne[53] au *Boris Godounov* [*Борис Годунов*, 1825-1831] de Pouchkine[54], abondent.

Enfin, le magnétisme peut servir à instaurer une dynamique de promotion du regard fictionnel, éventuellement capable de le dépasser en clairvoyance. Dans « Emma » de Polévoï, on se souvient que le médecin magnétiseur doit finalement céder le pas devant des forces plus

53 Le personnage de Kateryna est alertée en rêve qu'un sorcier veut l'épouser, avant même de savoir qu'il s'agit de son père.

54 Le critique Vissarion Bielinski notait que le rêve de l'imposteur Gricha Otrepiev au début de la pièce contenait en réalité tout son destin, que la fiction ne faisait que dérouler.

grandes que celles qu'il prétend maîtriser. En effet, il n'est absolument pas sûr dans la nouvelle que l'origine de la guérison du jeune prince soit le magnétisme, et non le seul amour d'une jeune fille dévouée corps et âme à secourir l'homme dont elle est progressivement éprise. Les mécanismes de la guérison y sont opacifiés par le fait que le médecin est constamment discrédité, soit par ses propres écrits et explications, très obscurs et ridiculisés par le narrateur, soit par le discours des autres personnages qui lui font observer qu'il connaît le fonctionnement des corps, mais non des âmes – ce qui est dirimant pour un magnétiseur dont la science prétend dépasser cette opposition. L'amour est donc présenté comme un facteur thérapeutique à part entière, et dans ce contexte c'est bien à la fiction et non à la médecine qu'il revient d'en investiguer les mécanismes : au milieu du texte, au moment où ces objections contre le médecin prennent corps, un basculement narratif s'opère et le récit abandonne le point de vue objectif qui faisait la part belle au regard du docteur, prompt à considérer Emma comme un « objet » de son protocole thérapeutique. Désormais, le récit incorpore les propres lettres d'Emma, où l'on découvre la force de son amour et de sa pitié, ce qui ouvre une autre interprétation possible de cette guérison, mais contribue aussi à renforcer la fonction de la littérature, plus à même que la médecine de décrire ces mécanismes émotionnels.

On voit donc qu'à terme, la mise en valeur du magnétisme dans les textes ne se fait pas forcément au bénéfice de la médecine et à des fins de réhabilitation d'un paradigme scientifique marginalisé à la fin du XVIIIe siècle : représenter le pouvoir de guérison du magnétisme animal, c'est aussi réfléchir au pouvoir propre que revendique la littérature romantique et qu'elle étaye en dialoguant, parfois de manière critique, avec la sphère scientifique.

Victoire FEUILLEBOIS

ANTONI POGORELSKI

LE MAGNÉTISEUR

1830

Édité et traduit par Laetitia Decourt

PRÉSENTATION

Antoni Pogorelski est le pseudonyme d'Alexeï Pérovski (1787-1836), docteur ès Lettres et Philosophie de l'université de Moscou, traducteur en allemand de la célèbre « Pauvre Lise [Бедная Лиза] » de Nikolaï Karamzine, et auteur d'une nouvelle non moins célèbre, « La vendeuse de pavot de Lafertovo [Лафертовская маковница] » (1825). Engagé volontaire dans l'armée russe en 1812, Pérovski passe près de deux ans en Saxe et lit la littérature romantique allemande, notamment Hoffmann, dont les échos se retrouvent dans son premier recueil, paru en 1828 sous pseudonyme, *Mon double, ou mes soirées en Petite-Russie* [*Двойник, или Мои вечера в Малороссии*]. Il faisait partie des proches de Pouchkine dès l'époque de la société secrète Arzamas. Parmi ses œuvres qui ont connu le succès, le conte pour enfants « La Poule noire, ou le monde souterrain [Чёрная курица, или Подземные жители] » (1829) et le roman de mœurs *La Pensionnaire du couvent* [*Монастырка*] (1830-1833).

Pérovski, d'après les témoignages de ses contemporains, aimait les mystifications. Cela explique son pseudonyme littéraire, dérivé du nom de sa propriété du gouvernement de Tchernigov, Pogoreltsy, où il a passé les dernières années de sa vie. C'est là qu'il commence à écrire « Le magnétiseur », dont il fait paraître en 1830 deux chapitres dans la *Revue littéraire* d'A. Delvig et O. Somov. Dans cette œuvre inachevée, l'auteur introduit dès le début certains *topoï* liés au thème du magnétisme. Ainsi, le magnétiseur est d'emblée associé à la figure du comte de Cagliostro, personnage bien connu des lecteurs russes pour s'être heurté à la vindicte de l'impératrice Catherine, qui avait refusé de le recevoir lors de son passage à Pétersbourg en 1779 et l'avait ridiculisé dans sa pièce *Le Trompeur* [*Обманщик*] (1785). Second *topos*, lié à la figure historique du mage, le magnétisme comme moyen de guérir une maladie que la médecine conventionnelle ne parvient ni à expliquer, ni à soigner. Ainsi, un franc-maçon célèbre, François-Chrétien de Dürckheim, signe en 1787 son « engagement magnétique » en ces termes : « Convaincu de l'existence d'un principe incréé par Dieu, de qui l'homme doué d'une âme immortelle tient le pouvoir d'agir sur son semblable [...], je promets et m'engage sur ma parole d'honneur de ne jamais faire usage du pouvoir et des moyens d'exercer le magnétisme animal qui vont m'être confiés, que dans la vue unique d'être utile et soulager l'humanité souffrante [...] » (cité par Robert Amadou dans *Les Philalèthes et alentour*, Guérigny, CIREM, 1997, p. 245).

L'héroïne du roman, Pacha, subit l'action délétère du magnétiseur non seulement à travers son regard qui lui inspire la défiance, mais aussi à cause de la flèche symbolisant le pouvoir magnétique, ou encore l'emprise psychologique, du magnétiseur, qu'elle a vu prendre consistance et se ficher en elle. Ici se dévoile le troisième *topos* du genre, celui du transfert, qu'on a déjà rencontré dans la nouvelle « Emma ». Le texte suggère clairement que le magnétiseur a transféré la maladie de Katérina à Pacha. Or, à la place des spectaculaires crises de Katérina, Pacha éprouve quelque chose qu'elle décrit avec les mots utilisés pour évoquer le mal du siècle, d'ordinaire réservé aux hommes : « cette insupportable angoisse [тоска], cette indicible mélancolie [уныние] ». Les accès de mélancolie qui tourmentent Pacha pendant de longs mois après la guérison de Katérina semblent confirmer l'existence d'un fluide unissant à distance les êtres et soumettant certains individus à la volonté du magnétiseur, personnage ambivalent à la fois guérisseur et dissimulateur sadique.

LE MAGNÉTISEUR

Extrait d'un nouveau roman

CHAPITRE I

Dans la ville d'Ekaterinbourg de la province de Perm, dans une demeure dont je n'ai pas l'intention, pour des raisons qui me sont propres, de divulguer la position, vers huit heures du soir, un énorme samovar de cuivre rouge fumait sur une grande table carrée couverte d'une nappe de Yaroslavl, écarlate et brodée de blanc. Au sommet du samovar reposait une grande théière d'argent ciselé de facture ancienne, au bec arrondi et relevé. Tout près, sur un grand plateau ovale en fer-blanc portant une représentation en couleurs assez réussie d'Adam et Ève chassés du paradis, étaient posées quelques tasses de porcelaine blanche décorées de tulipes, de myosotis et de roses. Au même endroit, près du pot à lait en porcelaine plein d'une épaisse crème jaune, se trouvait une petite passoire à thé en fil d'argent plat. Un peu plus loin brillait une carafe de cristal contenant le meilleur rhum de la Jamaïque, à côté d'un gobelet d'argent incrusté de médailles russes frappées en commémoration de divers événements fameux. Une grande corbeille en argent sculpté débordait de biscottes.

Tous ces objets étaient éclairés par deux chandelles de suif dans leurs chandeliers d'argent. La table sur laquelle ils étaient posés jouxtait un canapé d'acajou, tendu de maroquin noir, usé par endroits et fixé par de petits clous de cuivre à tête ronde.

En face du samovar, sur le canapé, était assise une femme assez replète d'âge moyen. Ses sourcils formaient un arc noir, ses yeux étaient grands et bleus, d'ordinaire baissés vers le sol, ce qui lui donnait un air modeste. Elle portait sur la tête un foulard de soie bleue bordé de franges, ses oreilles étaient ornées de longues boucles faites de petites perles. Elle avait posé sur ses épaules un domino de satin noir au col brodé de larges dentelles. À son côté, près du gobelet d'argent, était assis un homme de cinquante ans portant un caftan de fine toile bleue : sur sa poitrine, au-dessous d'une barbe d'un roux sombre peignée en éventail, on voyait briller une médaille dorée au bout d'un ruban écarlate. Un mouchoir rouge à rayures bleues et une tabatière en argent niellé de Toula reposaient sur le divan. Il tenait à la main un livre très fin à la couverture colorée et semblait plongé dans sa lecture.

Une belle jeune fille de dix-neuf ans leur faisait face, assise sur une chaise. Elle était vêtue simplement mais à la dernière mode. À ses oreilles brillaient des diamants de prix, son cou de lys était orné de plusieurs rangs de perles, grosses et régulières, et un peigne décoré de pierres précieuses retenait sur sa tête de longs cheveux châtains. Ses manières, son apparence tout entière témoignaient d'une éducation raffinée, reçue dans le beau monde de Pétersbourg et de Moscou. À la voir dans la situation présente, on aurait pu la penser transportée dans cette maison au fond de la Sibérie depuis la capitale par une force magique. Absorbée par ses pensées, elle ne remarquait pas les tendres regards que lui lançait de temps en temps l'autre dame, qui semblait se délecter de sa beauté. Un observateur attentif aurait aussitôt reconnu en elles une mère et sa fille.

– Cesse de lire, Anissime Anikéïévitch, dit la femme plantureuse. Oh, vraiment, ces revues de Pétersbourg ! Dès que la poste arrive, tu deviens inaccessible durant deux jours. Regarde, toute l'eau se sera bientôt évaporée du samovar. Le thé a infusé autant qu'une bonne bière, et tu n'en as même pas bu une goutte !

– Tout de suite, Gavrilovna !, articula Anissime Anikéïévitch sans lever les yeux de sa revue pour lui tendre son gobelet d'argent. – Ma petite Pacha[1], poursuivit-il, mouche un peu les chandelles.

La jeune fille se hâta d'exécuter son ordre. « Père, ce que vous lisez doit être intéressant ! », dit-elle.

– Si intéressant, répond avec ardeur Anissime Anikéïévitch en posant la revue ouverte sur le canapé, puis la tabatière niellée par-dessus, si intéressant que je n'ai jamais rien entendu de tel, ni même jamais rêvé !

1 Pacha, ou Pachenka, sont deux diminutifs du prénom féminin Paraskeva, ou Praskovia.

– Ah mes aïeux !, s'écria Stépanida Gavrilovna, y aurait-il eu une nouvelle inondation à Pétersbourg[2] ?

– Non, ma chère, pas une inondation, une hallucination[3], ou alors, Dieu me pardonne, ce sont des salades ! Il s'agit d'un certain magnétisme. En as-tu entendu parler lorsque tu étais à Pétersbourg, Pachenka ?

Pachenka tressaillit comme si elle se rappelait quelque chose d'étrange et de repoussant.

– Oui, père, dit-elle à mi-voix.

– Raconte, qu'est-ce donc ? s'écria Anissime Anikéïévitch en reposant sur la table le gobelet d'argent qu'il avait porté à ses lèvres.

– Il y a quatre ans, commença son récit Pachenka, lorsque je venais tout juste de sortir de la pension, je visitais souvent la demeure de la comtesse N***. Là vivait une femme de chambre qui succomba soudain à une maladie terrible et peu commune. Elle s'appelait Katérina. D'abord rarement, puis plus souvent, et enfin jusqu'à trois fois par jour, Katérina avait des crises, lors desquelles elle pleurait, riait, disait Dieu sait quoi et ne se souvenait de rien par la suite ! Ces crises se terminaient d'ordinaire par des convulsions…

– Et qu'est-ce donc, une convulsion ?, demanda Stépanida Gavrilovna.

– Les convulsions, répondit Anissime Anikéïévitch avec une impatience manifeste, ne sont rien d'autre que des simagrées, comme lorsque tu me joues ta comédie des maux de ventre…

– Les convulsions ne sont pas des simagrées, repartit Pachenka pour soutenir sa mère, c'est une espèce de spasme…

– Je sais, mon amie, je sais, la coupa son père en secouant la tête. Continue, Pachenka.

– Les crises de Katérina se terminaient généralement par des convulsions terrifiantes à voir. J'en ai eu plusieurs fois l'occasion, et leur souvenir suffit à dresser les cheveux sur ma tête ! Imaginez, mon petit papa, que pendant ces convulsions, deux hommes ne parvenaient pas à la maîtriser. Elle se tordait tant qu'on ne pouvait la regarder sans horreur ! Parfois, sa tête se rejetait si loin en arrière qu'elle touchait presque ses pieds…

---

2 Pétersbourg était périodiquement victime d'inondations catastrophiques, comme celle que décrit Pouchkine dans « Le Cavalier de bronze [Медный всадник] » (1837), s'inspirant de l'inondation gigantesque de 1824.

3 L'homophonie inondation / hallucination est encore plus marquée en russe qu'en français (наводнение / наваждение).

– Dieu nous en garde ! s'écria Gavrilovna. Pachenka ! elle était possédée, sans doute ?

– À Pétersbourg aussi, beaucoup le pensaient, dit Pacha.

– Tu vois, Anissime ! s'écria à nouveau Gavrilovna, c'est donc que je ne suis pas tout à fait une pauvre idiote ! à Pétersbourg aussi, on croit aux possédés…

– Ah, petite mère ! qui te traite d'idiote ? dit avec humeur Anikéïévitch. Je sais combien tu es perspicace et intelligente ! (Mais il grommela dans sa barbe : tu me rebutes et tu m'écœures, comme un radis amer). Poursuis, Pachenka !

– Les meilleurs médecins de Pétersbourg se rassemblaient tous chez la comtesse N*** et assuraient que ce n'était rien d'autre que des crises nerveuses, de l'hystérie ; et pourtant, personne n'était en mesure d'aider Katérina. Jour après jour, ses crises se faisaient plus sévères et plus fréquentes, malgré les gouttes, les poudres et les bains. La comtesse se résolut enfin à convoquer une certaine magicienne réputée qui vivait en ce temps à Kolomna, près du pont Kharlamov. Elle vint, parla beaucoup, bu plusieurs tasses de café et promit de guérir aussitôt la malade. Au moment de la crise, elle murmurait des incantations, crachait sur elle, l'aspergeait de quelque chose ! Et malgré tout, la pauvre Katérina ne s'en portait pas mieux. On finit par chasser la sorcière et l'on reprit le traitement par gouttes qui n'avait, d'ailleurs, pas plus de succès. À cette époque un Italien, un marquis, arriva de Naples[4]. Il fut reçu dans les meilleurs cercles. Il rendait aussi visite à la comtesse. Un jour, quelqu'un mentionna par hasard la maladie de Katérina… Le marquis en écouta le récit avec une attention extraordinaire.

– Peut-on voir votre malade ? dit-il enfin.

– Dans quel but ? demanda la comtesse.

– Je suis peut-être capable de l'aider, répondit le marquis.

La comtesse, tout d'abord, ne savait quelle décision prendre. Cependant, ne voyant aucun obstacle à la satisfaction du désir du marquis, elle accepta et le conduisit elle-même jusqu'à Katérina. Ils entrèrent au moment précis où la malade succombait aux souffrances d'une de ses plus terribles crises.

4 Si l'on excepte le titre de marquis, il faut voir ici une référence au comte de Cagliostro (1743-1795), célèbre aventurier, se prétendant thaumaturge, qui a passé neuf mois à Saint-Pétersbourg au tournant des années 1770-1780. Après avoir accompli quelques miracles et présidé à plusieurs séances de spiritisme, il tombe en disgrâce et doit fuir l'Empire.

Le hasard voulut que je fusse avec elle à cet instant. Entrant dans la pièce, le marquis fixa son regard perçant droit sur la malade, s'approcha du lit, lui prit la main – et la malade tressaillit, puis se calma. Tous ses membres reprirent leur position naturelle. Elle soupira profondément plusieurs fois, puis ouvrit les yeux… Les convulsions s'arrêtèrent totalement et, ce jour-là, elle recouvra la santé, quoiqu'elle restât très faible. Dès le premier regard que je posai sur lui, l'aspect de cet Italien me fit une impression désagréable. Mais lorsque je vis qu'avec une seule imposition de sa main il était parvenu à mettre fin aux souffrances de la pauvre Katérina, je ne pus retenir une exclamation. Le marquis tourna brusquement la tête vers moi… il me jeta un regard de ses yeux noirs et ardents… il me sembla que ce regard acquit une certaine substance et, sous l'aspect d'une flèche de feu, se ficha dans mon cœur. Je ressentis malgré moi de la peur. Je sentis mes genoux fléchir et j'eus à peine la force de sortir de la pièce.

Pachenka se tut, regarda timidement tout autour d'elle. On aurait dit qu'elle craignait quelque chose…

– Eh bien, guérit-il Katérina ? demanda Stépanida Gavrilovna sans remarquer le trouble de sa fille.

Pacha frissonna et répondit doucement :

– On dit qu'il parvint à la guérir totalement ; en revanche, pendant un long moment après, j'ai souffert…

– Comment ? de quoi ? Et nous n'en savions rien ! s'écrièrent d'une même voix le père et la mère.

– Ce mal ne m'empêchait pas de vous envoyer une lettre par chaque poste, poursuivit Pachenka, et je ne voulais pas vous inquiéter. D'ailleurs, je n'aurais pas appelé mon état de l'époque une maladie, quoique mes souffrances fussent extrêmes. Je ne pouvais penser au marquis sans frémir ; pourtant, à d'autres moments, j'avais l'impression que lui seul pouvait me garantir contre cette insupportable angoisse, cette indicible mélancolie qui s'éveillaient, parfois de manière tout à fait inattendue et incompréhensible, dans mon âme, et la tourmentaient. Je ne peux vous décrire les sensations que j'éprouvais alors, mais je vous assure qu'encore aujourd'hui, à leur seul souvenir, l'horreur me saisit.

– Crache sur le diable !, s'écria Stépanida Gavrilovna et, à ces mots, cracha elle-même sur le côté.

– Signe-toi, Pachenka !, dit Anissime Anikéïévitch et fit lui-même le signe de la croix.

Pacha se signa aussi, avec une tendresse qui venait du cœur. Puis, les bras croisés humblement, le regard fixé droit devant elle, elle poursuivit son récit :

– Les crises s'étaient faites plus rares lorsque, le printemps suivant, nous partîmes à Revel[5]. Des lieux magnifiques, un air vivifiant, une société gaie, sans doute, et des baignades dans la mer me divertirent et je rentrai à Pétersbourg parfaitement rétablie. Peu de temps après, je partis pour Ekatérinbourg, chez vous, mes chers parents, et jusqu'à ce soir, je n'ai ressenti aucun signe de cette maladie passée. C'est seulement à présent qu'il me semble sentir quelque chose de semblable à mon état antérieur. J'espère que cela passera avant demain. Le sommeil me gagne ; permettez-moi de vous souhaiter une bonne nuit.

Pacha se leva de sa chaise, embrassa la main de son père et de sa mère, qui la bénirent, et se dirigea vers sa chambre en compagnie de sa mère inquiète.

Anissime Anikéïévitch, plongé dans ses pensées, resta sur le canapé. Peu de temps après, Gavrilovna revint.

– Maudites revues ! dit-elle en entrant. Si tu n'avais pas parlé de ce magatiseur, ou comment l'appelle-t-on, Pachenka ne serait pas tombée malade…

– C'est assez de bougonner, Gavrilovna !, lui répondit son mari. J'ai autre chose à penser ! Comment se sent Pachenka ?

– Dieu soit loué, Pachenka s'est endormie dès qu'elle s'est allongée sur son lit. Mais laisse-moi terminer.

– Alors c'est l'heure pour nous aussi d'aller nous coucher, la coupa Anissime Anikéïévitch. Fais ta prière et couche-toi !

Ils passèrent dans leur chambre. Stépanida Gavrilovna ronflait depuis déjà longtemps, mais Anissime Anikéïévitch se tenait toujours devant le kiot[6] et se prosternait devant Nicolas le Thaumaturge[7].

---

5 Revel ou Réval, est le nom germanique de la ville de Tallinn, en usage dans l'Empire russe et jusqu'en 1918.

6 Du grec κῖβωτὸς, le terme russe *kivot* ou *kiot* désigne ce qui sert à protéger une ou des icônes : cadre, coffre, armoire…

7 C'est ainsi que la tradition orthodoxe nomme saint Nicolas, connu aussi comme Nicolas de Myre ou de Bari, mort en 345.

CHAPITRE II

Anissime Anikéïévitch Fessiourine était né à Moscou. Son père, propriétaire d'une épicerie dans le faubourg des Allemands, tenta, dans la mesure de ses capacités, de lui donner une bonne éducation et, lorsqu'il eut sept ans, l'envoya à l'école publique. Anissime était un garçon appliqué, à l'esprit vif : il apprit en deux ou trois ans tout ce que l'on enseignait alors dans les écoles publiques. Il lisait et écrivait bien, il savait l'arithmétique jusqu'à la règle de trois. De plus, comme il avait bon caractère, qu'il était débrouillard et énergique, il se rendit très utile à son père, qui lui confia toute la comptabilité de son petit commerce. On remarqua même que, depuis que l'avenant Aniska aux joues vermeilles (dont les boucles soyeuses coupées au bol étaient toujours convenablement brossées, dont le visage et les mains étaient toujours lavés, et dont le caftan bleu sombre n'était maculé ni de plumes ni de graisse), depuis qu'il était devenu le principal personnage de cette boutique, le nombre d'acheteurs avait fait un bond. Toutes les cuisinières du voisinage venaient plus volontiers chez lui qu'ailleurs acheter leurs cornichons salés et leur kvas[8], les femmes de chambre préféraient à tout autre le sucre et le café qu'elles achetaient chez lui. Aniska, pour ainsi dire, était devenu à la mode. Lorsque, par la suite, un léger duvet fit son apparition sur sa lèvre supérieure et que ses yeux se mirent à briller plus fort, le nombre d'acheteuses ne diminua nullement : bien au contraire, plusieurs demoiselles du quartier durent réprimander plus fréquemment leurs servantes qui n'avaient de cesse de courir à sa boutique. Les demoiselles ne pouvaient soupçonner que la raison de tous ces désordres domestiques était notre Aniska, que certains commençaient déjà à honorer de son nom complet : Anissime Anikéïévitch[9].

Dans la rue où se trouvait la boutique d'Anissime passait souvent un marchand ambulant qui faisait commerce de vieux livres et ne manquait jamais d'entrer dans la boutique. Anissime était toujours

8 Le *kvas* est une boisson populaire à base de pain noir fermenté.

9 L'usage, pour démontrer du respect à une personne dont on n'est pas proche, en Russie, est de s'adresser à elle en l'appelant par son nom et son patronyme. La variante *Aniska* est un diminutif du prénom Anissime, utilisé pour désigner un enfant ou un être cher.

heureux de le voir car le bouquiniste le laissait feuilleter ses livres pendant qu'il s'installait sur un banc pour savourer un peu de caviar pressé ou d'esturgeon séché. C'est ainsi que le goût pour la lecture s'éveilla en Anissime. Il pensait souvent avec regret combien il aurait aimé que son père, au lieu d'une épicerie, possédât une librairie. Cette passion de la lecture n'échappa pas aux yeux perçants du bouquiniste qui usa de leurs conversations pour enflammer encore davantage l'imagination du jeune boutiquier, dans l'espoir de l'attirer à lui comme partenaire. Le père d'Anissime possédait une certaine fortune et le bouquiniste voyait tout le profit qu'il pourrait tirer s'il trouvait en Anissime non seulement un partenaire actif, mais aussi les moyens de développer son petit commerce…

MIKHAÏL POGODINE

ADÈLE

1830

Édité et traduit par Victoire Feuillebois

PRÉSENTATION

Dans la Russie romantique, le destin de Mikhaïl Pogodine (1800-1875) est tout à fait remarquable : ce fils de serf parvient à s'élever dans la société grâce à ses talents littéraires et à son goût pour l'histoire, qui le fait nommer professeur à l'Académie de Moscou et élire en 1841 à l'Académie des sciences. Grand bibliophile, membre des cercles philosophiques schellinguiens dans les années 1820, il est aussi l'éditeur de deux journaux importants de l'époque, les almanachs *Le Messager de Moscou* [*Московский вестник*] (1827-1830) et *Le Moscovite* [*Москвитянин*] (1841-1856). Son œuvre est également marquée par l'intérêt tout romantique pour l'histoire : sa pièce *Marfa, femme de bourgmestre* [*Марфа-Посадница*] (1830) s'inspire de l'histoire russe médiévale et dénote une influence marquée de *Boris Godounov* de Pouchkine, premier drame romantique russe. Fidèle à ses origines, il est aussi l'un des premiers à représenter un personnage de serf dans sa nouvelle « Le Misérable [Нищий] » (1826) : cette fable pathétique s'inscrit dans la lignée des œuvres d'Alexandre Radichtchev, qui avait été le premier à répertorier les abus que subissent les serfs en Russie ; en bon romantique, Pogodine y témoigne d'une attention très marquée aux usages et aux singularités de la vie paysanne. On retrouve cette dimension documentaire dans sa nouvelle « Le Haut Mal [Черная немочь] », qui met aussi en scène un fils de serf, curieux et passionné par la chose intellectuelle, qui se heurte aux préjugés de sa classe (ses parents le forcent à se marier) et à une santé déclinante : incapable de satisfaire sa soif de savoir et choqué par les pratiques qu'on lui impose (notamment l'inspection rituelle à laquelle il doit se soumettre, ainsi que sa fiancée), il se suicide. Après 1850, Pogodine devient une des grandes figures des courants panslaviste et slavophile, qui défend pour la Russie l'idée d'une voie propre de développement : il marque ainsi le passage entre l'intérêt romantique pour l'histoire et le folklore à la genèse de la grande querelle entre slavophiles et occidentalistes qui marque la seconde moitié du siècle.

La nouvelle « Adèle [Адель] » (1830) fait partie d'une série de récits rassemblés sous le titre de *Phénomènes psychologiques* [*Психологические явления*] : l'auteur y étudie dans des textes souvent brefs les différents types d'affections et de manifestations pouvant causer des désordres mentaux divers. Ce n'est pas dans ce texte que le magnétisme est le plus présent, dans la mesure où il est rédigé au tout début de la « mode magnétique » qui envahit pour la seconde fois la Russie. Mais deux traits émergent cependant nettement : d'une part, le magnétisme est très rapidement mentionné dans le texte comme l'un des sujets de conversation courants que les deux personnages évoquent ensemble. À ce titre, « Adèle » témoigne du fait que les réflexions sur ce thème font partie de l'arsenal de tout jeune esprit romantique, qui se caractérise par une attention soutenue aux processus alternatifs de la raison et de la perception. D'autre part, le texte joue sur l'analogie entre le magnétisme et l'amour, soulignant que l'image du magnétisme intervient conjointement à plusieurs niveaux, concrets ou métaphoriques : l'attraction que subit le jeune homme amoureux d'Adèle est de l'ordre d'une force irrépressible, et sa mort brutale, sur le cercueil ouvert de sa belle, montre qu'il existe entre eux un lien et une proximité qui ne peut être expliquée que par des puissances invisibles (qu'elles soient surnaturelles ou pas). À défaut de traiter le magnétisme comme un véritable sujet dans la nouvelle, Pogodine souligne à quel point ce dernier donne à cette époque *matière à penser*.

ADÈLE

À O. S. A...ov[1]

J'avais un ami auprès de qui j'avais grandi et été élevé : nous étions arrivés main dans la main à l'orée de la vie adulte. Il mourut dans la fleur de l'âge, à cet instant le plus sublime où l'être atteint, semble-t-il, son plus haut degré de perfection. La mort fut un bonheur pour lui... et je n'oserai pas murmurer contre le destin qui jeta si précocement une ombre sur la route radieuse de mon voyage. Une unique étoile brille maintenant pour moi – le souvenir. C'est avec plaisir que je me souviens de mon ami disparu, que je parle de lui... Il avait dans le cœur tant d'amour ! Son esprit se distinguait par tant de qualités singulières, merveilleuses ! Il entrevoyait clairement le but sacré fixé à l'humanité, et était convaincu en son cœur qu'il serait atteint. Dans son enthousiasme, il mettait un genou à terre devant les oints du Seigneur, dont l'apparition produisait le saint effet d'attirer la foule derrière eux et de la mener en direction de ce but. Il brûlait d'amour pour sa patrie et trouvait avec fierté dans l'histoire et dans le temps présent des gages de ces bienfaits qu'elle léguera bientôt au genre humain. Il mettait la science plus haut que tout le reste, non pas comme lettres mortes, mais dans la spéculation vivante, poursuivie avec un intérêt ardent ; et de fait, le savoir faisait partie de son corps, de son être. Il se réjouissait comme un enfant devant le moindre succès, individuel ou collectif ; il aimait les gens et s'efforçait de trouver des excuses même à leurs actes

1 Il s'agit d'Olga Aksakov (1816-1859), la femme du célèbre littérateur Sergueï Aksakov (1791-1859), auteur et critique littéraire. Ses histoires de chasse sont connues pour avoir inspiré à Ivan Tourguéniev ses *Récits d'un chasseur* (1847) qui portèrent sur le devant de la scène littéraire russe la question du servage.

les plus répréhensibles. Qui sait, disait-il, quelles impressions, proches ou lointaines, ont poussé ce malheureux à commettre le crime et peut-être n'était-il que la conséquence mathématique de causes antérieures. Avec une telle disposition d'esprit, ses ennemis personnels n'avaient bien sûr pas de noms propres. Il ne considérait le mal absolu que comme un moyen discret d'augmenter la force souple du bien ; d'après lui, le mal n'existait pas dans la nature ; il n'y avait qu'un bien négatif.

Ce jeune homme tomba amoureux d'une jeune fille qui méritait toute sa sainte ardeur. Les lecteurs peuvent imaginer quels sentiments il nourrissait envers elle… Cependant, il vaut bien mieux qu'ils fassent la connaissance de mon ami à travers les extraits de lui découverts dans ses papiers et qui reflètent, malgré tout leur désordre, leur caractère négligé, leurs lacunes, son âme merveilleuse.

« Charmante jeune fille ! Comme il m'est agréable de discuter avec elle, de lui transmettre mes réflexions sur les saints objets de la connaissance humaine. – Elle me comprend, elle ressent chaque mot. Schiller se plaignait qu'il est rare de trouver une telle personne parmi ses contemporains, et même parmi la postérité. Moi, je l'ai trouvée. – La conversation avec elle m'est comme de la science : je connais plus clairement ce que je veux lui expliquer. – Ce désir me donne une nouvelle force, étend les limites de ma pensée…

Quelle confiance a-t-elle en moi ! – Adèle ! Je n'en ferai pas mauvais usage. Je ne te dis pas ce que les autres susurrent, et qui est souvent répugnant, mais que pas un de ces fats n'ose traiter mes paroles de mensonge. C'est un feu pur, sacré que j'attiserai sur l'autel de ton âme intouchée. Même s'ils sont bien intentionnés, eux ne sont que des ignorants pathétiques, qui le souillent de leurs mains profanes. Arrière ! Arrière ! Ne touchez pas !

Je lui ai lu mes réflexions sur l'éducation considérée comme la première énergie de l'État, sans laquelle il ne saurait y avoir ni prospérité assurée ni puissance. Pas une seule idée nouvelle, pas une seule expression n'a échappé à son attention. C'est très précieux pour un auteur. Tout est estimé à sa juste valeur. – Et par quels regards elle laissait transparaître sa satisfaction et sa reconnaissance ! Elle écoutait avec un intérêt qui n'aurait pas été moindre si je lui avais lu des prophéties sur sa vie future. Son âme jeune, pure a soif de connaissance ; c'est un spectacle émouvant, un tableau de Raphaël.

Elle a écouté toute ma dissertation et elle m'a dit tout bas... avec un charme inexprimable : « Comme doit être doux pour un auteur l'espoir que durant des siècles entiers sa voix éveillera les cœurs des gens dignes, les purifiera, élèvera leur esprit... »

Mon amie ! J'accepte ta prédiction !

Hier, nous nous sommes promenés tous les deux dans la campagne. Un orage se préparait. Le tonnerre grondait sourdement au loin. Les nuages s'amassaient rapidement dans le ciel, mais, alors qu'ils étaient prêts à crever à tout moment, le vent les dissipait. La nature était dans une espèce d'irrésolution. Nous nous sommes hâtés de rentrer et nous avons attendu sur le balcon le grandiose phénomène. Soudain les éclairs ont brillé, le tonnerre a retenti, de plus en plus proche. « Seuls les poètes peuvent se délecter par un tel temps », a dit Adèle. « Ce sont les seuls à le faire, ai-je répondu, la foule n'entend ici qu'un bruit qui lui fait tinter les oreilles et ne voit qu'une lumière qui lui fait mal aux yeux. »

Voilà trois ans que je la connais et je sens que je suis devenu meilleur. Quelle infortune que je ne l'aie pas rencontrée avant. – Je ne songe qu'à la manière de lui plaire, et c'est le merveilleux, l'extraordinaire qui peuvent y parvenir !

Et comme elle est belle ! – Ses yeux bleu sombre ont tant de bonté, de modestie ! – Et ses cheveux noirs qui se séparent en deux bandeaux, comme elle les laisse gentiment retomber sur son front ! Mais ce qui me plaît le plus, ce sont sa petite bouche, son menton. Mon Dieu, son visage respire la tranquillité,... et ce n'est pas tout, comment l'expliquer... on sent que cette âme, contente d'elle-même, rayonne et ... Non, je ne parviens pas à le formuler ... c'est extrêmement contrariant ! ... Et sa petite tache de naissance, et la fine nervure près de ses lèvres, et ses joues blanches, surtout quand elles se colorent d'incarnat sous le froid d'une pluie de neige ou à l'instant où son cœur s'emplit de sentiment.

Comme sa haute poitrine se soulève alors ! Il y a peu de temps, nous avons lu ensemble les passages sur l'enthousiasme qu'on trouve chez Mme de Staël. Comme elle soupirait ! Oh ! Elle a des sentiments forts, ardents.

Tout dans sa démarche, dans ses mouvements n'est que Poésie. Sa voix est douce, tendre. Quand elle parle, cela est si agréable à mes oreilles. – Pourtant, c'est étrange ! Beaucoup disent d'elle qu'elle n'est pas belle. Que son nez est gros, que son front est grand. Ignares ! Il n'y a qu'à moi qu'elle montre sa beauté. Je la vois, je suis le seul digne de m'incliner devant elle !

« En quoi consiste le bonheur ? m'a demandé Adèle, je ne me souviens plus à quel propos, alors que nous arpentions le salon après le déjeuner.

– Je peux répondre à votre question en *un seul* mot, ai-je répondu, m'étant arrêté et après lui avoir jeté un regard.

Ce regard, en vérité, était hardi. Elle a rougi et a fait tomber exprès son anneau pour dissimuler sa rougeur en le ramassant.

– Non, a-t-elle répondu avec ruse, une fois remise. Je souhaiterais vous entendre plus en détail sur un sujet aussi curieux.

– Je vous en prie, je serais heureux de parler autant qu'il vous plaira, mais ne vous affligez pas : vous avez vous-même choisi la réponse la plus obscure. Le bonheur réside dans les plaisirs.

– Un épicurien… Qu'est-ce qui vous prend ?

– Excusez-moi – je commence par un lieu commun.

– Ah, pardon, pardon. Et dans quels plaisirs précisément ? Il ne manque qu'un mot.

– Dans les plaisirs de l'esprit, du cœur, de la volonté.

– Encore votre système. J'y ai réfléchi. L'esprit se délecte de connaissances, le cœur de sentiments, la volonté d'actions, c'est bien cela ? Eh bien je vous contredirai par des exemples : qui a agi plus que Napoléon, a senti plus que Rousseau, a connu plus que Faust… et étaient-ils heureux ?

– *Comparaison n'est pas raison**, mais qui vous a dit que lorsque, Napoléon vit les étendards de Desaix[2] flotter au-dessus de Marengo, ou bien lorsqu'il écrivait le Code Civil, ou bien posait sur sa tête la couronne de Charlemagne dans la cathédrale Notre-Dame, il n'était pas heureux ? Quant à Rousseau, croyez-moi, lorsqu'il faisait de la barque

2 Louis Charles Antoine Desaix (1768-1800) est un général français qui contribua grandement à la bataille de Marengo (1800) où il trouva la mort à 31 ans. À la tête de la réserve, il prend la décision de rejoindre le champ de bataille et inverse ainsi le cours du combat.

près de l'île Saint-Pierre[3] ou qu'il écrivait ses lettres à Julie[4], il vivait des minutes telles qu'on en connaît rarement sur terre. Je ne puis souffrir Faust car il a calomnié le savoir[5] et, sans doute, nous vivrons jusqu'au jour où un nouveau poète, susceptible de nous enseigner la religion et la philosophie, rédimera cette œuvre du célèbre Goethe qui me chagrine tant. Je vous opposerai l'exemple d'Archimède, qui a couru dans les rues en criant : « J'ai trouvé, j'ai trouvé[6] ! », et celui de Kepler… et il y en a d'autres. Mais vous me direz vous-même quel plaisir incomparable vous ressentez en pénétrant dans une pensée profonde.

– C'est vrai… mais il ne s'agit que de quelques minutes de bonheur, tandis que toute la vie…

– Cette minute peut se transformer en une vie entière ; c'est simplement que ces gens ont été gênés par leurs passions.

– Et comment faire pour s'en débarrasser ?

– Lisez l'Évangile. C'est tout à fait possible, et si nous n'y parvenons pas, si nous ne voulons pas utiliser ce moyen, alors c'est nous-même et non la vie que nous devons accuser. À en juger par ces minutes que le sentiment, la connaissance, l'action nous apportent, à nous, être grossiers, corrompus, dépravés, on peut dire qu'ils nous auraient mis en union harmonique, si nous avions été purs comme des colombes. C'est un idéal, et notre éloignement par rapport à lui donne la mesure de notre véritable destin.

– Voici encore une objection pour vous : un tel bonheur n'est accessible qu'à un petit nombre, tandis que le genre humain tout entier… on tremble en y songeant !

– Ne craignez rien, tout dans la nature suit un ordre très sage, et la vieille paysanne a aussi le cœur qui bat lorsqu'elle se signe devant l'œuvre

---

3 Petite île située sur le lac de Bienne, dans le canton de Berne. Rousseau y passe quelques mois en 1765 et évoque son séjour dans la cinquième des *Rêveries du promeneur solitaire* (1776-1778).

4 Il s'agit des lettres que le personnage de Saint-Preux adresse à Julie d'Étange dans *La Nouvelle Héloïse* (1761), célèbre roman épistolaire qui évoque une histoire d'amour impossible et annonce la sensibilité romantique.

5 Allusion au monologue initial de la pièce éponyme de Goethe, publiée dans sa première version en 1808.

6 Allusion au célèbre « Eurêka » prononcé par Archimède, savant grec du troisième siècle avant Jésus-Christ, lorsqu'il a résolu un problème complexe posé par Hiéron II, tyran de Syracuse. Le personnage omet d'évoquer le fait qu'Archimède, tout à sa joie, courait nu dans les rues.

d'un peintre d'icône de Souzdal[7], comme Joukovski lorsqu'il voit la Madone[8]. Les dessins gravés sur l'isba du *starosta*[9] plaisent davantage au petit garçon de la campagne que les œuvres incompréhensibles de Bajenov[10] ou Mikhaïlov[11]. Linné[12] ressent le plaisir à travers une dizaine d'organes, et le mineur à travers deux ; mais si ces derniers étaient satisfaits, le mineur ne s'attristerait pas des plaisirs qu'il ne connaît pas, et sa satiété ne connaîtrait pas de mesure. L'oiseau est-il plus heureux que la plante ? Il n'y a que l'observateur qui contemple les lois éternelles de Dieu pour désigner les plaisirs que l'homme en général devrait rechercher. Malheureusement, il n'y a au monde qu'un petit nombre des élus de Massillon[13], un petit nombre de gens qui, pour emprunter l'expression d'Iazykov[14], seraient dignes de l'honneur d'exister, qui comprendraient ce qu'est l'homme et s'efforceraient d'atteindre ce haut but. Les autres ne sont qu'une foule qui s'occupe de vétilles et qui ne fait que se soumettre aux circonstances… à la terre, à tel point qu'elle n'ose même pas regarder vers le ciel. Et ces fous méprisent ceux qui se consacrent à cette tâche, ils se moquent d'eux, les traitent de rêveurs insensés. Leur voix résonne à chaque oreille, tant et si bien que je me sens moi-même

7 Souzdal est l'une des villes de « l'Anneau d'or » qui réunit autour de Moscou plusieurs villes anciennes célèbres pour leurs monastères et leur art religieux. C'est à la fois un haut lieu artistique et spirituel.

8 Il s'agit de la Madone Sixtine (1512-1513) de Raphaël. En 1821, le poète romantique Vassili Joukovski (1783-1852) évoque longuement ce tableau dans la lettre à la Grande Duchesse Alexandra Féodorovna où il raconte sa visite à la pinacothèque de Dresde. Joukovski est une figure très importante du romantisme russe : appartenant à une génération plus précoce que Pouchkine ou Gogol, il a contribué à diffuser la sensibilité nouvelle par ses traductions de poètes allemands et par ses ballades sur des sujets folkloriques russes.

9 Chef du village dans la Russie ancienne et dans de nombreuses campagnes.

10 Vassili Bajenov (1737-1799), célèbre architecte russe représentant du style néo-classique. Il travailla beaucoup à Moscou.

11 Alexandre Mikhaïlov (1770-1847), architecte néo-classique auteur de nombreuses constructions publiques et privées à Saint-Pétersbourg.

12 Le naturaliste suédois Carl von Linné (1707-1778) est célèbre pour sa classification qui catégorisait de manière fixiste les organismes vivants.

13 Jean-Baptiste Massillon (1663-1742) est un prêtre et prédicateur, évêque de Clermont : peu connu aujourd'hui, ses sermons étaient néanmoins célèbres à l'époque, à tel point qu'il figure aux côtés de Bossuet, Fléchier et Fénelon sur la fontaine des prédicateurs devant l'Église Saint-Sulpice à Paris. Il prononça en 1699 un sermon intitulé *Sur le petit nombre des élus*.

14 Nikolaï Iazykov (1803-1846), poète mineur du romantisme russe, avait utilisé l'expression « digne de l'honneur d'exister » dans un poème de 1827, « À Katenka Moyer (Ces instants sont sacrés) ».

ridicule en vous disant cela. Mais un temps bienheureux viendra enfin : le genre humain s'améliorera…

– Votre vérité, votre vérité ! » s'exclama Adèle et elle s'éloigna de moi dans une profonde agitation d'esprit.

Je dois absolument, absolument lui demander l'autorisation de la tutoyer. Combien de fois ai-je voulu le faire et j'oublie toujours. Nous sommes amis ; à quoi bon ces convenances vaines ? Comme il nous sera agréable de parler simplement sous la fenêtre, au jardin, cachés aux yeux des Argus.

« Eh bien, Adèle, as-tu lu *Ivanhoé*[15] ?

– Je l'ai lu, merci, Dmitri.

– Et as-tu aimé le personnage de Rebecca ?

– Elle est charmante ! Charmante !

Elle s'assoit d'un saut sur le rebord de la fenêtre.

– Mais j'ai pris peur, je n'ai pas voulu continuer, j'ai fermé le livre. »

Soudain quelqu'un s'approche, et nous voilà à nouveau l'un et l'autre au diapason. *Vous* : ce n'est qu'un simple mot, cela semble une bagatelle, mais comme cela contraint : dit-on, ressent-on la même chose, de la même façon, avec un simple, un gentil, un amical « tu » ? Ah, échanger des regards, des ambiguïtés que personne ne comprendra !

L'amitié ! Mais pourquoi est-ce que… je ne me marierais pas avec elle. Cette idée m'est venue ce matin même (mon cœur bat la chamade au moment où j'écris ces lignes). Car elle ne m'est qu'une très lointaine parente. Elle a dix-sept ans. J'en ai vingt-cinq. Voilà une amitié totale ! Comme je serais heureux avec elle ! Mais les préjugés de ses parents, leur richesse, le souhait public de son père de la marier au comte N. – Tout ceci n'est que fadaises, pourvu qu'elle seule… espère trouver en moi le bonheur.

Hier elle était charmante, dans sa robe de soie grise, son mouchoir de mousseline noué au cou. – Car c'est un vrai talent de s'habiller de telle sorte que l'œil de chacun soit arrêté. De manière simple, modeste, mais

---

15 Roman historique de Walter Scott, publié en 1819, et qui est un jalon fondamental du romantisme et contribua fortement à la mode du roman historique. Rebecca, amoureuse du héros Ivanhoé et prête à tout sacrifier pour lui, l'abandonne à Rowena et consacre sa vie à l'étude et à des œuvres de bienfaisance.

comme tout lui allait, et quel goût ! Je suis entré discrètement dans la pièce. Elle était assise à la fenêtre et regardait le ciel parsemé d'étoiles, comme si elle tendait l'oreille aux sons de l'harmonie platonicienne qui gouverne le cours des astres. – Sa rêverie ajoutait un charme supplémentaire à son visage, et elle ressemblait à l'Élégie personnifiée. Jamais, dans ses moments de méditation mélancolique, Joukovski n'avait produit sur moi une impression aussi intense que j'en ressentais en cette minute. « Vous songez certainement à la main sous l'impulsion de laquelle les mondes se sont ainsi ordonnés, lui ai-je dit avec vénération, – … ou bien vous choisissez lequel d'entre eux doit rencontrer le nôtre ?

– Vous voyez clair en loi. Et voilà trois jours que je rêve. J'étais bien en train de faire ce choix. Vous et moi sommes nés sous la même étoile. »

Et nous nous sommes mis à parler des secrets de la sympathie, du magnétisme, des affinités. J'ai pu expliquer beaucoup, beaucoup de choses en ma faveur. – Elle m'aime. – Mais on nous a interrompus à la minute la plus importante… et c'est toujours ainsi que cela se passe : il suffit que le cœur s'embrase pour qu'on y jette immédiatement de l'eau froide. – Dire au sujet des vétilles du jour : « Où étiez-vous hier, où irez-vous demain, le vaudeville est très amusant » – avec elle je ne le peux pas, je ne le veux pas… et pour cette raison j'ai parfois l'air froid. Ce n'est pas nécessaire. Que la foule s'empare de tels sujets de conversation. – Non, nous devons ne parler que de l'âme, de Dieu, de la vertu, la poésie, l'histoire. – Souvent, dépité par ces intrusions, je me résous à une conversation imaginaire. S'il était possible de nouer une conversation d'âme à âme ! – Se mettre d'accord sur une heure pour penser à la même chose à des endroits différents. Que se passerait-il si les mêmes pensées naissaient alors ? – À essayer. Comme il sera agréable de poursuivre après cela ! Les cordes que l'on a accordées résonnent même lorsqu'on ne touche qu'une seule d'entre elles ; pourquoi les âmes ne manifesteraient-elles pas la même empathie ?

Voilà ce qui me chagrine encore : je voudrais savoir tout ce qu'elle pense d'un tel ou d'un tel, les relations, les secrets domestiques, et c'est comme si elle me le cachait. – Adèle ! Dis-moi tout : je serai une tombe. Je le souhaite par pure curiosité ; je veux seulement qu'il ne me reste rien d'inconnu dans ton âme ! Lorsqu'on s'accorde une confiance mutuelle, chaque chose insignifiante est aussi précieuse qu'une assignation dans les coffres de l'État. D'ailleurs, faut-il l'avouer, je ne dis pas tout moi-même. Je suis pris d'une sorte de timidité devant elle, et plus encore à distance respectueuse. Hier, nous sommes restés seuls, et que lui ai-je dit ? Rien. Et pourtant, il n'y aura pas d'occasion semblable.

Voilà une semaine que je ne parle presque pas avec elle. Il semble qu'elle fuit ma présence ; que signifie cette froideur ?

Désormais, je fais presque chaque nuit des rêves étranges. Hier, par exemple, je me suis retrouvé dans une sorte de ruelle sombre. On ne voyait ni n'entendait personne aux alentours. Comme si toute la vie avait disparu de ce lieu depuis longtemps. – Je me hâte de partir – devant moi, un terrain vague et des piles, des piles de tronçons de bois de tout côté. Là, une clôture tombée à terre, là une maison sans toit, sans fenêtre, les portes abattues. Je continue de marcher. Tout est à l'identique. Le terrain vague est immense, et il ne finit jamais. Pas de fleur, pas de mouvement ! L'horreur s'empare de moi. Je veux me jeter à terre et mourir en ayant au moins les yeux fermés. Soudain je vois au loin que, sous un léger voile, une jeune fille se hâte vers moi. Je reprends vie. La joie, je cours vers elle … et je me suis réveillé. Comme j'en étais malheureux ! Je n'avais pas encore eu le temps de la regarder. – Mais elle était de la taille d'Adèle[16]…

Non, elle ne ressent pas envers moi cette amitié ardente dont mon âme est enflammée, elle ne n'aime pas. L'amour est l'enfant de l'inspiration. – Adèle vient seulement de s'habituer à moi. Ma façon de penser lui plaît ; elle a plaisir à converser avec moi – et c'est tout. – Pour dire le vrai, elle pose souvent un regard tendre sur moi. Hier, comme je lui lisais une scène de mon roman, elle me regardait d'un air très convaincu. – Et avec quelle force elle m'a agrippé la main lors du monologue de Don Carlos[17] ! – Parfois, elle se réjouit très gentiment quand j'apparais, et me dit adieu avec tendresse. « Venez nous voir demain, mais plus tôt, venez

16 Ce songe rappelle les grands épisodes de rêve romantique qui ponctuent « Svetlana » (1831) de Joukovski ou du célèbre songe de Tatiana dans *Eugène Onéguine* de Pouchkine, qui date de la même époque : à chaque fois, la jeune fille rêve qu'elle se trouve dans un lieu désert et que son bien-aimé vient la rejoindre pour la sauver. Évidemment, il y a ici une inversion de genre significative, puisque c'est l'homme qui a ce songe.

17 *Don Carlos* est une grande tragédie politique de Friedrich Schiller, datant de 1787 et appartenant au mouvement *Sturm und Drang*, qui précède le romantisme.

sans faute ! » – Je lui ai dit tantôt, je ne sais plus à quel sujet, que le mur qui nous sépare est de plus en plus haut. « Non, ce n'est qu'une barrière, m'a-t-elle répondu, au travers de laquelle nous nous frayerons un passage. » Et encore ceci : son amie a dit un jour en riant que l'on peut connaître son destin en rêve, pourvu que l'on retourne son oreiller. Nous sommes convenus en riant que nous ferons l'expérience à la première occasion.

« Eh bien, qu'avez-vous vu ?, m'a-t-elle demandé, avec un sourire, le lendemain.

– Ah, j'étais au paradis. – Si cela pouvait être vrai !

– Dites m'en plus ?

– Je ne le peux. »

Mais ensuite, comme par inadvertance, je lui ai laissé comprendre que je l'avais vue, elle, et il a semblé qu'elle n'était pas mécontente.

Je l'ai trouvée en larmes. – Elle a attiré la conversation sur l'immortalité de l'âme.

« Convainquez-moi que l'âme est immortelle. C'est de vous que je veux en recevoir la preuve.

– Rappelez-vous, nous avons parlé il y a peu du bonheur. – Au moment de faire leurs merveilleuses découvertes, ces élus, ces génies ont ressenti encore une sorte de vide dans leur cœur et ils ne parvenaient en aucune manière à le combler. Ils désiraient encore, et on le voit à leurs œuvres. – Ce désir, que signifie-t-il ? C'est une nostalgie de sa patrie. Et cette question ultime sur laquelle se taisent les Schelling comme les savants, *comment* tout se produit : d'où tout provient et où tout va ? – Où réside donc la satisfaction de notre cœur et de notre esprit ?

– Je vous remercie, m'a-t-elle interrompu, mais vaut-il la peine, pour ces deux ou trois minutes, de vivre dans ce monde sans espoir pour l'avenir ? »

Elle m'a serré la main avec force, je ne me suis pas trompé, avec une grande force, et a quitté la pièce.

Mon amie ! L'âme est immortelle. Là-bas, là-bas, en haut du ciel, je t'étreindrai triomphalement. Là-bas, dans l'oubli du monde insignifiant et de ses esclaves méprisables, débarrassées du joug de la chair lourde et grossière, nous nous fondrons en un seul esprit, nos âmes pures ne feront plus qu'un, et les anges envieront notre bonheur.

Je vais lui déclarer mon amour. Comme j'en ai envie ! – Mais malgré tout je n'ose pas. – Entreprenant quand je suis chez moi, je deviens timide devant elle et c'est comme si je n'étais pas amoureux d'elle, alors que je l'aime. Pourtant, puis-je exprimer mon sentiment ! Quelle langue humaine contient les mots pour le dire ? – Je le rabaisserai. – Les mots lui fixeront des limites ; il atteindra quelque point connu, compréhensible, – alors qu'il est infini, qu'il ne connaît aucune borne. – Non, je ne le confierai pas à nos mots. Ah, donnez-moi, donnez-moi un autre alphabet, un alphabet qui ne soit pas de ce monde. – Si seulement elle me connaissait tout entier, tout entier !

Mais la vanité ne me trompe-t-elle pas ! Peut-être est-ce pour moi que j'ai prononcé ces mots au hasard ; peut-être ne nourrit-elle pour moi que du respect et nommera-t-elle folie toutes mes explications ? « Comment osez-vous ? », me dira-t-elle… Calomnie, calomnie ! Dans tous les cas elle considérera ceci comme une infortune, elle me plaindra sincèrement. – Qu'y a-t-il de fou là-dedans ? Seul un ignare aveuglé peut penser ainsi, mais pas elle. – Eh bien ! J'attendrai.

Attendre ! Homme grossier. Puisse-t-elle ne pas t'aimer. – Je ne le veux pas. Et qu'il y ait de mon côté l'amour le plus pur, le plus parfait. – Le cœur veut aimer. Et pourquoi recevrait-il une réponse en retour ? Qu'est-ce que cette monnaie d'échange ? Comment pourrait-il donc cesser d'aimer ? L'amour ne lui serait-il donc pas un plaisir suffisant ?

Hier, après le dîner, nous sommes sortis avec d'autres invités pour écouter le rossignol dans le jardin. Minute agréable ! – Tout était calme ; nous marchions au-devant des autres et nous nous rapprochions de lui à pas de loup dans l'allée sombre. Quels sons ! Il était si doux de les guetter sans oser reprendre son souffle. – Ils ont soudain empli toute la futaie, puis un silence pieux s'est à nouveau installé. – Comme j'avais envie d'embrasser mon Adèle !

À chaque pas, la nature présente à l'homme de quoi le réjouir, et comme il en profite peu, ce cœur de pierre ! – La nuit, la voûte bleutée semée de diamants scintillants, la lune ronde et claire dont on voyait des fragments à travers les branches des arbres, l'air est parfumé, le chemin est ombragé, la nature est calme, et toute mon âme est à… Adèle.

Je partirai avec elle en voyage. Nous nous délecterons de tout ce que nous voyons d'admirable. Nous nous prosternerons devant tout ce que nous voyons d'admirable. Les tombes de Schiller et Herder, les cours de Schelling[18], la Madone de Raphaël, le vénérable vieillard qu'est la littérature allemande, les palais français, les spectacles, la rue de la Victoire, le port de Londres, la paisible demeure de Walter Scott, les chemins de fer, les écoles lancastériennes[19], le lever du soleil sur les Alpes, la promenade vespérale au bord du lac Léman[20], la Vénus de Médicis[21], la Rome antique, l'Etna, le laurier de Virgile[22], « La Cène » de Léonard de Vinci[23], les ruines de Pompéi, la basilique Saint-Pierre – cela nous fera tant et tant de douces impressions ! – Nous ressentirons toute l'histoire, nous revivrons toute la vie ; nous verrons tout ce qu'a accompli le génie humain dans sa lutte victorieuse contre la nécessité, tous les chemins qu'il a dû emprunter pour réaliser son but lointain. La religion, la vie de famille, la vie de citoyen, l'empire de l'industrie, l'empire du beau s'offriront à nos regards émerveillés dans différents pays et sous divers climats dans toutes leurs variantes possibles. Et ces lieux de nobles efforts sanctifiés par la sueur et le sang, par les larmes amères des grands penseurs : c'est le saule de Shakespeare[24], le grenier

---

18 Le narrateur cite ici trois grandes figures allemandes de la sensibilité romantique : célèbre pour ses drames et ses essais, Friedrich Schiller (1759-1805) est une figure du *Sturm and Drang*, qui a précédé le romantisme et imposé une nouvelle esthétique fondée sur l'émotion et la sensibilité. Johann Gottfried von Herder (1744-1803) est un philosophe dont l'œuvre a mis en valeur le folklore et les particularités nationales de chaque peuple. Friedrich Wilhelm Joseph von Schelling (1775-1854) est un des principaux philosophes du début du XIXe siècle : marquée par l'idéalisme, sa pensée affirme la coexistence du monde réel et du monde idéal.

19 Système pédagogique à destination des enfants pauvres, qui supposait d'enseigner simultanément à un très grand nombre d'enfants dans une immense salle. Il était perçu comme un progrès pédagogique susceptible de mettre fin à l'illettrisme.

20 Les paysages de montagne en général et les Alpes et la Suisse en particulier sont particulièrement appréciés à l'époque romantique, sous l'influence de Rousseau qui en a révélé la beauté sauvage.

21 Célèbre statue grecque de la déesse Aphrodite, conservée au Musée des Offices de Florence.

22 La légende veut qu'au moment de l'enterrement de Virgile, le laurier qui se trouvait près de son tombeau soit mort aussi.

23 Célèbre tableau réalisé par Léonard de Vinci (1552-1619) entre 1595 et 1598 pour un couvent de Milan. Le voyage en Italie fait partie des aspirations des jeunes romantiques, notamment pour découvrir les chefs-d'œuvre de la Renaissance, cités ici, et les monuments célèbres (la basilique Saint-Pierre de Rome) et pour visiter les ruines fameuses, comme celles de Pompéi.

24 Le saule revient à plusieurs reprises dans l'œuvre du dramaturge anglais (1564-1616) pour annoncer la mort de personnages féminins, de l'Ophélie d'*Hamlet* à la Desdémone d'*Othello*.

de Rousseau[25] ou les cellules de Luther, de Galilée, de Dante[26] ! – Et ces innombrables degrés de l'éducation sur lesquels brûle encore la trace effacée du labeur humain, – et enfin celui depuis lequel le fils aîné d'Adam regarde à présent sur sa patrie céleste…

Mais en resterons-nous à la seule Europe ! Grâce aux succès de l'esprit citoyen, les distances se sont contractées : il faut maintenant quatorze jours pour aller de Liverpool en Amérique, en un mois, un mois pour se rendre dans les Indes Orientales, et d'Odessa on rejoint en une semaine Constantinople, l'Égypte, Jérusalem ; aujourd'hui, il est honteux pour un homme éduqué de mourir sans avoir vu les merveilles que la gloire de Dieu a créées sur cette terre. Ainsi, nous verrons les chutes du Niagara, les forêts profondes, les rivières immenses, et les montagnes inaccessibles de la jeune nature américaine, et la grave Égypte avec ses pyramides de hiéroglyphes et son Nil bienfaisant, antique aiguillon de l'activité humaine, et l'Inde poétique avec ses ruines antiques, déjà immémoriales, et les brahmanes aux cheveux gris qui, en silence, presque sans prendre aucune nourriture, restent durant des années entières plongés dans des contemplations mystérieuses, – et Alexandrie, ce monument du fameux Macédonien qui a le premier montré aux fils de Japhet leur supériorité sur leurs autres frères[27] – et les déserts arabes tout pleins de l'esprit fantastique de la religion mahométane, – et la capitale naturelle du monde, d'après le choix très sûr de Napoléon, Constantinople aux sept collines, le carrefour de l'Europe, de l'Asie et de l'Afrique ; – et l'île[28] où, au-delà des mers et de la terre, l'Europe épouvantée envoya son fils rebelle, où, jour et nuit, presque sans interruption, le garde épie chacun de ses mouvements involontaires, où celui qui avait été le roc de ce monde pendant dix ans méditait dans le murmure de la vague déserte sur les peuples et les royaumes ; où, en navigateur expérimenté, il se rappelait les tempêtes passées et contemplait dans quel port inattendu il avait échoué, sans en croire ses propres yeux. C'est là, sur la tombe de ce géant tombé

25 L'écrivain suisse Jean-Jacques Rousseau (1712-1778) est connu pour ses origines modestes.

26 Le théologien protestant Martin Luther (1483-1546), l'inventeur Galileo Galilei (1564-1642) et le poète Dante Alighieri (1265-1321) ont tous été emprisonnés en raison de leur activitié intellectuelle.

27 Il s'agit d'Alexandre de Macédoine. « Les fils de Japet » (personnage mineur de la mythologie antique, fils d'Ouranos) désignent les Grecs.

28 Sainte-Hélène, où Napoléon fut exilé après 1815 et où il mourut.

dans un abîme dont la profondeur ne peut se mesurer qu'au regard de sa gloire passée, que nous prononcerons avec le plus de conviction les paroles de Salomon : vanité des vanités, tout est vanité[29] !

...

Et enfin Bethléem et le Golgotha, le saint des saints, le ciel de la terre !

Où m'a conduit mon rêve obéissant ! – Mais qui a-t-il donc là qui évoque le rêve ? Tout ceci, est-ce donc impossible, est-ce donc difficile ?

J'ai parlé à Adèle de voyages. Elle m'a écouté avec enthousiasme.
« Partons ensemble, ai-je dit.
– Je suis heureuse – ah, si j'en avais la force ! »
Qu'est-ce que cela signifie ? Justement, c'est qu'elle m'aime.

Et ensuite, ensuite, riches de ce vaste bagage d'impressions diverses, nous nous installerons à la campagne, sur les bords de la Volga. – Puis-je avouer que la pensée de vivre à la campagne est encore plus douce à mon imagination que celle du voyage, et il n'y a rien dont j'aie rêvé avec tant de délices ! Loin des bruits du monde, indignes de l'homme, débarrassés des pensées et des désirs vains, libérés des circonstances et des relations mesquines, à l'abri des passions, nous vivrons dans la paix et la tranquillité au fond de notre retraite solitaire, nous jouirons de notre amour et nous contemplerons avec dévotion le vrai, le bien et le beau dans la nature et dans l'art. J'interrogerai pieusement les très saints oracles, je me plongerai dans l'étude de leurs augures profonds et, peut-être, (rêve si doux) mes pensées créatives mûriront, comme le dit le poète, dans la profondeur de mon âme et moi-même, engagé sur une voie sacrée, je parviendrai à laisser une trace quelconque sur les tablettes de l'esprit humain ou bien à y imprimer une vérité nouvelle, au bénéfice de mes contemporains et de la postérité.

Voilà ce que je me représente : de bon matin, après une promenade par les futaies et les vallons, rafraîchi par l'air pur, je me mets au travail dans mon bureau, j'écris, je lis des heures entières sans la moindre interruption – mon attention est tout entière concentrée sur le seul objet que j'aime, et je suis absorbé de plus en plus profondément dans mes douces réflexions...

29 Citation de l'Ecclésiaste.

Juste avant le déjeuner, Adèle vient me retrouver, portant Émile[30] dans ses bras, et me raconte son premier sourire ou sa découverte d'une nouvelle capacité. Je les embrasse tous deux et je leur montre les trésors que j'ai amassés durant ma journée de recherche… Nous nous promenons à nouveau. Après un déjeuner simple et goûteux qu'elle a préparé de ses mains, nous nous reposons et nous nous remémorons notre voyage ; ou bien nous apprenons des langues ; ou bien nous parlons de la vie des Alexandre, des Frédéric, des Pierre[31], des obstacles qu'ils surent franchir triomphalement, de leurs idées hardies et de leurs étranges succès ; ou bien nous lisons Rousseau, Karamzine[32], Byron[33], Oken[34], Klopstock[35]… Quels interlocuteurs au regard d'une douzaine de visiteurs, ces fantômes de la capitale ! – Et comme nous sentirons vivement, dans notre atmosphère alpestre si légère, la beauté de chaque expression, la profondeur de chaque pensée ! Par la bouche de grands professeurs, je ferai entrer mon Adèle dans le secret de la science ; avec foi et avec amour, nous étudierons ensemble la nature depuis la monade de Pythagore jusqu'à la création contemporaine la plus merveilleuse – l'homme observant tous ces étonnants analogues ; – ensuite je l'introduirai dans un autre monde sublime, le monde de l'histoire, et je lui raconterai l'existence du genre humain d'après les lois éternelles, depuis le premier éveil des facultés intellectuelles dans un être géographique jusqu'à l'envol de Schlözer[36], Napoléon, Schelling… jusqu'à l'idéal offert par l'homme-Dieu. Nous contemplerons l'échelle de Jacob et nous nous inclinerons avec dévotion devant le sage plan dont tout découle.

---

30 Le prénom rappelle le traité pédagogique de Jean-Jacques Rousseau, *Émile ou De l'éducation* (1762).

31 Figures de grands souverains : Alexandre de Macédoine (356-323 av. J.-C.), Frédéric de Habsbourg (1415-1493), qui régna sur le Saint-Empire romain germanique durant 53 ans, Pierre Ier dit le Grand (1672-1725), grand modernisateur de la Russie, qu'il a ouverte à l'Occident.

32 Nikolaï Karamzine (1766-1826)

33 L'influence en Russie de l'œuvre du poète romantique anglais George Gordon, lord Byron (1788-1824) est considérable.

34 Lorenz Oken (1779-1851), philosophe allemand dont l'œuvre est considérée comme la base de la *Naturphilosophie.*

35 Friedrich Klopstock (1724-1803), poète élégiaque allemand dont l'œuvre annonce le *Sturm und Drang* et le romantisme. Ce sont ses poèmes que lisent Werther et Charlotte dans la nature, dans le roman de Goethe *Les Souffrances du jeune Werther* (1774).

36 August Ludwig von Schlözer (1735-1809), grand historien et pédagogue des Lumières allemandes.

Et de voir chaque minute si pleine, et sans aucune impression déplaisante !

Quant aux amis qui viendront parfois nous rendre visite, amenant avec eux les nouveaux sons de la lyre russe, les productions de l'esprit russe, les nouvelles lois qui engagent le bonheur de la patrie. – Alors nous viderons de tout notre cœur un plein verre de champagne !

Oui, il faut absolument commander des portraits fidèles des grands personnages et des copies des plus belles œuvres de la sculpture et de la peinture. Que dans notre maison, à chaque regard le goût s'affine, l'âme s'élève ! – Nous saurons arranger notre intérieur !

Je souhaite parfois qu'elle tombe malade : j'irai la visiter, je souffrirai avec elle, – et tout ceci, elle le verra, elle le sentira. – Je souhaite qu'elle meure : voilà à quel moment, dans ces souffrances infernales, je sentirai son amour dans toute sa plénitude. – Non, je ne souffrirai pas : son corps peut bien s'évanouir ; dans mon amour elle restera immarcescible, vivante, immortelle. – Ou – je ressusciterai la morte grâce à mon esprit, à la force de ma passion. – Non – mieux vaut que je souffre d'abord, et ensuite je la ressusciterai. Je veux tout ressentir.

Je meurs. Elle vient à moi. Mon esprit abattu se rétablit immédiatement, je sors de mon état d'inconscience et je reviens à vous. – Pourrais-je ne pas la reconnaître ? Je prends sa main, la pose sur mon cœur, l'embrasse – mon amie ! pardonne…

La jalousie – voilà encore une sensation extraordinaire, vive ; c'est le thermomètre de l'amour. Shakespeare ! Ton Othello est splendide[37] !

Je l'ai vue lors de la liturgie au Monastère Simonov[38]. Chaque parole divine était comme reflétée dans ses yeux angéliques : « Élevons nos cœurs ! – Nous les avons vers le Seigneur – Il est digne en vérité de te célébrer, ô mère de Dieu[39] ». – Piété, tranquillité, modestie, dévotion. – Mon cher Carlo Dolci[40] ! Déchire tes tableaux. Voilà que l'art se retrouve à nouveau plus bas que la nature…

---

37 *Othello ou le Maure de Venise* (1604) de Shakespeare met en scène un général qui assassine sa femme innocente par jalousie.

38 Dans *La Pauvre Lise* (1792), roman sentimentaliste de Karamzine, c'est là qu'a lieu l'action.

39 L'original des citations bibliques est en slavon d'Église, langue utilisée pour les célébrations religieuses.

40 Peintre italien maniériste (1616-1684), célèbre pour sa peinture religieuse.

Le 19 avril est le jour le plus heureux de ma vie. Je lisais l'Évangile avec Adèle. Nous parlions du sujet préféré de mes réflexions, la vie terrestre de Jésus-Christ, ses différentes paroles et actions : comment à la nouvelle que sa mère et ses frères l'attendaient dehors, « il désigna ses disciples et dit : "Car, quiconque fait la volonté de mon Père qui est dans les cieux, celui-là est mon frère, et ma sœur, et ma mère." » Comment à la question de Pierre qui lui demandait si on peut pardonner à son frère jusqu'à sept fois, il répondit : « Je ne te dis pas jusqu'à sept fois, mais jusqu'à soixante-dix fois sept fois. » ; comment il sauva une malheureuse pécheresse des mains des Pharisiens qui l'avait condamnée à la lapidation en leur disant : « Que celui qui n'a jamais péché lui jette la première pierre. » ; comment sur le Mont Thabor « pendant qu'il priait, l'aspect de son visage changea, et son vêtement devint d'une éclatante blancheur » ; comment sur le mont des Oliviers « étant en agonie, il priait plus instamment, et sa sueur devint comme des grumeaux de sang, qui tombaient à terre » ; comment sur la croix, il s'écria : « Père, pardonne-leur, car ils ne savent pas ce qu'ils font » ; comment après avoir prononcé « Tout est accompli », il rendit l'âme. Tout à notre saint enthousiasme, nous nous regardions en silence, et nos yeux se sont remplis de larmes de bonheur.

Un sage antique a dit : « Si je connais un homme quelconque, alors je me connaîtrai. » – C'est en elle que je veux me connaître. Ô, mon amie ! Tu recevras de nouveaux droits sur moi. – Mais où puiserai-je tant d'amour ! – Où ? J'en emplirai des mondes entiers pour elle, et il m'en restera encore – c'est une source qui ne saurait se tarir.

J'ai tout oublié, comme s'il n'y avait jamais rien eu d'autre. Partout, tout, ce n'est qu'elle et moi. Je ne respire pas, je ne vis pas – je ne fais qu'aimer.

Quelle action est dans la nature la plus sublime, la plus mystérieuse, la plus sacrée ?

20 juillet. Je me suis rendu chez son frère ; il m'a conduit chez elle. On lui coupait les cheveux pour la première fois. Elle était assise près du miroir. – Comme j'ai tremblé, lorsque l'habile Français a approché les ciseaux de ses boucles noires. Ah ! C'est une victime qu'on mène au

supplice. Dans la fièvre de mes rêveries, j'avais oublié qu'elle devait affronter cette épreuve par laquelle tant de beaux espoirs disparaissent. Adèle ! Si tu connaissais tout d'un coup toutes les horreurs du grand monde ! Comment puis-je te le décrire et par où commencer ? C'est ... c'est un nid de corruption du cœur, d'ignorance, de bêtise, de bassesse ! Là, le désir de réussir se prosterne devant la circonstance insolente, embrassant le bas couvert de poussière de son habit, et écrase de son talon le modeste mérite. On apporte en sacrifice à la vanité frivole le travail d'autrui et le sort futur de sa propre famille. L'ambition médiocre alimente les soucis du matin et les veilles de la nuit, la honteuse flatterie dirige chaque parole, l'intérêt immonde chaque acte, et il ne reste plus de la vertu que ce qu'on en feint. – Pas une pensée sublime ne brille dans cette ténèbre étouffante, pas un sentiment ardent ne réchauffe cette surface glacée. Là, les gens ne vénèrent pas le génie, ils ne se réjouissent pas des succès de l'instruction, ils ne contribuent pas au sort de l'humanité, ils ne croient pas à la vérité, ils appellent les rêves des sottises,

Et l'ombre de Dieu, l'inspiration,
N'est rien pour eux, sinon un objet de moquerie[41].

Regarde – voici un ami du genre humain qui écrit des projets pour faire disparaître la pauvreté, après avoir réduit à la mendicité des paysans de naissance[42] par milliers. Voici un réformateur de l'État qui ne sait écrire de sa main cinq mots corrects et déliés. Voici un fier dignitaire dont ses subordonnés n'osent pas s'approcher et qui lorsqu'il est seul frappe sur l'épaule de son valet ou fait un baisemain à la maîtresse du puissant du jour. Voici un patriote qui reçoit un million de rentes et offre à sa patrie une simple aumône, – voici une vieille dévote qui va à l'église les mercredis et les vendredis et n'est pas avare de prosternations jusqu'au sol et qui est pourtant heureuse d'autoriser son propre fils à sombrer dans le vice le plus abject. Voilà un homme vertueux qui prélève sur les milliers qu'il a en trop un sou pour donner un morceau de pain à un pauvre, et pour avoir un diplôme de mérite. Voici un homme

41 Citation d'un long poème d'Alexandre Pouchkine, « Conversation d'un libraire avec un poète » (1824), dans lequel s'affrontent l'idéal de la création romantique et les impératifs de la vente.

42 Le servage n'est aboli en Russie qu'en 1861 : jusqu'à cette date, les paysans sont par leur naissance attachés à un domaine et à un maître.

honnête qui acquitte avec ponctualité les lettres de change, sans doute avec de l'argent gagné au jeu. Voici un ardent libéral dont le valet arbore constamment des contusions au visage. Voici une épouse fidèle qui a cinq bons amis ; un époux fidèle qui entretient une chanteuse d'opéra ; un jeune homme aimable qui a déjà essayé tous les remèdes de Tissot[43] et a déjà mis en gage la dernière chaussure appartenant à la dot de sa future fiancée ; un fils respectueux dont le contentieux qui l'oppose à sa mère se règle par un procès truqué. Voici un protecteur de l'instruction dont le fils étudie la philosophie auprès d'une modiste française ; voici un homme qui connaît bien les voies du Seigneur et qui pour un mot offensant est prêt à faire un faux témoignage contre son frère à un procès criminel, voici… Mais je répugne enfin à détailler toute cette légion haïssable…

On dira que je cède à la partialité, que je juge trop sévèrement, que je ne vois que la face noire des choses, – j'en conviens ; mais, Adèle, songes-y : même si seul un quart de tout ceci est vrai, n'y a-t-il pas déjà beaucoup de choses abominables ?..

J'ai brossé pour toi les traits caractéristiques de ces personnages, mais que ne peut-on encore dire de leur usage du temps, du temps sacré, que le sage nous enjoint d'économiser ? De ces visites dont souffrent les hôtes comme les visiteurs, de ces congratulations pour les fêtes, les célébrations, les succès ; de ces promenades où l'on ne veut que s'exhiber devant les autres et faire l'élégant, comme dans une vitrine, de ces toilettes, ces dîners mondains, ces bals où les malheureuses jeunes filles tournent sans répit durant des heures entières pour se lever le lendemain à midi, la tête lourde et les joues caves, pour anéantir avant l'heure la santé de leur cœur et obscurcir la pureté de leur âme. – Le croiras-tu : ces gens n'ont pas une minute à consacrer à leur cœur et à leur esprit. Esclaves et martyrs volontaires, ils évoluent dans leur élément (le vide) en obéissant aux lois des conventions mondaines ; souvent eux-mêmes les détestent, mais ils n'ont pas assez de force pour se libérer de leur joug : au début, dans leur jeunesse, ils les critiquent, puis ils les supportent, ils s'y habituent, et enfin ils s'en font les gardiens, les défenseurs

43 Samuel Tissot (1728-1789), médecin suisse célèbre pour sa condamnation de la masturbation, dans un ouvrage qui détaille le protocole médical pour lutter contre cette pratique : *L'Onanisme. Dissertation sur les maladies produites par la masturbation* (1764).

et, n'ayant aucune autre qualité, ils s'enorgueillissent de les connaître. En société on les tolère, ils sont même amusants lorsqu'avec aisance et amabilité, semant partout les fleurs de cet esprit propre au grand monde, ils parlent de sujets qui sont proches pour eux : les médisances de la ville, les vaudevilles français, les bals, les promenades, la mode, les visites qui ont été couronnées de succès ou non ; mais au milieu de ces vétilles, ces inconséquents osent parfois prononcer aussi les mots graves et sacrés de patrie, amitié, poésie, bien, éducation, justice, pouvoir suprême… Ah, Adèle, tu ne peux te figurer ce que j'ai ressenti quand, assis dans un coin d'un de ces splendides salons, silencieux et méditatif, j'ai entendu soudain leurs exclamations absurdes ! Mon sang s'est figé, ma bile s'est soulevée, j'ai pâli et grincé des dents… Ah, Adèle ! Tu ne peux te figurer ce que j'ai encore ressenti lorsqu'à cet instant un haut personnage quelconque s'est approché de moi, a pris mon bras avec un air patelin et m'a demandé d'un ton moqueur : « Qu'est-ce qui se fait de bien dans votre littérature ? ». J'aurais voulu le transpercer d'un mot de mépris ou bien d'un regard plein de fierté diabolique, mais la simple pensée : « je peux faire mieux que me justifier, je peux soutenir le mouvement perpétuel, attendons » m'a arrêté, et je me suis retenu et, pantelant d'indignation, je lui ai répondu doucement : « Que peut-il donc y avoir de bien chez nous, votre Excellence… *Ah, j'ai reçu "Les mémoires de la Contemporaine", lisez ça, c'est charmant !** »

Voilà, Adèle, le grand monde tel qu'il est et tel que tu dois y paraître.

Mais se peut-il, me demanderas-tu, que tout ceci se déroule à ciel ouvert, au vu et au su de tous. – Non, mon amie, tout se fait sous des dessous élégants, brillants, presque impénétrables ; voilà tout le danger pour une jeune personne sans expérience. – Les bords escarpés du précipice sont parsemés de fleurs aux couleurs chatoyantes. Au moment encore où l'infortuné fait un dernier pas, son regard se réjouit de ces visions charmantes, et une minute plus tard le voilà qui tombe la tête la première vers le fond lointain, étroit. – Ne chute pas, ne chute pas, Adèle !

Hier je l'ai rencontrée au bal chez le ministre. « Comment vous plaisent votre nouvelle planète et ses habitants ? » – « Ah, enfin ! Ici, tout est si clair, si vivant ! Je suis encore tout étourdie de contentement. Et vous, pourquoi donc êtes-vous si triste ? » – « Moi… J'avoue que c'est pour la raison même qui vous rend joyeuse. Il me semble que chaque minute vous tue, que je vous perds ; que vous vous éloignez de moi de manière silencieuse, imperceptible, et ainsi bien plus dangereuse pour moi. – Adèle ! Si nous en arrivions à ne plus nous entendre et nous comprendre ? » – « Cessez, vous me faites offense… Vous ne courez aucun danger. Je vais me donner un peu de gaieté et de bon temps, *pour avoir quelque chose à raconter* * et je retournerai … à ma solitude. »

C'est juste ! C'est juste ! Je suis coupable envers toi. Mes craintes sont superflues. Avec ton esprit et ton cœur, plier le genou devant cette pauvre idole ? Est-ce que toi, née pour les plus hautes délices humaines, tu pourrais te satisfaire de ces misérables festivités, de ces éclats insensés ? Tu regarderas d'un œil fier ces païens aveuglés, tu perceras leur secret, en un mot tu les tiendras à une distance respectueuse et, victorieuse, tu sortiras triomphalement leurs troupes frénétiques du temple de Balaam, pour te jeter avec une ardeur plus grande dans le sein de la nature, de la science, de l'amour… de mon amour… Adèle ! Viens à moi ! Viens à moi !

Je dois me rendre en Petite-Russie[44] en raison des affaires de mon père. – Quel dommage ! Oh, pourquoi, pourquoi l'homme doit-il se soumettre à ces circonstances ? – Je ne pourrai pas surveiller ses impressions. Elle ne me racontera pas ce qu'elle a ressenti. – Combien vais-je perdre de vie !

Comme par un fait exprès, elle se trouve à présent à la campagne, alors que je dois partir en toute hâte et qu'il m'est impossible d'aller lui faire mes adieux. Je ne peux lui dire quelques mots d'avertissement. – C'est triste, c'est écœurant. – Je lui écrirai un petit mot :

Adieu, Adèle ! Nous nous séparons, pour longtemps peut-être, et peut-être pour toujours. J'espère que vous ne m'oublierez jamais. Si vous étiez heureuse comme on doit et on peut l'être, alors mon souhait le plus ardent, comme seule l'âme peut en nourrir, sera comblé. Et surtout, *nei giorni felici ricordati di me*[45]. Quant à moi, seul, je suivrai sans bruit ma route et, pour emprunter les mots du poète, je ne dirai pas en maugréant : le bonheur n'existe pas, mais je dirai avec reconnaissance : je l'ai connu.

---

44 En Ukraine.

45 Citation de *L'Olimpiada* (1733) du poète italien Métastase : « dans les jours heureux, souviens-toi de moi ». Le poème a été mis en musique par L. Van Beethoven.

Mes circonstances ont changé. Je reste encore deux jours à Moscou. Je relis mon mot à Adèle. Quelles fadaises élégiaques je lui ai écrites hier ! Je cours chez elle pour un instant.

Nous nous sommes fait nos adieux. Elle m'a raccompagnée avec un air de chagrin, et des larmes ont paru à ses yeux. « Ne m'oubliez pas », a-t-elle dit doucement en me serrant la main. – Pourrais-je t'oublier, mon amie ! Tu es moi, tu présides en secret à chacune de mes paroles, de mes pensées, à chacun de mes sentiments, sans toi je n'existe pas... Mon affliction était si grande que je pensais qu'elle me tuerait. La reverrai-je bientôt ? Et me saluera-t-elle alors avec la même chaleur avec laquelle elle m'a raccompagné ?

Je m'éloigne d'elle sans pouvoir m'arrêter. Une troïka[46] rapide me transporte de montagne en montagne. Devant moi, il n'y a que forêts, champs, villages. – Que fait en ce moment mon Adèle ? Peut-être se promène-t-elle dans les mêmes allées que nous arpentions ensemble, et s'arrête-t-elle là où nous nous donnions rendez-vous : près du bouleau qui domine le ravin, derrière l'étang sous le vieux saule, dans le bosquet de peupliers. Ou bien ... elle relit mes œuvres et y retrouve ses propres pensées, elle se souvient du moment où elles ont été prononcées et, un sourire aux lèvres, une fois le livre refermé, elle est plongée dans une douce rêverie. – Mais peut-être qu'une coquette de ses amies efface l'impression que j'ai laissée, éveille en elle de la méfiance envers mes pensées, lui présente des objets de l'autre bord, et l'éloigne de moi par ses sophismes rusés ... Ah, Adèle ! Pourquoi ne suis-je pas avec toi ! – Ou bien, pire encore, un séducteur quelconque, dissimulé sous le masque de la modestie, attire son attention ; par des sentiments feints, des pensées étrangères il s'insinue dans son cœur, ses lèvres mensongères formulent un mensonge qui lui plaît, et mon pur miroir se trouble (éloignez-vous, noires pensées...) et, sans se rappeler ses sentiments pour moi, elle est leurrée par de nouveaux.

Je suis enfin arrivé à la campagne ; mes affaires y sont dans un affreux désordre. Je m'attelle aux comptes, j'additionne, je soustrais, je calcule. – Que tout ceci s'achève le plus vite possible, et à Moscou !

Voilà déjà un mois que je travaille du matin au soir, et la moitié de ma tâche est encore devant moi.

---

46 Traîneau à trois chevaux.

Il y a longtemps que je n'ai pas reçu de nouvelles d'Adèle. Qu'est-ce que cela signifie ? Je ne cesse d'envoyer en ville, je ne quitte pas ma table près de la fenêtre, attendant que la poste m'apporte une réponse.

Je ne sais pas ce qu'il serait advenu de moi si Dieu ne m'avait envoyé une bienfaitrice en la personne de la voisine qui vit près de notre village, de l'autre côté de la rivière. Au bout de trois conversations, elle avait percé le secret de mon cœur. – À chaque fois que je vais la voir fatigué et triste, elle trouve quelque moyen de me réconforter, elle dissipe tous mes doutes, me fait des explications très utiles, imagine mille possibilités plausibles, et au fond de mon âme obscurcie un rayon de gracieux espoir se rallume alors et, comme un enfant qu'on a consolé, je retourne chez moi plein de nouveaux rêves. – Jamais, jamais je n'oublierai ce que tu as fait, bonne âme !

Elle a commencé à me tirer les cartes et, c'est étrange, elle m'a dit beaucoup de choses qui semblaient vraies sur mon passé. Il est vrai qu'elle dit, au sujet de la même carte, un jour une chose et le lendemain son contraire, mais j'ai envie de me leurrer moi-même, et je suis heureux de croire à chaque billevesée qui me promet Adèle.

Le sept, le huit, le neuf de cœur sont sortis à la suite, et ensuite l'as de cœur. Je dois recevoir une lettre par mon chargé d'affaires. Si elle l'a envoyée de Moscou mercredi, elle arrivera en ville vers le dimanche 6. Au plus tôt le jeudi. Trois jours. – Que m'écrira-t-elle donc !

Je vais laisser tous mes comptes, je ne penserai plus à rien d'autre qu'à Adèle, afin que sa lettre me trouve prêt, digne, l'esprit libéré, pour qu'aucune impression intempestive ne me dérange, pour que je puisse me délecter de chaque ligne…

Le 6 est arrivé. Et le 7. Pas de lettre. Une torture. La mélancolie s'est emparée de moi. Je tressaille à chaque bruit, j'ai peur de parler avec un nouveau visage, au cas où il m'annoncerait une nouvelle funeste. Les pensées se bousculent dans ma tête, chacune plus triste que la précédente, mon cœur est affligé. Sombres pressentiments. Et le sommeil m'a abandonné. Ah, comme elle est lourde à porter, cette incertitude !

Je peux enfin partir. Ma dernière ligne rédigée, je me suis jeté dans une kibitka[47], accompagné des bénédictions et des vœux de ma bonne

47 Traîneau russe ouvert.

protectrice. Dans trois jours je la verrai, je saurai tout. Nous volons. Elle doit se trouver maintenant dans le village qui se trouve sur ma route…

Avec quelle terreur je suis monté en haut de cette montagne, à partir de laquelle on voit au loin, à environ sept verstes, leur charmant domaine ! Voilà la maison où elle vit. – Que fait-elle maintenant ? Songe-t-elle que son ami est si proche ? – Voici le champ, entouré de tous côtés de forêts, où elle se promène habituellement ! – Voilà le bosquet de bouleaux où nous nous reposions ensemble. – Où mon regard acéré ne pénètre-t-il pas ! – Comme mon cœur battait lorsqu'entre les arbres, une forme blanche, colorée m'est apparue. N'est-ce pas elle, n'est-ce pas elle ? Voici son village. Mon cœur bondit. Une paysanne que je connais s'approche… « La demoiselle est-elle là ? » « Non, monsieur. » « Retourne au plus vite à Moscou. »

Elle est malade.

Voici la raison de son silence ; mon pressentiment ne m'a pas trompé.

On ne laisse personne entrer auprès d'elle. Une fièvre constante. Le défunt S*** est mort de cette façon. Grand Dieu, prends pitié ! Je suis hors de moi. Les médecins d'ailleurs nous donnent à espérer. Qu'en sera-t-il demain ? Quelle attente, encore des incertitudes qui me torturent !

Non, elle ne mourra pas. C'est un ange dont la terre a besoin. Qui restera donc ?

Elle va plus mal. Elle n'a pas dormi de la nuit. Pourvu que je puisse au moins la voir une fois, que je puisse entendre ne serait-ce que le son de sa voix. La maison est sens dessus dessous. Les serviteurs pleurent. Le père et la mère sont au désespoir. Je n'arrête pas de croiser des cortèges funéraires, j'ai des cauchemars effrayants. Serait-ce possible ?.. Vis, vis, vis !

J'ai demandé l'autorisation de la voir. « Impossible, elle aura peur, les médecins ne le permettent pas. » Et pourtant, elle va de plus en plus mal, et elle peut mourir sans avoir vu ma souffrance, sans avoir su mon amour pour elle, ma passion infinie ; mon cœur se déchire. Que ressent-elle à présent ? pense-t-elle à moi ? Laissez-moi, laissez-moi aller auprès d'elle !

Et qui se trouve près d'elle à ce grand moment où l'âme s'efforce de quitter son étroite prison, de déployer ses ailes pour prendre son envol ?

Les ignares ne peuvent évaluer à leur juste prix le moindre de ses regards, la moindre de ses paroles. Ils la réconfortent avec des espoirs puérils, lui racontent toute sorte de sornettes pour la distraire – taisez-vous ! – Le royaume de Dieu s'ouvre devant elle, elle prend part à ses secrets sacrés. Ne lui rappelez pas notre terre de misère. Je ne resterai pas dans ce monde sans elle. Qu'est-ce qui m'y fera penser, sentir, vivre ? Qui me comprendra, me donnera du courage ? Non, je mourrai avec elle ; mais je veux la voir ici, sur terre, je veux entendre ses dernières paroles... il le faut, il le faut.

À la frontière entre deux mondes, sans passion, sans chair, nous nous jetterons hardiment dans les bras l'un de l'autre, dans une étreinte enflammée nous ressentirons toute la force de notre amour réciproque, à cet instant nous vivrons de toute la vie, – et alors, alors... Dieu ! Accueille notre âme dans la paix ! »

Voici les dernières lignes écrites dans le journal de mon ami. – Son souhait ne put s'accomplir : il ne lui fut pas donné de dire adieu à l'amie de son cœur, et la malheureuse jeune fille mourut aux mains d'étrangers, alors que de l'autre côté du mur son amant désirait plus que tout être auprès d'elle. Son valet me rapporta qu'il était rentré chez lui sombre et taciturne et qu'il s'était enfermé dans sa chambre. Je lui rendis visite avec quelques camarades, mais nous n'osâmes pas troubler son deuil sacré et nous ne fîmes que l'observer par le trou de la serrure. Pâle, les cheveux en désordre, le regard fixe, la tête penchée, il se tenait assis dans un coin. – De temps à autre seulement, des gémissements sourds s'échappaient de sa poitrine, le sang lui montait au visage, il levait les yeux, et ses regards nous disaient assez ce qui se passait dans son cœur. – Le lendemain, l'ayant vu dans un état encore pire, je décidai d'entrer dans sa chambre. Lorsqu'il entendit du bruit, il se tourna vers moi et, avec des larmes amères, il se jeta à mon cou. – Je voulais dire quelque chose – il me fit signe de me taire et se détourna de moi avec force, comme s'il était revenu à lui et qu'il avait eu honte d'une pensée qui lui avait traversé l'esprit. – Je quittai l'infortuné, et un murmure, un murmure honteux se fit entendre dans mon cœur.

Le jour des funérailles, de bon matin, au premier coup du clocher, dans son habit noir, il se rendit dans l'église paroissiale. – Dans son cercueil rose, vêtue d'une robe blanche aux rubans verts, au milieu des cierges, la défunte était là. Il semblait qu'elle avait accueilli la mort sans penser à la terre qu'elle quittait, mais plutôt à son père divin devant lequel elle s'apprêtait à paraître. Cette ultime pensée lui était restée encore sur le visage, qui restait beau quoique figé par la mort. Le peuple la contemplait avec une curiosité fruste, mais aussi une sorte de profond respect. Notre ami entra calmement dans l'église, et ce fut seulement lorsqu'il posa les yeux pour la première fois sur la morte qu'on put voir sur son visage un mouvement quelconque, le signe d'un sentiment qui agitait son cœur, ou d'une pensée qui assombrissait son esprit. – Il se tenait près du cercueil (en raison de l'étrange préjugé en cours chez nous, il n'y avait pas de proches) et durant tout le service divin il resta immobile, sans même se tourner vers sa bien-aimée. On ne discernait sur son visage aucun sentiment, ni aucune vie dans tout son corps – et il n'eut qu'un tremblement qu'au moment où l'on prononçait la litanie pour l'éternel souvenir de la défunte servante de Dieu. Il nous semblait étrange de le voir ainsi pétrifié ; nous souhaitions que le rite funèbre s'achevât au plus vite et que nous puissions le prendre dans le giron de l'amitié, réconforter son âme malade. Mais à la fin de la liturgie, lorsque les prêtres se tinrent autour du cercueil, que les personnes rassemblées allumèrent des cierges et entamèrent le chant funèbre « Heureux les hommes intègres dans leurs voies qui marchent suivant la loi du Seigneur ! », notre ami revint à la vie. Les larmes qu'il contenait depuis si longtemps lui coulèrent des yeux en torrents ; son visage qui ne laissait jusque-là rien paraître prit l'expression d'une douleur inexprimable ; il jetait en permanence des regards à tous ceux qui l'entouraient, comme s'il voulait susciter leur empathie et les convaincre de l'immensité de sa perte ; puis il tomba à genoux et pria avec une telle ardeur, avec une volonté si évidemment tendue, que nous échangeâmes des regards qui disaient : « Non, il n'est déjà plus de ce monde. » L'abattement se saisit de nous ; avec ses tourments incessants et ses consolations intermittentes, la vie nous paraissait si méprisable que nous allâmes jusqu'à envier le néant et, les larmes aux yeux, du fond de notre cœur nous répétions après le récitant : « En vérité tout est vanité, la vie n'est qu'une ombre et un songe, et c'est en vain que l'homme s'agite, car, selon la Sainte parole… ». Plus encore – en regardant cette beauté défigurée, cette vertu si cruellement anéantie, nous nous mîmes à douter de la Providence elle-même, à considérer la naissance comme le jeu du hasard, et la mort comme une borne au-delà de laquelle plus rien n'existe plus pour nous, à nous affliger – lorsque tout à coup retentit la parole de Dieu : « En vérité, en vérité, je vous le dis, il viendra un temps, et il est déjà advenu, où les morts entendront la voix du fils de Dieu et ils ressusciteront », l'étoile radieuse de l'immortalité se mit à briller droit dans nos yeux fatigués, et nos cœurs se soulevèrent de joie… Oh, si nous avions pu alors transmettre cette consolation à notre ami !.. Entretemps, le chant funèbre s'achevait, on chanta des airs consolants qui évoquaient la mer de notre vie agitée par de funestes tempêtes, le refuge qui nous apaiserait et enfin la mémoire éternelle ; elle s'achevait aussi, la prière pour la défunte où l'on demande à Dieu de lui pardonner ses fautes, volontaires et involontaires, et qu'il installe son âme là où les justes trouvent le repos. Le peuple commença à donner le dernier baiser[48]… Ce qu'il advint de Dmitri à cet instant, la parole humaine ne saurait le dire. Tourmentés, ne regardant que lui, presque inconscients nous nous précipitâmes enfin vers lui, décidés à ne pas le laisser s'approcher du cercueil. Le prêtre prit une poignée de terre et, bénissant le cadavre, voulait prononcer : « Le Seigneur est la terre et ce qu'elle contient », – quand soudain notre malheureux ami s'arrache de nos mains et s'écrie : « Attendez ! ». Le serviteur de Dieu, interdit, s'arrête. Dmitri se jette sur le cadavre, le couvre de chauds baisers et, lui ayant pris la main, fixant son visage de ses yeux, il s'écrie « Adèle… je viens à toi », – et, miracle, le visage de la défunte s'illumina, nous sembla-t-il, d'un sourire, comme si, n'ayant pas encore quitté la terre, elle avait entendu la voix familière de son ami, lui avait dit adieu… ou bien lui avait souhaité la bienvenue dans l'autre monde, car il était déjà mort, le corps renversé au pied de la couche funèbre…

Le malheureux Dmitri est enterré au cimetière de … aux côtés de l'amie auprès de laquelle Dieu ne lui a pas accordé de vivre sur cette terre. Là, sur leurs tombes sacrées, à l'ombre d'un magnifique bouleau, l'été, aux derniers rayons du soleil couchant, nous, les amis qui lui restent, nous installons, nous nous remémorons celui que nous ne pouvons oublier ou bien, en silence, nous songeons avec douceur au mystère de l'amour.

---

48 Le texte suit très fidèlement le rite funéraire orthodoxe, où tous les participants défilent devant le cercueil pour faire leurs adieux.

NIKOLAÏ MELGOUNOV

QUI EST-IL DONC ?

1831

Édité et traduit par Victoire Feuillebois

PRÉSENTATION

Nikolaï Melgounov (1804-1867) est essentiellement connu pour ses nouvelles fantastiques (dont les trois principales sont *Qui est-il donc ?* [*Кто же он ?*] parue en 1831 ; *Le Soir d'hiver* [*Зимний вечер*] en 1834 ; et le très court *Songe prophétique* [*Пророческий сон*] la même année), ainsi que pour des récits de voyage que lui inspirent les longues années qu'il passe en Allemagne et en France. Considéré aujourd'hui comme un auteur marginal, c'est pourtant une figure significative du romantisme russe, dont le salon moscovite est couru par la jeune garde romantique, puis abrite certains des débats qui opposent les « slavophiles » et les « occidentalistes » sur la meilleure voie de développement pour la Russie. Il se signale également par son activité de critique musical et de compositeur : il met en musique des vers des grands poètes romantiques de son époque comme Evguéni Baratynski ou Alexandre Pouchkine et il est l'ami du compositeur le plus important de l'époque, Mikhaïl Glinka.

Jeune homme de province arrivé à Saint-Pétersbourg pour ses études, il s'établit par la suite à Moscou, où il fréquente les cercles idéalistes influencés par la philosophie allemande comme celui des *ljubomudry* (les « amateurs de la sagesse »). Avec son camarade Vladimir Titov (1807-1891), qui signe lui aussi de frappantes nouvelles fantastiques, il traduit en 1826 *Les Épanchements d'un moine ami des arts* et *Les Fantaisies sur l'art* (1797) de Ludwig Tieck et Wilhelm Wackenroder, ouvrage qui joue un rôle très important dans le développement du romantisme russe : cette traduction témoigne de son appartenance au camp artiste des « aristocrates » de la littérature, qui ne sont pas nécessairement des nobles mais qui luttent contre le développement d'une littérature perçue comme industrielle où les idéaux artistiques sont remplacés par une logique purement commerciale. Il traduit également *Melmoth the Wanderer* (1820) de Charles Maturin, roman fantastique qui fait frissonner toute l'Europe romantique : on retrouve l'influence de ce texte dans la nouvelle *Qui est-il donc ?*, où est repris le motif d'un être immortel et insaisissable qui défierait le cours du temps et reviendrait à différentes époques pour accomplir ses forfaits.

La nouvelle de Melgounov, publiée en 1831 dans le *Téléscope* (vol. 3, nº 10-12), avant d'être rééditée en volume en 1834[1], puise en réalité à de nombreuses inspirations fantastiques : l'influence du *Vampire* (1819) de John Polidori affleure dans plusieurs épisodes et se fait notamment sentir dans la description de Vachiadan comme un héros protéiforme, doté de talents mondains surnaturels par lesquels il subjugue son entourage et séduit d'innocentes jeunes filles. À côté de ces deux références majeures du fantastique, Melgounov en utilise une troisième, qui est l'allusion au magnétisme : dès le début de l'histoire, le protagoniste porte des lunettes teintées qui dissimulent son regard ; lorsqu'il les enlève, près du dénouement de l'histoire, la pauvre Glafira se lève de sa couche de malade pour le suivre docilement, sous les yeux de sa famille et de son protecteur pétrifiés. Autre signe de ce puissant pouvoir de suggestion, c'est de son plein gré qu'elle se donne à son ravisseur, pensant voir en lui le fiancé qu'elle a perdu, jusqu'au moment où des monstres le déchiquettent dans leur chambre à coucher et dissipent l'illusion.

Cette multiplication des références contribue à créer dans le texte une série d'écrans et à instaurer un trouble dans l'esprit du lecteur. En soi, le magnétisme introduit une incertitude sur la réalité de ce qui se déroule dans la nouvelle – Vachiadan dispose-t-il bien d'un pouvoir de suggestion de type magnétique, et si oui, son origine est-elle explicable de façon rationnelle, ou bien faut-il le mettre au compte d'une puissance surnaturelle ? Ou bien faut-il plus largement entendre le « magnétisme » que l'on attribue au personnage, moins comme une allusion fantastique que comme une métaphore déclinée sous des formes multiples dans la nouvelle : « magnétisme » amoureux, quand Vachiadan subjugue une jeune fille innocente, « magnétisme » de l'acteur qui sait fasciner son public en incarnant à la perfection tous les rôles, ou encore « magnétisme » du mondain charismatique passé maître dans l'art de plaire à n'importe quel hôte des salons ? Les lunettes teintées sont l'indice le plus sûr dont le lecteur dispose, mais la narration s'emploie à rendre son interprétation plus difficile : les commentaires des autres personnages,

---

1 Кто же он ? : Повесть // Телескоп. Ч. 3, 1831, nº 10-12 – [За подписью « М. »]. То же : [Н. А. Мельгунов]. Рассказы о былом и небывалом : В 2-х т. Ч. 1. – М. : [Типография Августа Семена], 1834 – С. 43-138

qui prennent Vachiadan pour un original, donnent un visage souriant et humoristique à ce qui fait en réalité partie de la panoplie du magnétiseur mal intentionné et de l'antagoniste hoffmannien (on se souvient que le Coppola de *L'Homme au sable* est marchand de lunettes et qu'il se distingue par sa capacité de faire voir à sa victime Theodor des illusions et des fantasmagories – de la femme idéale qui n'est en fait qu'une poupée à la scène d'hallucination finale qui conduit le jeune homme à se défenestrer du haut d'une tour). Par ailleurs, chez Melgounov, un deuxième artefact, celui-ci plus troublant, vient dans un premier temps détourner l'attention : c'est la bague que le fiancé défunt de Glafira lui avait donnée et dont Vachiadan se retrouve en possession à l'issue d'une vente aux enchères. Alors qu'il est présenté comme annonçant le destin fatal de la protagoniste, l'anneau ne joue dans la fiction qu'un rôle secondaire et il n'est pas doté d'une puissance particulière : c'est bien au moment où, en pleine représentation, il retire ses lunettes que Vachiadan assoit son pouvoir sur sa victime, non par l'entremise de cet anneau acquis par des moyens tout à fait naturels. Si la scène permet d'esquisser l'aura trouble qui entoure Vachiadan et qui provoque le premier évanouissement de Glafira, elle s'inscrit aussi dans un moment plus réaliste du texte, où, au cœur de la description précise de la vente, le narrateur n'hésite pas à faire des commentaires généraux sur la noblesse dispendieuse et vaine de sa génération : elle rappelle à cet égard la scène d'ouverture, sise à la bourse de Saint-Pétersbourg, où chacun s'affaire sans être le moins du monde perméable aux impressions du narrateur qui croit revoir son ami défunt. On voit que, en bon lecteur de ses épigones romantiques allemands, Melgounov s'emploie à laisser planer l'incertitude sur la nature des événements présentés dans la nouvelle.

Cette volonté de troubler le lecteur et d'instaurer un doute fantastique est encore accentuée par le jeu entre les instances de la narration. D'abord, le récit est laissé aux mains d'un personnage extérieur à l'histoire de Glafira et de son amant : en réalité, celui qui bénéficie de la position privilégiée de double confident est bien loin d'être le narrateur détaché et objectif qu'il pourrait être et se retrouve comme un autre sous l'influence de Vachiadan. Celui-ci le prive de toute capacité d'agir : alors que c'est lui qui voit Vachiadan en premier, le narrateur est incapable de l'arrêter lors de leur rencontre à la bourse ; lors de leur seconde rencontre, au théâtre, il ne tire aucune conclusion funeste des propos pourtant très étranges que Vachiadan tient sur Glafira et n'avertit à aucun moment les parents de la jeune fille ; il est incapable de résister au magnétiseur lors de la scène du rapt. Il est donc *de facto* réduit à jouer les utilités, sans intervenir dans le récit et sans pouvoir en garantir la véracité : il est particulièrement significatif que Vachiadan lui subtilise le premier rôle lors de la représentation qui doit se tenir chez le père de Glafira. On ne peut ainsi accorder foi à ce personnage, subjugué et manipulé comme les autres, lorsqu'il croit entendre une voix céleste au-dessus de la tombe de Glafira, accréditant l'hypothèse surnaturelle.

Comme un symptôme de sa passivité, ce premier narrateur ne subsiste plus à la fin du récit qu'en tant que destinataire du récit que lui fait la jeune fille de sa captivité : mais là encore, cela ne fait que mettre en valeur son incapacité d'occuper une posture surplombante et empêche le lecteur d'évaluer la part de réalité et d'hallucination dans le récit rocambolesque de la jeune fille – la scène du déchiquetage de Vachiadan ne rappelle-t-elle pas de manière suspecte le songe de la jeune Sofia, personnage du *Malheur d'avoir trop d'esprit* [*Горе от ума*] que Glafira était censée interpréter sur les planches ? À ceci s'ajoute le fait qu'une figure auctoriale intervient directement dans le texte (publié de manière anonyme avec la seule initiale « M. » lors de sa parution dans la presse), mais pour contrarier toute possibilité de trancher l'identité de Vachiadan et donc d'interpréter la nouvelle de manière univoque : non seulement dans le dialogue final avec le lecteur cette figure écarte toutes les interprétations possibles, surnaturelles ou non, de l'histoire, mais elle le fait sur un ton badin qui contraste fortement avec le caractère horrifique du texte et renvoie le titre « Qui est-il donc ? », moins à une interrogation angoissée qu'à un jeu intertextuel et mondain, où l'on piège le lecteur dans le réseau de références intertextuelles contradictoires et de points de vue croisés.

QUI EST-IL DONC ?

Nouvelle

Is not this something more than fantasy ?
What think you of it[1] *?*
Hamlet.

À A. S. Khomiakov[2].

I

Je fis naguère la perte d'un être cher. Ceux qui le connurent ne peuvent pas m'accuser de faiblesse : c'était un ange envoyé sur terre et rappelé avant que quoi que ce fût d'humain n'eût réussi à souiller sa nature divine. Il suffisait de regarder son front haut, toujours enthousiaste, pour y lire le signe indélébile de sa provenance céleste…

La peine qui accabla les amis de ce défunt fut inexprimable ; mais, de vive et forte qu'elle était, elle se transforma peu à peu en une paisible nostalgie : legs triste et pourtant doux ! Une année à peu près se passa depuis sa disparition ; le printemps survint. La nature revivifiée nous revivifia nous aussi. Nos cœurs s'épanouirent et devinrent joyeux ; et la peine à son tour passa. Les plaisirs de la vie quotidienne, ses doux soucis

---

1 « Ceci n'est-il pas plus que de l'imagination ? Qu'en pensez-vous ? ». Il s'agit de la première scène d'Hamlet, lorsque les deux gardes voient le spectre du roi défunt.

2 Figure très importante du second romantisme russe, l'écrivain Alexeï Khomiakov (1804-1860) est l'un des chefs de file du courant slavophile, qui souligne l'existence d'une spécificité culturelle russe et encourage le développement de pratiques esthétiques la mettant en valeur dans les lettres, les arts et la pensée.

commencèrent à nouveau à nous attirer dans leurs rets trompeurs. Et peu à peu disparut cet altruisme spontané qui nous pousse après une grande perte à nous oublier nous-mêmes et qui fait que nous vivons pour entretenir la mémoire du défunt. Mais ne peut-on aussi entrevoir là ce sentiment d'égoïsme qui apparaît dans le sillage de chaque espoir avorté ?

Un jour, alors qu'environ une année s'était passée depuis la disparition de mon ami, je vais à la banque et, en attendant que l'on me donne mon argent, je contemple la foule bigarrée et mouvante qui se presse chaque jour dans ce lieu. On rencontre ici toutes les conditions, depuis le puissant qui met en gage son dernier domaine jusqu'au simple paysan qui va y déposer l'excédent de ses maigres revenus. Elle me divertissait, toute cette agitation dont le ressort était le besoin d'argent, d'argent et encore d'argent. Les portes ne se refermaient presque jamais ; des visages familiers et inconnus se mêlaient devant moi : tantôt joyeux, tantôt moroses, mais le plus souvent dénués d'expression, ils surgissaient et disparaissaient comme les ombres d'une fantasmagorie. Mais voilà que les portes s'ouvrent en grand ; un jeune homme de haute taille se défait de son manteau d'un air important, le jette à son valet et traverse rapidement le hall pour se diriger vers la salle du conseil de la banque. Il ne se passe pas cinq minutes avant que mon inconnu n'en revienne ; je le regarde alors droit dans les yeux… c'était mon ami défunt[3] !

Je ne me souviens même pas avoir bondi de mon siège pour m'élancer vers lui. Le regard de biais qu'il m'avait lancé avait davantage encore convaincu mon imagination qu'il s'agissait du mort. Je restai pétrifié, m'efforçai de prononcer une parole, sans y réussir, je voulais me jeter dans ses bras et j'étais immobile[4]. Il était d'ailleurs déjà loin de moi ; le valet l'aidait à remettre son manteau et il sortit de la banque en m'ayant accordé autant d'attention qu'à son arrivée.

---

3 Le retour d'un personnage que l'on pensait décédé rappelle un classique de la littérature fantastique, *Le Vampire* (1818) de John Polidori : le personnage principal, Aubrey, a assisté à la mort du mystérieux Lord Ruthven en Grèce, mais il le voit réapparaître dans une soirée à Londres. Bientôt, celui qui n'est autre qu'un vampire va s'attaquer à la sœur d'Aubrey, après avoir tué sa fiancée en Grèce. La différence introduite par Melgounov est que l'ami défunt, qui reste anonyme dans la fiction, est décrit comme authentiquement bon et positif.

4 Le motif du regard qui pétrifie évoque la nouvelle allemande d'E. T. A. Hoffmann « Le Magnétiseur » (1814), où un hôte étranger apporte par le seul regard le malheur dans une famille dont il convoite la fille. Mais la nouvelle ménage d'emblée un effet de brouillage en laissant penser que l'étonnement pourrait à lui seul expliquer l'absence de réaction du personnage.

« Non ! Ce n'est pas mon ami, dis-je avec un doute superstitieux. Il ne serait pas passé auprès de moi sans me serrer la main, sans me dire un mot amical. Mais est-il possible qu'une apparition surgisse en plein jour, au milieu de la foule ? Les esprits aiment l'obscurité et la solitude… Car il habite notre monde ; pourquoi donc effrayerait-il les gens, ses anciens camarades ? »

Les interrogatoires que je menai au sujet de l'inconnu se révélèrent vains : personne autour de moi ne connaissait même son nom et personne ne l'avait vu en ce lieu. Ma curiosité en fut piquée ; mais je devais remettre son enquête à plus tard.

II

Quelques jours après avoir rencontré cet inconnu fantastique, je me trouve au théâtre. Le siège à côté du mien resta longtemps inoccupé. J'y posai mon chapeau et observai avec indifférence les groupes symétriques de ballerines et leurs mouvements insupportablement réglés. Soudain, comme portés sur les ailes du vent, la Hullin[5] et Richard[6] apparurent au milieu de la scène, et des tonnerres d'applaudissements saluèrent les deux favoris du public moscovite. Je leur jetai un coup d'œil et vis que le fauteuil voisin était désormais pris et que mon chapeau se trouvait maintenant par terre.

La désinvolture de mon voisin me déplut ; je le dévisageai : c'était un homme d'environ trente ans, portant des lunettes teintées en violet et qui, semblait-il, était complètement absorbé par la scène et n'accordait aucune attention à ce qui l'entourait. Je ramassai mon chapeau avec dépit et, l'époussetant, le mis exprès à mon voisin, pour lui rendre la monnaie de sa pièce. Mais il n'y prit même pas garde.

« Comme elle est belle ! finit-il par s'exclamer à voix assez haute.

---

5 D'origine française, Félicité Hullin Sor (1805-1850) fut ballerine au Bolchoï et la première chorégraphe femme en Russie.

6 Le danseur Joseph Richard s'était installé en Russie avec Félicité Hullin et son mari Fernando Sor. Il est le père de la célèbre danseuse et pédagogue franco-russe Zinaïda Richard (1832-1890).

– Qui ? demandai-je en suivant son regard tourné vers la baignoire voisine, où se trouvaient des dames de ma connaissance.

– Cette décoration. » répondit-il avec sang-froid.

Il prononça ces derniers mots d'une voix complètement différente par rapport aux premiers que j'avais entendus. Les sonorités m'en frappèrent : c'était la voix de mon défunt ami ! Mais je n'en croyais pas mes oreilles et je m'efforçai de chasser comme un songe trompeur la pensée de cette similitude. Pourtant, mes regards se tournèrent malgré moi vers la loge qu'occupaient ces dames familières. Au milieu d'elles, on voyait une jeune fille de dix-huit ans, pâle et pensive ; elle semblait observer le ballet uniquement pour respecter les convenances et ne partageait en rien la gaieté générale. Les lecteurs comprendront son indifférence lorsqu'ils sauront que les derniers mots de mon ami défunt s'adressaient à elle ; que son dernier soupir fut consacré à son amie perdue. C'était moi qu'il avait chargé de transmettre ce soupir, ces mots ; et j'étais devenu le confident des secrets qu'elle cachait dans son cœur. Elle aimait le jeune homme avec toute la sincérité du premier amour d'une vierge et, du vivant de ce dernier, elle n'avait jamais osé le lui avouer. Pourtant, la douleur avait arraché de sa poitrine cet aveu pénible qui, juste après avoir vu le jour, n'était destiné qu'à embellir la tombe de son bien-aimé.

Je regardai la jeune fille ; nos yeux se rencontrèrent, et un léger incarnat recouvrit ses joues pâles. Ne voulant pas prolonger son trouble, je m'adressai à mon voisin.

« Comment trouvez-vous le ballet ? lui demandai-je.

– J'en attendais plus, après ce que j'en avais entendu, répondit-il de sa voix captivante, mais par ailleurs, le décor n'est pas mal. Et comment se nomme le danseur ?

– Richard ; c'est donc la première fois que vous le voyez ?

– Je suis arrivé il y a peu, après trente ans d'absence.

– Alors vous devez sans doute mal vous souvenir de Moscou, si vous l'avez quittée étant enfant ?

– Pardonnez-moi, répondit l'inconnu d'un ton pénétré, il y a déjà longtemps que je suis au monde.

– Vous avez beau jeu de vous moquer de moi, dis-je avec un certain dépit, si j'en juge par vos traits, vous n'avez guère plus de trente ans.

– En vérité ? Et vous n'avez jamais entendu parler du comte de Saint-Germain ?

– Que voulez-vous dire ?

– Horatio ! Il y a beaucoup de secrets sur la terre et au ciel que votre philosophie ne soupçonne même pas[7].

– Je vois, répondis-je avec un agacement croissant, que vous connaissez votre Shakespeare, mais je ne vois rien de plus.

Pour toute réponse, mon voisin retira ses lunettes violettes et me regarda fixement. Je frémis… Il semblait que son visage changeait et rajeunissait ; je reconnus en lui le jeune homme qui présentait une ressemblance si saillante avec mon défunt ami.

– Grands dieux, dites-moi…, m'écriai-je, transporté d'étonnement.

L'inconnu m'interrompit.

– Jeune homme, me dit-il à mi-voix, ce n'est pas le bon endroit pour parler de ceci. »

Et, rechaussant ses lunettes violettes, il se remit à regarder la scène.

Le ballet prit fin. Je me rendis dans la baignoire où se trouvait la jeune fille dont j'ai parlé. Elle était auprès de sa mère, une dame âgée qui, en dépit du poids des ans, s'efforçait de remonter le cours du temps. Fervente adepte de tout ce qui était nouveau et à la mode, assez bavarde, c'était par ailleurs une femme bonne et cordiale, une mère dévouée et l'une de ces épouses raisonnables qui, tout en gouvernant en secret leur mari, le laissent en public dire « je » et jouir d'un fantôme de pouvoir. Elle m'accueillit par un flot de questions :

« Eh bien, qu'en est-il de notre théâtre de société ? Vous viendrez à la première répétition, bien sûr ? N'est-il pas vrai que mon Piotr Andréïtch a eu la main heureuse en choisissant *Le Malheur d'avoir trop d'esprit*[8] ? Tout le monde parle de cette comédie, et pourtant elle est

---

7 Célèbre citation d'*Hamlet*.

8 *Le Malheur d'avoir trop d'esprit* (écrite en 1821-1822, représentée en 1831) est une comédie satirique d'Alexandre Griboïedov (1795-1829). Interdite par le pouvoir en raison de sa critique féroce de la noblesse russe, elle circule largement dans la bonne société. Le personnage principal, l'aristocrate Tchatski, de retour en Russie après un long séjour à l'étranger, s'y heurte à l'immoralité et à la frivolité de ses compatriotes, en particulier du noble Famoussov, père de Sofia, la jeune fille dont Tchatski est amoureux. Cette dernière lui préfère désormais le fonctionnaire hypocrite Moltchaline et, devant les moqueries de Tchatski à l'encontre de l'élu de son cœur, elle fait passer le jeune aristocrate pour fou. Celui-ci se trouve discrédité et marginalisé, ses attaques acerbes contre la bonne société qu'il déteste ne portent plus. Il finit par quitter Moscou, non sans avoir ouvert les yeux à Sofia sur la médiocrité et les mensonges de Moltchaline. La pièce est un des plus grands textes du répertoire dramatique russe et une œuvre majeure du romantisme. Elle est

si mal connue. N'est-il pas vrai qu'il est assez original de présenter à notre public ses propres préjugés ? Ah, d'ailleurs, serez-vous demain à la vente aux enchères ? Nous nous apprêtons à nous y rendre ; ma Glafira meurt d'envie de voir la maison et les objets appartenant au défunt comte.

Je m'empressai de l'interrompre ; pourtant, j'ignorais à laquelle de ses questions je devais répondre en premier.

– Je n'ai pas l'intention d'acheter quoi que ce soit aux enchères, finis-je par dire, mais si vous comptez y aller…

– Venez au moins pour nous, ajouta Glafira à voix basse.

– Eh bien, le rôle de Tchatski[9], *comment va-t-il** ? me demanda Mme Lindine.

– Il est, à vrai dire, au-dessus de mes capacités, répondis-je.

– Je n'écouterai pas vos dérobades, objecta Maria Vassilievna, demain nous avons une répétition, et vous serez des nôtres. Mon Piotr Andréïtch joue Famoussov, et Glafira Sofia : c'est décidé. À propos, comment vont tes yeux ? ajouta-t-elle à l'intention de sa fille. Quoi, ils sont encore rouges ? Rendez-vous compte, elle a pris froid et cela ne passe pas. Prends bien garde à ne pas te les frotter.

Je savais bien d'où provenaient cette rougeur et que la cause n'en était pas un refroidissement. Souhaitant mettre fin à cette conversation, je m'apprêtais à reprendre mes protestations au sujet du rôle de Tchatski, mais Piotr Andréïtch entra dans la loge avec un air gai et radieux.

– Je viens de rencontrer dans le couloir, dit-il, une vieille connaissance et j'ai fait une acquisition de la plus haute importance.

– Qu'est-ce donc ? J'espère que tu n'as pas acheté la propriété près de Moscou que tu négocies pour moi ? demanda joyeusement Mme Lindine.

– Non, ma bonne, pas du tout. J'ai débusqué un *Tchatski* parfait, et si vous me le permettez…

---

d'autant plus célèbre que son auteur, mort jeune lors de l'attaque de l'ambassade russe de Téhéran, ne l'a jamais vue représentée. Elle figure les aspirations au changement de la jeunesse romantique, marquée par la libre-pensée et les séjours à l'étranger, contre la société aristocratique où les nobles, forcés de servir dans l'administration, semblent à la botte du pouvoir et des convenances. À l'inverse, l'esprit de Tchatski, qu'il utilise pour pourfendre les mœurs de ses contemporains, lui vaut de perdre sa bien-aimée et sa place dans la société. Il s'agit donc d'une comédie amère, dont beaucoup de vers sont devenus en russe des proverbes.

9 Tchatski est le rôle principal de la pièce, qui comporte de nombreuses tirades et monologues.

Ces derniers mots s'adressaient à moi ; et j'aurais été ravi de céder mon rôle ; mais Maria Vassilievna ne me laissa pas le temps de répondre.

– Quel Tchatski ? cria-t-elle. Trouve-t-on donc des Tchatski dans ce monde ?

– Ce n'est pas de cela qu'il s'agit, ma chère amie, tu ne me comprends pas. Voilà toute l'affaire : lorsque je servais à Saint-Pétersbourg, il y a trente ans de cela, je fréquentais en société un homme des plus charmants, dont j'ai oublié le nom ; et le croirez-vous ? Pensez donc : je viens de le rencontrer, alors qu'il mangeait une glace.

– Et alors ?

– Alors ? Je l'ai reconnu au premier regard ; cet original n'a pas pris une ride, alors que de mon côté j'ai bien vieilli.

– Oui mais toi, mon ami, tu ne prends pas assez soin de toi, objecta sa femme avec un tendre reproche. Est-ce donc possible ? Tu vas tous les jours au club, quel que soit le temps, et tu y restes jusqu'à une heure, deux heures du matin !

– Assez, assez, *mon amour**, répondit le mari, rappelle-toi que si je n'étais pas un vieillard, je ne pourrais pas jouer *Famoussov*. Ah, ah, ah, voilà une bonne répartie ! N'est-ce pas vrai ?

– Bien entendu, répondis-je en souriant, nous serions alors privés du plaisir de vous voir dans ce rôle, mais…

– C'est un compliment que je ne mérite pas encore, répondit Lindine d'un air satisfait, et pour me venger je vous retire le rôle de *Tchatski*. Mais, ajouta-t-il en me serrant la main, pas de cérémonies entre nous, et vous jouerez le rôle de *Moltchaline*[10]. Êtes-vous d'accord ?

Je donnai mon consentement, et Piotr Andréïtch poursuivit :

– Demain je vous ferai faire la connaissance de mon vieil ami. Un homme des plus aimables ! Bien qu'il ait déjà la soixantaine, il est frais comme un gardon et fera volontiers Tchatski. Il dit qu'il l'a déjà joué plusieurs fois.

– Comment, mais tu lui as tout raconté ? demanda sa femme. Et comment s'appelle ton ami ?

---

10 Moltchaline est donc le secrétaire de Famoussov, qui fait mine d'être amoureux de sa fille Sofia alors qu'il ne cherche en réalité qu'à avancer sa carrière dans l'administration. Son nom signifie « celui qui se tait » et souligne le fait qu'il compte réussir en étant docile et serviable, à l'inverse de Tchatski. Évidemment, ce nom est également évocateur de la passivité du narrateur face aux événements qui se déroulent devant lui et qui le contraignent souvent à ne pas s'exprimer ou à se retenir de dire clairement sa pensée.

– Il m'a rappelé son nom, mais en vérité je l'ai oublié ; c'est quelque chose comme Vychian – enfin, je sais que ça se termine en « ian[11] ». Mais le voilà, il est à l'orchestre, troisième rangée. Quel original ! Il ne regarde même pas.

– C'est l'homme qui porte des lunettes violettes ? demandai-je.

– Mais oui ; vous le connaissez donc ?

– Non ; mais il occupe le fauteuil à côté du mien, répondis-je tout troublé.

Lindine ne remarqua pas mon agitation et s'apprêtait à aller au club.

– Je m'en vais de ce pas inviter toute la ville à notre représentation, dit-il, je l'introduirai dans la meilleure société, je lui ferai faire connaissance avec notre public… Que tous n'aient que le *Tchatski* de Lindine à la bouche et qu'ils demandent sans cesse : mais qui est-il donc, mais qui est-il donc ?

– Mais d'abord, *mon ami**, apprends donc son nom, remarqua Maria Vassilievna. Et puis prends bien garde de ne pas rester trop longtemps au club. Ah, attends, attends : qu'as-tu sur ton habit ? Une miette. Bien, tu peux y aller maintenant. »

Nous nous fîmes nos adieux jusqu'au lendemain et je quittai le théâtre avec Lindine.

III

Le matin à une vente aux enchères, le soir à une répétition : un jour perdu pour soi ; mais il y a tant de journées dans une vie !

Comme j'avais promis aux Lindine de leur réserver des places, je partis de bon matin pour la demeure du défunt comte, où la vente devait se tenir. Y avait-il si longtemps que ces murs ne résonnaient plus de cris de joie ? En tout cas, on n'y entendait plus à présent que les coups de marteau et les exclamations entrecoupées du commissaire-priseur.

Le comte à qui avait appartenu cette demeure et ce qu'elle contenait et dont on vendait alors tous les biens pour payer ses innombrables

11 Lindine confond le nom mystérieux de Vachiadan avec un nom arménien.

créanciers était l'un des derniers extravagants du siècle passé. Riche, de haute naissance, il avait été élevé à l'étranger et y avait passé sa jeunesse. Par l'âme, il appartenait à l'Italie et à la France ; et il n'était attaché à sa patrie que par un long fil de noblesse qui se brisa avec lui, ainsi que par la dizaine de milliers d'âmes[12] dont il parvint à vivre – ou plus exactement, qu'il parvint à troquer contre quelques statues sans vie. Il était du nombre de ces amateurs d'art et connaisseurs qui, après cinquante ans en Italie, en rapportent quelques faux originaux et autant d'antiques de contrefaçon, en y laissant la moitié de leurs domaines, et reviennent dans leur patrie pour dépenser l'autre moitié aux mains des usuriers, des sculpteurs du pont Kouznetski[13] et des chevaliers d'industrie en tous genres. Il est tout à l'honneur de notre siècle que ces nobles connaisseurs des beaux-arts commencent désormais à se transporter chez nous ; peut-être qu'il ne faut pas en attribuer la raison principale aux succès d'une authentique éducation : mais pourquoi se priver du rêve réconfortant qui voudrait que nous dussions à l'esprit économique de nos anciens barines[14] non seulement la ruine de leurs pères, mais aussi une influence bienfaisante sur les sciences et l'opinion…

À notre époque, la betterave à sucre, les acquisitions, la diversification des parcelles agricoles, etc., ont pris la place des tableaux, statues et autres antiques. On me dira : l'économie n'est-elle pas en train de nous ruiner, comme les arts ont ruiné nos aïeux ? Non, messieurs ! Dans les tentatives infructueuses des exploitants de la betterave à sucre, je vois le gage de succès futurs ; les capitaux que notre père de famille à la nouvelle mode répand sur l'*humus* ne sont pas encore perdus pour ses enfants. L'expérience s'acquiert au prix fort, très fort ; pourtant le prix auquel nous l'achetons ne surpasse jamais les bénéfices qu'en tire notre plus lointaine descendance. Mais je vous prie à mon tour de me dire : quelle utilité ont eu ceux qui ont dépensé leurs riches propriétés en galeries de tableaux, en raretés pour bibliophiles, en musées, dans le seul et unique but pour qu'après leur mort, et parfois de leur vivant, les coups du marteau d'adjudication brisent en tout petits morceaux la masse énorme, mais futile, de ce qu'ils avaient amassé ? Ont-ils suscité un goût pour les beaux-arts ? Ont-ils éduqué des artistes ? Ont-ils soutenu

12 C'est-à-dire de serfs attachés au domaine nobiliaire.

13 Rue de Moscou qui concentrait à l'époque les boutiques de luxe de la ville.

14 Ancien terme pour désigner un seigneur.

des savants ? Ou bien ont-ils au moins légué à leurs compatriotes ces monuments de vanité et, au lieu de les laisser à leurs héritiers avides et stupides, ont-ils transmis quoi que ce fût à la communauté ? Non, ils n'y ont guère pensé ; ils n'ont pas songé qu'ils auraient pu acheter à vil prix la reconnaissance des générations futures, qui auraient oublié leur prodigalité sans bornes et n'auraient gardé qu'un souvenir obligé de la bonté, de l'élégance de leur geste.

Le défunt comte, comme beaucoup d'autres, n'avait pas jugé bon de transmettre à sa descendance, en même temps que son nom, son domaine de Demidov ; et tous ces

> Amours et Zéphyrs, un par un,
> On les vend à l'encan[15].

La cour de sa splendide demeure était tout encombrée d'équipages. Un public nombreux se bousculait à l'entrée, dans l'escalier ; dans le grand salon, au milieu duquel on avait construit un vaste amphithéâtre, les badauds et les acheteurs se pressaient en groupes pittoresques autour de la scène où, au lieu de chevaliers et de hérauts, le commissaire-priseur avait pris place. Sur une haute et longue table placée devant lui, on voyait un amoncellement de vases précieux, des candélabres, des horloges, de petites statues ; les murs de la pièce étaient couverts de tableaux ; d'énormes tomes gisaient en piles sur le sol ; plus loin, devant la serlienne, c'étaient deux sphinx de porphyre gigantesques qui se tenaient, spectateurs mutiques mais effrayants de ce spectacle qui manifestait de manière si frappante à la fois l'éclat et la vanité du monde.

J'avais manqué le début de la vente : beaucoup d'objets avaient déjà trouvé preneur. En dépit de la foule, je parvins à trouver une place dans l'amphithéâtre.

Les Lindine arrivèrent peu après moi. À cet instant, le commissaire-priseur annonça d'une voix forte qu'on vendait un anneau orné de pierres précieuses d'une qualité remarquable. Glafira me demanda de le lui apporter. La tête d'un jeune homme, sans doute Alcibiade,

15 Citation du *Malheur d'avoir trop d'esprit* (Acte II, scène 5). Il s'agit d'un des premiers grands monologues de Tchatski, au ton satirique et moralisateur, adressé à la bonne société moscovite. Ici, le personnage critique le même type d'amateur d'art qui est plus bas la cible des attaques du narrateur dans la nouvelle.

était façonnée en relief sur la calcédoine blanche. La pauvre jeune fille trouva à cette figure une grande ressemblance avec l'ami de son cœur.

« Quoi qu'il en coûte, cet anneau doit m'appartenir, dit-elle, inclinant la tête vers moi, d'une voix à peine audible. Persuadez mon père de me l'acheter. »

Piotr Andréïtch, plein d'amour paternel, ne fut pas long à convaincre. L'enchère débuta. Comme par un fait exprès, la bague était l'objet de nombreuses convoitises ; mais les autres enchérissaient peu, et Piotr Andréïtch était ferme dans son intention d'acquérir l'objet. Enfin, ses adversaires cessèrent de surenchérir. Le marteau frappa un second coup : Lindine triomphe, Glafira est transportée de joie. Cette jeune fille au cœur simple jubilait à l'avance de son futur achat et ressentait un bonheur inconcevable. Lorsque l'amour lui donne des ailes, l'imagination de la femme devient enjouée et fantasque : qu'une goutte de rosée tombe sur la feuille d'un arbre et y trace quelques lignes jaunes, et la voilà qui s'imagine que le ciel en personne a dessiné la miraculeuse image de son bien-aimé ; qu'un nuage présente sa silhouette éphémère et transparente, et la voilà qui ne le quitte pas des yeux ; elle trouvera la même ressemblance à un visage entraperçu, un tableau, une pierre… il n'y a pas de borne à ses rêves ; elle se régale d'une illusion, elle se saisit d'une ombre comme si c'était un être réel.

Lindine avait sorti son portefeuille et voulait régler son achat, quand une voix qui me parut familière, émergeant de la foule des badauds, fit monter l'enchère de plusieurs centaines de roubles d'un coup…

Les spectateurs stupéfaits se turent ; un silence lourd, prolongé suivit la terrible invitation à combattre par enchères interposées. Inutile de parler de Glafira : une crainte subite se saisit d'elle ; pâle et silencieuse, elle fixa sur son père des yeux qui le suppliait de ne pas céder à son adversaire cet anneau qui lui était si cher ; mais Lindine refusa de surenchérir, tant le prix était déjà élevé. J'étais sur le point d'entrer dans une lutte de boutiquier avec l'audacieux inconnu et de le forcer à abandonner sa proie : mais tout était fini : le marteau fatal venait de frapper pour la troisième fois…

Soudain, Glafira tomba comme morte entre mes bras… Il semble que ce coup décida de son sort.

Pendant que nous nous affairions auprès d'elle, l'acheteur inconnu paya, prit l'anneau et disparut.

Glafira revint à elle et, après l'avoir installée dans sa voiture, je revins chez moi le cœur contrit et triste. Il était tout plein d'un pressentiment sombre, funeste.

IV

Le soir, en arrivant chez les Lindine, je fus frappé par l'air souffrant de Glafira et par la gaieté inhabituelle de Piotr Andréïtch. Il ne semblait remarquer ni les souffrances de sa fille, ni l'ennui de ses invités et ne s'occupait que de Vachiadan (il avait fini par se souvenir du nom de son ancien ami), qui était arrivé avant moi et avait déjà fait la connaissance de tout le monde. S'il n'y avait eu sa voix et ses lunettes violettes, je n'aurais pas reconnu son hautain et secret voisin du théâtre : il était volubile, gai, détaché et ne ressemblait en rien à un vieillard de soixante ans.

Cette addition à leur société, comme le disait Lindine, le réjouissait au plus haut point ; il exultait à l'avance de *son* Tchatski. La raison de son enthousiasme était bien compréhensible ; mais qu'est-ce qui avait causé une commotion si forte chez Glafira ? Était-ce donc le fiasco de la bague ? Mais elle ne manquait pas à ce point de caractère. Ou bien était-ce la voix de Vachiadan qui avait réveillé en elle le souvenir de son ami perdu ? Il était en revanche clair qu'elle cachait dans son sein un secret nouveau et terrible ; mais ni le moment, ni le bon sens ne lui permettaient de le révéler. Je résolus pourtant de lui demander si son état lui permettait de jouer ce jour-là. Ma question la fit sortir de sa rêverie.

« Vous me croyez donc malade ? demanda-t-elle à son tour.

– Pas malade, mais abattue par ce qui s'est produit…

Elle m'interrompit vivement.

– N'en dites pas plus ; par ailleurs, j'ignore si j'aurai la force de jouer maintenant ; mais, pour ne pas peiner mon père, je m'efforcerai de surmonter ma timidité.

– N'est-ce que de la timidité ? demandai-je d'une voix interrogatrice.

– Messieurs, messieurs, s'exclama Piotr Andréïtch en frappant des mains, qu'en est-il de notre répétition ? Nous avons tous nos acteurs – commençons. »

Glafira s'éloigna en hâte, prétextant les préparatifs de la répétition. Les dames et les cavaliers qui participaient à la comédie la suivirent dans la pièce où l'on avait assemblé en un instant une scène faite de planches et d'un voile tendu pour servir de fond.

Pour finir, au milieu des conversations enflammées et des échanges où résonnaient tout particulièrement les « je » que Piotr Andréïtch lançait à voix forte et faisait résonner comme ces détonations qui éclatent lors d'escarmouches armées, la répétition commença. Les sons de ma flûte venaient de se taire (les lecteurs se souviennent que je jouais *Moltchaline*), Sofia venait d'achever son *nocturne**, et la fringante soubrette avait depuis longtemps fait sonner sa clochette pour avertir sa maîtresse, tandis que *Famoussov* n'était pas encore entré[16].

« Eh bien, mon père ? » demanda Glafira à son père.

Mais le père avait oublié qu'il jouait aussi un rôle dans la pièce. Il se reprit pourtant rapidement et, après une prise de tabac, courut en coulisses. Piotr Andréïtch entra hardiment sur la scène, ouvrit la bouche avec une présence d'esprit étonnante et… se figea. Ce fut en vain que le souffleur lui souffla la réplique. Piotr Andréïtch se tenait immobile. Enfin, sans doute pour produire un effet plus frappant, il se frappa le front de la paume de sa main et courut en toute hâte dans la salle.

« Qu'as-tu donc, mon cher ami ! demanda Maria Vassilievna avec inquiétude.

– Imaginez-vous, dit-il, j'ai peu de mémoire, et dans l'affairement et les préparatifs je ne suis pas parvenu à apprendre par cœur mon rôle.

– Prenez le cahier pour vous aider, dit Vachiadan en riant, et à l'avenir soyez plus méticuleux.

– J'en suis incapable, mon honoré ami ; je suis troublé, je ne m'y retrouverais pas.

– Mais qui vous remplacera aujourd'hui ? demandèrent d'une seule voix *Skalozoub*, *Zagoretski*, *Répétilov*[17] et les autres acteurs. Cela signifie-t-il que nous nous sommes réunis pour rien ?

---

16 Cette description fait allusion à la première scène du *Malheur d'avoir trop d'esprit* : Sofia et Moltchaline (dont le nom signifie « celui qui se tait ») ont passé la nuit à jouer de la musique dans les appartements de la jeune fille, et la pièce s'ouvre sur l'arrivée du père de Sofia, Famoussov, qui ne doit pas découvrir les agissements de son secrétaire et de sa fille. La servante sonne pour prévenir les amants… avant d'être courtisée par Moltchaline, qui abandonne vite ses atours d'amoureux transi.

17 Autres personnages de la pièce, qui représente la noblesse et l'administration stupides et corrompues.

– Si cela vous convient, messieurs, dit Vachiadan, pour ne pas gâcher cette répétition, je ferai aujourd'hui les deux rôles, celui de Tchatski et celui de Famoussov : je les connais tous les deux.

– Ah, mon bienfaiteur ! » s'exclama Piotr Andréïtch et il manqua d'étouffer son serviable invité dans les embrassements qu'il lui prodigua.

Beaucoup riaient de la vantardise de Vachiadan et ne croyaient pas qu'on pût jouer en même temps des rôles si opposés ; mais la répétition dissipa les doutes : son jeu surpassa même les plus hautes exigences. Vachiadan possédait au plus haut degré l'art de modifier à sa guise sa voix, sa physionomie, ses manières : son don devint encore plus sensible dans les scènes où *Famoussov* et *Tchatski* apparaissent ensemble[18]. Les spectateurs oubliaient tout et pensaient qu'ils voyaient effectivement deux personnages différents. La scène du deuxième acte où le valet annonce l'arrivée de *Skalozoub* et qui met en relief à la fois l'esprit sarcastique et le sang-froid de *Tchatski* et la colère et l'ardeur croissantes d'un *Famoussov* se couvrant les oreilles et refusant d'entendre le jeune libre penseur produisit un tel effet sur Piotr Andréïtch, transporté d'enthousiasme, que, s'oubliant tout à fait, il se mit à agiter son mouchoir et à crier à *Famoussov* : « Mais retournez-vous donc ! », « Qu'est-ce que ces fadaises[19] ? ».

Ces paroles suscitèrent un rire général et en même temps elles détournèrent l'attention des spectateurs de cet acteur merveilleux. Pourtant, dans les scènes suivantes, il parvient à nouveau à concentrer tous les regards sur lui seul. Des applaudissements sonores et sincères accompagnèrent ce Protée, lorsqu'à la fin de la comédie, sur le cri de « Ma voiture, qu'on avance ma voiture ! », il sortit par les portes et, traversant les coulisses en un éclair, reprit la place de Famoussov devant Sofia, changea totalement de visage, de manières et d'une voix de reproche, de doute et presque larmoyante il prononça les derniers vers qui parachèvent de manière comique cette œuvre si originale[20].

18 Les personnages sont non seulement des antagonistes dans la pièce, mais ils représentent deux types d'esprit et de jeu complètement différents : Famoussov est un personnage ridicule qui renvoie à un comique franc et farcesque, alors que Tchatski fait rire par l'esprit qu'il déploie.

19 Ce sont des répliques de Tchatski à l'acte II, scène 3. Skalozoub est un officier particulièrement stupide, que Tchatski tourne en ridicule dans la conversation, au grand dam de Famoussov qui tient à ménager ses invités.

20 À la fin de la pièce, Tchatski comprend que son amour de jeunesse Sofia a été corrompue par la société moscovite au point de lui préférer le médiocre et ambitieux Moltchaline.

Durant toute la soirée, l'hôte de Lindine fut le héros et l'âme de toute la société. On ne pouvait se lasser de l'aisance avec laquelle, sans paraître même le remarquer, il changeait constamment d'attitude et de conversation avec chacun de ses interlocuteurs, il parvenait à s'adapter à la façon de penser, aux habitudes, à l'instruction de chacun, à paraître gai et aimable avec les demoiselles, sérieux et avisé avec les vieillards, insouciant avec la jeunesse, serviable et attentif avec les dames âgées[21]. À la fin de la soirée, il avait reçu vingt et une invitations ; pourtant, il ne semblait pas vouloir augmenter le nombre de ses accointances et refusa les sollicitations en disant qu'il irait à Moscou peu de temps après la représentation, à laquelle il ne participait que par amitié pour Piotr Andréïtch, son vieil ami.

À l'exception du rôle du *Famoussov*, notre comédie était si bonne qu'il n'y avait pas de raison d'en reporter la représentation. Sur la foule de gens que Piotr Andréïtch avait appelée à cette dernière, un petit nombre d'invités eut l'honneur d'être convié à la répétition générale, qu'il avait fixée la veille. Piotr Andréïtch s'affairait auprès de tous, comme maître de maison et comme acteur. Tantôt il disposait les fauteuils, les chaises en fonction du rang de ses futurs hôtes et, tout en allant, il apprenait son rôle ; tantôt il ordonnait aux domestiques de suspendre les lampes à tel endroit et leur apprenait à changer les décors, à monter et à baisser le rideau ; tantôt, s'arrêtant au milieu de la pièce, il répétait encore, pour la centième fois, le célèbre monologue de Famoussov :

Pétrouchka, tu as toujours sur ta manche
Un énorme trou au coude.

« Ah, au fait, continuait-il à l'intention des valets, demain vous mettrez les nouvelles livrées, celles qui ont un col armorié. Oh, si seulement je

---

Il quitte la scène et Moscou après un long monologue accusatoire, qui n'a aucun effet puisque les derniers mots de la pièce, devenus proverbiaux, reviennent à Famoussov. Ce dernier confirme le diagnostic mondain qui fait de Tchatski, le pourfendeur des mœurs aristocratiques, un jeune homme dérangé et se demande ce que pensera « Maria Alekseevna » de tout ce qui vient de se produire. Ce personnage féminin qui n'a jamais été mentionné représente le qu'en-dira-t-on et le conformisme mondain, qui triomphent ici au grand désespoir de l'auteur et de la jeunesse libérale enthousiasmée par la pièce. Dans la pièce, le grand monologue final de Tchatski, particulièrement violent et amer, et la réplique comique de Famoussov s'enchaînent, d'où l'exploit scénique de Vachiadan.

21 Ici encore, Vachiadan rappelle le personnage de Lord Ruthven dans *Le Vampire* (1818) de Polidori, dont les talents en société attestent une séduction de nature surnaturelle.

pouvais jouer mon rôle avec intelligence, avec sentiment, avec justesse ! Mais non, impossible de me rappeler :

> Ô genre humain, souvent nous oublions[22] !

Et c'est bien vrai, j'ai beau l'apprendre, je ne le retiens pas. Que le diable emporte Famoussov, et avec lui l'envie qui m'a prise dans mon grand âge d'amuser le public ! »

Alors il jetait avec dépit son cahier sur le sol, arpentait la grande salle et repoussait à grand bruit tous ceux qui se trouvaient sur son chemin.

Ce fut dans de telles dispositions que, le matin de la répétition générale, Piotr Andréïtch parut.

Regardons à quoi pendant ce temps Glafira s'occupait dans sa chambre. Elle connaissait parfaitement son rôle ; mais malgré tout, comme elle paraissait pour la première fois devant un public nombreux, elle rougissait à la seule pensée qu'elle allait rougir. C'était en vain qu'elle tentait de se convaincre que les spectateurs indulgents s'efforceraient de ne pas remarquer ses fautes et que même ses défauts lui vaudraient des louanges. Mais cette bienveillance, ces applaudissements spontanés qui étaient le salaire du divertissement offert la troublaient encore davantage : voilà quel était son état d'esprit. Sous le masque de la condescendance et même, si vous voulez, de l'enthousiasme, certains cacheront dans de telles circonstances un sourire acerbe et alors, lorsque leurs lèvres formeront un éloge, leur esprit troussera une épigramme. Celui qui se retrouverait dans la position de Glafira se souviendra qu'à l'acteur autodidacte, même le compliment peut paraître une offense.

Et si Glafira avait pu entrer dans cette carrière nouvelle par son propre souhait ! Et elle ne faisait cela que pour contenter son père, pour lui obéir,

---

22 Acte II, scène 1. Toute cette partie de la nouvelle se caractérise par une superposition de l'action de la pièce sur celle de la nouvelle : Lindine prononce des phrases à double-sens, même si elles reposent souvent sur une mauvaise utilisation (la grande phrase sur l'oubli du monde a des connotations morales dans la pièce, alors qu'ici elle sert à désigner le manque de mémoire de Lindine) ou sur une interprétation erronée (plus loin, il lira le vers où Famoussov trouve bien dur le métier de père d'une jeune fille à marier, mais Lindine ignore que le péril qui menace sa fille est encore bien plus grand). Vachiadan emprunte aussi à Tchatski des traits : il revient de l'étranger, c'est un intrus dans cette société, et on apprend plus loin qu'il est secrètement amoureux de Glafira. Mais Tchatski est un personnage sincère, là où Vachiadan est tout l'inverse et joue constamment la comédie.

et, au moment où elle devait paraître gaie ou au moins équanime, le vers de l'affliction lui rongeait la poitrine… L'art de feindre ne lui était pourtant pas naturel. Comme elle aurait payé cher pour incarner cette fois, au lieu de la jeune fille moscovite dénuée de vie qu'était Sofia, une Ophélie ! Alors elle serait parvenue à donner de la force et de la vérité à chaque mot, à chaque son qui serait sorti de sa bouche ; alors son pauvre cœur aurait eu le champ libre pour jouer ; elle aurait pu exprimer ses sentiments réprimés ! Mais à cet instant, qui y avait-il pour partager son état d'âme, qui pour la comprendre ?

Il y avait longtemps que Glafira était plongée dans de telles pensées. Soudain, un odieux souvenir lui revint en mémoire. Au moment même où elle s'apprête à faire la fête, à se réjouir, voilà exactement un an que son cher ami quittait la vie en pensant à elle ! Oui, voilà un an qu'il était mort, et qu'avec lui étaient morts tous ses espoirs.

« Loin de moi, s'écria-t-elle avec une intonation désespérée, loin de moi cette robe blanche, ces roses, ces diamants : je n'en veux plus. Oh, que je suis malheureuse ! »

Sur ces mots, elle se jeta sur son lit, se couvrit le visage de ses mains et pleura des larmes bien amères. Par chance, il n'y avait personne dans sa chambre et elle pouvait se donner entièrement à ses larmes. Après avoir pleuré tout son soûl, elle se remit, essuya ses yeux de son mouchoir et alla à sa coiffeuse. Un tiroir secret y recelait un portrait de son bien-aimé fait juste avant sa disparition. Elle jeta un regard autour d'elle, tira de sa boîte la si précieuse représentation, y porta ses lèvres avec dévotion et ne put longtemps les en détacher ; puis elle contempla avec tendresse celui qu'elle ne pouvait oublier, l'embrassa à nouveau et sa main semblait ne pas vouloir se séparer de cet objet qui était saint pour elle. Enfin, luttant intérieurement, elle reposa avec douceur le portrait dans son fidèle écrin, après ces quelques mots prononcés d'une voix tremblante : « À présent je suis calme. Oh, mon malheureux ami ! Au moins *là-bas*, tu as su avec quelle ardeur je t'aime… Mais c'était inutile : je promets d'être à toi sur la terre comme au ciel, à toi à tout jamais. »

Alors elle prit le ruban noir qui gisait sur sa coiffeuse et le noua dans sa tresse. « Que ce ruban, dit-elle, soit le témoin de ma douleur ; je m'habillerai simplement ; je ne mettrai que ma robe blanche : ma douleur est dans mon cœur ; est-il convenable de l'exhiber ? Mais pour ce qui en est de ma coiffure, un ornement aussi sombre que ma peine ne gêne en rien. Ah, du noir ! Elle est toute en noir ! diraient les miens. Mais de quelle autre manière puis-je honorer la mémoire de mon époux ? »

Une fois ce mot prononcé, Glafira fut saisie d'un frisson. « Mon époux ? répéta-t-elle, et ainsi pour toute ma vie je suis condamnée à la solitude ? *Là-bas* tu seras réunie avec lui, me dit mon cœur ; mais *quand* ? Et si je vivais plus longtemps que grand-mère ? »

À cette pensée, un sourire involontaire parut sur les lèvres de cette charmante jeune fille ; et cette combinaison d'une profonde tristesse avec une joie fugace donna à son visage encore plus de charme.

« Pourquoi parles-tu donc de ta grand-mère ? » demanda à Glafira sa mère qui venait d'entrer sans bruit dans la chambre.

Celle-ci se mit à trembler. Elle se trouvait assise à sa coiffeuse, et la tête de sa mère se reflétait dans le miroir. Elle s'imaginait que c'était l'ombre de son aïeule. Mais elle se ressaisit rapidement et répondit :

– Mais rien, ma chère maman ; je venais de dire : et si je vivais aussi longtemps que grand-mère ? Je ne le souhaiterais pas.

– Grands dieux ! Et pourquoi ?

– Quel plaisir trouve-t-on à être un fardeau pour soi-même et pour les autres ?

– Mais qui t'a dit cela, mon enfant ? Y a-t-il quelque chose de plus respectable qu'une personne d'un âge avancé et de plus agréable pour elle que cette minute où elle est entourée de ses enfants et petits-enfants, dans lesquels elle voit ses espoirs et qui lui rappelle sa propre jeunesse ?

– Mais il faut pour cela avoir des enfants et des petits-enfants, dit naïvement Glafira.

– Cela va sans dire : Dieu a fait l'homme pour en avoir. »

Glafira baissa les yeux et ne répondit rien. Les paroles toutes simples de sa mère l'avaient blessée en plein cœur.

« J'ai fait le serment de n'appartenir qu'à *lui*, dans cette vie comme dans l'autre, pensa-t-elle, je ne peux avoir ni enfants, ni descendance ! » Elle poussa un profond soupir.

– Mais qu'as-tu donc, ma bien chère enfant ? demanda Mme Lindine de la voix tendre d'une mère. Dieu m'a donné une fille bien bonne ; ne penses-tu pas qu'il est temps que j'aie aussi de bons petits-enfants ?

– Non, maman.

– Cesse de me cacher des choses, petite filoute ; est-il possible que je n'aie toujours pas gagné ta confiance ? Ouvre-moi ton âme, dis-moi qui est ton amoureux.

Pour toute réponse, la fille se jeta dans les bras de la mère.

– Tu pleures, ma chérie ? Cesse donc, tu m'as mouillé mon foulard. Mais qu'est-ce que cela ? s'écria-t-elle, tu portes un ruban noir ? Cela va faire beaucoup de peine à ton père ; ne sais-tu donc pas comme il est capable de s'emporter pour de menus détails ? Non, ôte-le, ôte-le.

– Je ne le peux, ma chère maman, dit Glafira d'une voix sourde, en étouffant ses sanglots.

– Comment cela, tu ne le peux ? Qu'est-ce que cela signifie ? demanda Maria Vassilievna avec impatience.

– Maman !

Glafira se serra alors encore plus fort contre sa mère, et ses paroles expirèrent sur ses lèvres.

– Je vois, c'est une tocade, une crise d'hystérie. Bois un peu d'eau, et qu'il ne soit plus question de rubans !

Glafira s'excusa, but un verre d'eau : ses sanglots s'espacèrent, et elle finit par dire avec fermeté :

– Maman, ma bonne maman ! Ce n'est pas le moment de vous dévoiler mon secret ; mais je vous jure que vous saurez tout. Mais par pitié, pas un mot à mon père ! »

À cet instant, le valet entra en annonçant que les invités étaient arrivés pour le souper ; Mme Lindine se hâta de les accueillir ; Glafira la rejoignit un peu plus tard.

VI

Son visage portait encore les traces de son récent ébranlement. Mais moi seul pouvais en deviner la cause. Elle me dit tout bas en passant près de moi : « Aujourd'hui est un jour de deuil pour nous deux. »

Elle dissimula par ailleurs sa tristesse comme elle le put aux yeux de tous ces oncles et ces tantes qu'on n'avait pas vus depuis longtemps et qui étaient tout occupés des nouvelles de la veille et de la répétition du jour.

« Qu'est-ce qui t'a pris, Piotr Andréïtch, dit un vieux parent, de choisir pour ta représentation une pièce qui est celle d'un tel libre penseur ?

– Et pourquoi cela ne conviendrait-il pas ? demanda Lindine interloqué.

– Et c'est toi qui me poses la question ? Je te le demande ! Serais-tu toi aussi contaminé par les idées nouvelles ?

– Qu'ai-je à faire de vos idées nouvelles, ajouta une tante âgée, ce n'est pas le problème : dans cette comédie, que Dieu me pardonne, on ne trouve ni mœurs chrétiennes, ni respect des convenances !

– Et ce n'est qu'une méchante satire de Moscou, renchérit une autre dame, un peu plus jeune. Que l'action se passe à Saint-Pétersbourg, d'accord ; mais pas ici, où tout le monde peut se reconnaître.

– *Tant pis pour celui qui s'y reconnaît**, dit un littérateur russe à lunettes. Et puis si cela se produit, ça serait même assez piquant* ; mais quel avilissement du goût ! La comédie est en quatre actes, c'est contraire à toutes les règles ! Je ne parle même pas du fait qu'elle est écrite en vers libres ; Molière lui-même…

– Ce n'est pas tant les vers libres qui posent problème, objecta le premier causeur, si au moins il n'y avait pas de libre pensée[23] !

– Et pourquoi n'y en aurait-il pas ? demanda un jeune homme, le neveu de Lindine.

Le noble pourfendeur de la libre pensée jaugea l'audacieux jeune homme.

– Permettez-moi donc de vous demander, monsieur le finaud, dit-il, ce que vous voulez dire par là ?

– Je voulais dire, répondit notre jeune orateur, tout rouge et balbutiant, je voulais dire qu'on a le droit de penser librement et que sans cette liberté de dire ce que l'on pense…

– Nous serions libérés de nombreuses bêtises ? C'est cela que vous vouliez dire ?

Ces mots furent prononcés d'une voix traînante qui trahissait une forte irritation et qui pouvait à la moindre contradiction éclater en tonnerre et en éclairs.

Lindine se hâta d'éteindre l'orage avant même qu'il ne commence. Il se mit à convaincre le vieux parent qu'il ne devait pas s'échauffer et ainsi mettre en péril sa précieuse santé.

---

23 Toute cette discussion reflète les nombreux débats que suscita la pièce dans les milieux aristocratiques, ainsi que la fracture entre les générations qu'elle représente et cristallise en même temps. Elle souligne aussi la proximité entre le personnage de Famoussov et celui qui est censé l'incarner, Lindine : les deux sont animés par le désir de briller en société, mais ne veulent jamais froisser l'opinion commune, qu'ils respectent servilement. L'amour secret de Glafira avec le jeune homme défunt vient renforcer ce parallèle, puisque de nombreuses scènes comiques de la pièce sont fondées sur l'aveuglement de Famoussov, incapable de voir que sa fille aime Moltchanine.

– Écoute, Piotr Andréïtch, répondit celui-ci après un silence lourd de menaces, si demain tu persistes dans ta folie et que tu fais jouer devant le public cette comédie, alors je t'assure que je… tu verras !

Et il se mit à grincer des dents, attrapa son chapeau et sortit à grands pas de la pièce.

– J'aimerais savoir comment cet épisode effrayant va finir, mais je… je… oh ! je n'en ferai qu'à ma tête, dit Lindine dans un élan magnanime du cœur. Que mille parents tempêtent, on jouera quand même *Le Malheur d'avoir trop d'esprit*.

– Mais…, remarqua son épouse.

– Je n'écoute rien, répondit son mari.

– Mais s'il est bien vrai que cette pièce contient des idées nouvelles ?

– Eh bien, nous les couperons.

– D'autres s'en sont déjà occupés.

– Eh bien alors, nous… je ne sais plus quoi faire.

– Mieux vaut la couper intégralement, ajouta le littérateur avec un sourire suffisant.

– *Bien dit**, répondit la dame plus jeune.

– On aurait dû faire ça depuis longtemps, s'exclamèrent quelques dames âgées.

Lindine était sur des charbons ardents. La fierté et l'obstination le disputaient en lui à la crainte.

– Permettez au moins qu'on la joue aujourd'hui, en famille, dit-il d'une voix plus douce, et … nous verrons. »

Les sévères parentes acceptèrent de capituler, et Lindine se remit de la bataille qu'il venait de mener. À cet instant, Vachiadan entra dans la salle de réception.

« Des circonstances imprévues, dit-il après les salutations d'usage, me contraignent à quitter Moscou plus tôt que je ne l'avais d'abord envisagé. Je pars ce soir ; cependant, désireux d'atténuer dans la mesure du possible ma faute envers vous en réalisant au moins la moitié de ma promesse, j'ai laissé de côté toutes mes affaires et je vous consacre ma dernière soirée : vous pouvez compter sur moi. »

Lindine était éperdu devant tant de courtoisie, et encore plus devant le fait que le départ de son ami lui offrait un prétexte plausible pour annuler la représentation qu'il s'était mis à redouter avec la même force qu'il la désirait naguère pour satisfaire sa vanité. Il était vrai qu'il renonçait à regret à son intention première : resplendir aux yeux de tous par sa prodigalité, son goût, et même (si je ne m'abuse) par sa fille ; mais il est encore plus pénible d'aller contre l'opinion commune. Ainsi pensait Piotr Andréïtch.

On fit dire que le dîner était servi. Tous allèrent dans la salle à manger, deux par deux et sans mot dire. La conversation n'était plus comme auparavant nourrie par les plaisanteries et l'esprit de Vachiadan. Ce mystérieux convive partageait, on ne sait pourquoi, avec les autres invités cette disposition d'esprit funeste qui, comme une maladie, se transmet d'un individu au groupe et étend sur les personnalités les plus enjouées son influence fatale.

Peu après le dîner, les préparatifs commencèrent. Lindine continuait de répéter son rôle ; mais plus il s'efforçait de le retenir, moins il y parvenait. Il finit par jeter son cahier avec dépit, et il avait bien raison. Un jour de représentation, on ne doit en aucun cas relire son rôle, aussi mal qu'on le connaisse : ce conseil vient d'un acteur chevronné.

Ainsi, Lindine, s'en remit avec un signe de croix à la poitrine solide du souffleur. L'orchestre de maison, composé de deux violons et d'un basson (dans la précipitation générale, on n'avait pas eu le temps d'aller chercher d'autres instruments) joua une ouverture, et tous les spectateurs prirent place en fonction de leur rang. Lorsque le dernier coup eut retenti, le rideau se leva et la comédie alla bon train – bien sûr, à l'exception de Famoussov, qui mentait sans pitié et s'arrêtait à chaque mot pour tendre l'oreille vers le souffleur.

Cependant, le premier acte s'acheva de manière assez réussie sous les applaudissements généraux des spectateurs bien disposés. Lindine récita fort bien ses deux vers :

> Oh mon Dieu, quel dur métier
> D'être le père d'une jeune fille[24] ! –

et Maria Vassilievna, qui était restée au parterre auprès des invités, adressa à son mari un sourire de connivence.

24 Il s'agit de la conclusion du premier acte, scène 10. Bien qu'il ait eu durant le premier acte plusieurs occasions de le découvrir, Famoussov ignore à ce moment que sa fille est amoureuse de son secrétaire Moltchaline et qu'elle vient de passer la nuit avec lui à jouer de la musique.

Le second acte commença à son tour. *Famoussov*, ou plus exactement Lindine, essuya avec assez de fermeté les sarcasmes véhéments de *Tchatski* ; *Skalozoub* parla de sa voix de basse, et *Sofia* sortit de scène pour s'évanouir. Elle en était déjà au moment de prononcer ce vers :

> Oh mon Dieu ! Il est tombé ! Il est mort !

quand soudain Vachiadan dit ces mots :

> Qui ? Qui est-ce donc[25] ?

puis il retira ses lunettes violettes et fixa les yeux sur la jeune fille qui venait de se tourner vers lui. J'entendis un cri et le bruit d'une chute sur le sol…

Des applaudissements nourris et prolongés suivirent cet évanouissement réalisé avec tant d'art ; certains criaient même *bis* ! ; mais de mon côté, je me trouvais dans les coulisses et j'avais vu la cause de son malaise. Oubliant tout, je courus sur scène et réclamai de l'aide.

On peut facilement se représenter l'agitation qui s'empara de la salle lorsque l'on apprit que l'évanouissement de Glafira n'était absolument pas feint. Sa mère épouvantée courait de pièce en pièce pour demander de l'eau de cologne, des sels ; son père ne parvenait pas à reprendre ses esprits et il continuait d'attribuer cette pâmoison à l'exceptionnelle maestria de sa fille ; parmi les spectateurs, certains s'activaient aux côtés de Mme Lindine et la gênaient encore plus, mais la plus grande partie s'était dispersée.

Quant à moi, je tournai malgré moi les yeux vers la grande horloge qui ornait la pièce. Dix longs coups y retentirent.

« C'est à ce moment, juste avant dix heures, que le bien-aimé de Glafira est mort. », pensai-je et je me mis à chercher Vachiadan des yeux. Mais il avait disparu et personne ne savait quand et comment il avait quitté la maison des Lindine.

---

25 Au début de la scène 7 de l'acte II, Tchatski est désormais convaincu que Sofia est amoureuse du flatteur Moltchaline, car elle manque de se trouver mal lorsque celui-ci tombe de cheval. Incrédule, Tchatski demande d'abord qui a été victime d'un accident, car il ne peut croire aux sentiments de Sofia, jeune fille intelligente, pour un être aussi insipide. Lev Tolstoï se souvient de cette scène dans le célèbre passage de son roman où Anna Karénine révèle à tous son amour pour Vronski lorsque celui-ci fait une chute de cheval lors d'une course.

VII

Le départ précipité de Vachiadan éveilla en moi de forts soupçons. Il était vrai que l'évanouissement de Glafira pouvait provenir de son état de santé maladif ou bien de ce songe trompeur qui m'avait moi aussi forcé de constater à plusieurs reprises dans la physionomie mobile et dans la voix de cet étrange personnage une ressemblance avec les traits et la voix de mon défunt ami. Mais d'un autre côté, son acte ne pouvait-il pas être le résultat d'une ambition quelconque de tromper, d'abuser ? Et n'avait-il pas en son pouvoir des moyens secrets, mystérieux pour mettre son projet à exécution ? Le comportement, le caractère, les talents de Vachiadan étaient si troublants que l'on pouvait en tirer toute sorte de conclusions. Il n'avait lui-même pas dit un mot sur lui et s'était efforcé d'esquiver les questions indiscrètes des curieux. Si l'on en jugeait d'après les récits de Lindine, et surtout de ceux des fonctionnaires de la banque où il avait déposé une grande quantité de diamants ainsi que d'autres objets précieux qui valaient une forte somme, c'était un Grec, un joaillier ou bien, comme d'autres l'affirmaient, un israélite, un alchimiste, un voyant et peut-être même le Juif errant. Mais l'obscurité qui entourait son origine et ses occupations ne fit qu'accentuer mes soupçons. Il me semblait de plus en plus probable qu'il s'agissait d'un charlatan audacieux et rusé, qui avait quelque vilenie en tête, bien qu'on eût du mal à percer ses intentions.

Fort de cette conviction, je partis le lendemain matin chez les Lindine pour m'informer de la santé de Glafira.

Ce fut sa mère qui me reçut. Je lui demandai comment se portait sa fille : d'après elle, elle avait passé une nuit calme et ne s'était pas encore réveillée.

« Savez-vous, me chuchota d'un air mystérieux Maria Vassilievna, savez-vous ce qui, d'après moi, a rendu ma Glafira malade ?

– Quoi donc ?

– Le mauvais œil !

Je ne pus retenir un sourire en entendant une telle explication de sa maladie.

– Vous riez ? continua Mme Lindine avec un air de reproche, mais j'en suis absolument convaincue.

– Mais je ne réfute pas totalement la possibilité d'une influence magnétique du regard sur les hommes et les animaux, répondis-je. On m'a d'ailleurs raconté l'histoire d'un homme d'extraction simple qui se couvrait les yeux avec une ombrelle uniquement par peur de causer du tort à cause de son regard. Cependant, ses craintes pouvaient être trompeuses ; quant à Glafira…

– Votre exemple confirme encore davantage mon intuition. Il me semble que c'est en raison d'une précaution similaire que Vachiadan porte des lunettes violettes. Lorsqu'il les a ôtées, Glafira s'est tout de suite évanouie. Mais je l'ai aspergée d'eau bénite et j'espère que sa maladie passera vite. »

Ce n'était pas le bon moment pour m'ouvrir à elle de mes soupçons au sujet de Vachiadan. Le temps, supposais-je, éluciderait cette énigme ; cependant, quoi qu'il en fût, le bon sens aurait exigé que l'on fasse preuve de plus de prudence envers l'équivoque connaissance de Piotr Andréïtch. Mais cela constituait leur affaire, pas la mienne.

Sur cette réflexion, on nous appela auprès de Glafira. Elle avait appris ma visite et elle désirait me voir.

La malade était assise sur son lit, la tête inclinée sur les oreillers. Ses mains posées sur son front montraient qu'elle tentait de se remémorer ce qui lui était arrivé la veille.

Le récit qu'en fit sa mère confirma son souvenir nébuleux.

« Oui, dit-elle enfin d'une voix faible, c'était presque tout à fait cela. Oh, c'était si terrible. Mais où est mon père ?

– Il est parti au club, mon enfant, répondit sa mère, et il va bientôt revenir.

– Bientôt ! Plût au ciel qu'il revienne bientôt ! Il est temps, il est même plus que temps que je vous révèle le secret de ce pauvre cœur. L'épisode d'hier me force à précipiter mon aveu. Ne partez pas, ajouta-t-elle en se tournant vers moi, vous serez mon témoin sur cette terre.

Glafira se trouvait dans un état de tension extrême. Sa fièvre s'aggravait, ses joues et ses yeux étaient en feu. Elle continua d'un ton empreint d'une ineffable solennité :

– Peut-être mon aveu est-il tardif ; mais vous comprendrez au moins votre fille ; et si elle doit bientôt mourir, alors elle n'emportera pas dans la tombe le secret qu'elle a caché à ses parents. Priez alors pour moi et demandez à Dieu qu'il ne prive pas votre fille de la joie qu'apporte la vie à venir et qu'elle a en vain cherchée dans celle-ci.

Ces mots eurent sur Mme Lindine un effet inhabituel. Tout ceci était pour elle inattendu, incompréhensible. Elle voulait parler et se saisit convulsivement de la main de sa fille.

À cet instant, Piotr Andreïtch entra. Il fit à peine attention à la malade et après l'avoir baisée au front, il commença :

– Eh bien alors, c'est fini ? J'étais sûr que cela te passerait. Figure-toi, *Marie**, que ce farceur, notre parent, ne s'est pas contenté de s'emporter contre moi hier ; non, il s'est toqué d'aller au club et d'y fomenter un complot contre ma représentation ! C'est une excellente chose que la maladie de notre fille m'ait forcé à l'annuler ; il ne faudrait pas qu'on pense que j'ai été poltron. Non, mes amis, je ne mange pas de ce pain-là ! Ce que j'ai commencé, je l'achève, tout malins que vous soyez. Vois-tu, ils se sont mis en tête de douter de mon opiniâtreté ! Dans quoi vous êtes-vous fourrés ! Aujourd'hui, j'entre dans la salle des journaux : il y a là le prince Ivan, et…

Mme Lindine écoutait son mari à contrecœur ; mais, ne voyant pas venir la fin de ses élucubrations, elle finit par l'interrompre avec un air de profonde indignation :

– Tu n'as donc pas honte, dit-elle, de t'occuper de pareilles fadaises, alors que ta fille a un pied dans la tombe !

Un grand coup de massue n'aurait pas produit sur Piotr Andréïtch un effet plus puissant que ces mots. Il se figea dans la position qu'il avait à la fin de son récit : la bouche ouverte, le torse incliné et les mains plantées fermement sur les genoux. Le sentiment parental triompha de son étroite vanité.

– Comment, un pied dans la tombe ? s'écria-t-il, sortant de sa torpeur.

– Oui, elle est tout près de la mort. Écoute l'aveu de ta fille, et peut-être de ta fille criminelle !

Glafira se redressa sur sa couche d'un air digne.

– Moi, criminelle ? protesta-t-elle. Non, mes parents ! Je suis pure comme la colombe, immaculée comme l'ange. Mon unique faute est de vous avoir dissimulé ma passion… J'ai aimé !

– Tu as aimé ! s'exclamèrent son père et sa mère.

– Et j'ai perdu celui qui j'ai aimé, continua Glafira d'une voix à peine audible. Voilà un an hier qu'il est mort.

– Et qui est l'audacieux qui a osé t'aimer sans notre consentement ? demanda le père avec colère.

– N'offensez pas ses cendres, répondit la fille avec humilité. Voilà un homme qui peut témoigner que mon défunt ami m'a caché son amour pour moi jusqu'à l'heure de sa mort. Je n'ai su que trop tard les sentiments ardents qu'il nourrissait à mon égard.

– Et vous, monsieur, vous le saviez et vous n'avez rien dit ?

– Il m'avait fait jurer de ne confier à personne son secret, sauf à votre fille. Les promesses faites à un mourant sont sacrées : je les ai accomplies avec toute la fermeté que m'imposait mon sens du devoir.

– Et tu l'aimais quand il était encore en vie ?

– Oui, et je l'aime encore plus maintenant qu'il est mort. J'ai fait un serment… et maintenant, devant Dieu et devant vous, je répète ce serment : j'ai juré de n'appartenir à personne d'autre dans cette vie.

Ces mots, prononcés avec une fermeté inhabituelle, désarmèrent la colère paternelle.

– Mais tu ne refuseras pas de nous appartenir ? dit-il avec émotion.

– Ô mon père, ô mes parents ! répondit sa fille émue, je n'appartiendrai qu'à vous… je suis à vous ! mais je pense que ça ne sera pas pour longtemps.

La mère, qui n'avait jusque-là pas prononcé un mot, éclata en sanglots et posa sa tête sur la poitrine de sa fille.

– Ma petite Glafira, ma chérie, ma seule enfant, s'écria-t-elle en gémissant, ne nous abandonne pas, vis pour nous ! Je n'exige plus rien, je pardonne, je bénis ton amour !

Cet élan du cœur maternel eut raison de toute ma contenance ; les larmes jaillirent de mes yeux. Lindine pleurait à chaudes larmes.

Cette scène muette, mais touchante se prolongea quelques minutes. Glafira fut la première à lever la tête. Son visage, qui avait été pendant un moment abattu et sombre, semblait maintenant transfiguré par l'enthousiasme et la joie la plus pure. Pourtant, tout à coup, une pensée nouvelle traversa le crâne de la jeune fille et, tel un nuage, obscurcit la lumière radieuse de ses yeux.

– Je vous remercie, mes parents, dit Glafira, pour cette minute de bonheur, pour cette minute de béatitude. Mais comme elle s'est vite enfuie ! Un souvenir douloureux l'a dissipée. Le serpent Vachiadan m'a blessée à mort.

– Que dis-tu à propos de Vachiadan, mon enfant ? demanda Lindine, effrayé.

– Écoutez ; je vais achever mon aveu : mon défunt bien-aimé portait au doigt un anneau qui appartenait à sa famille ; je me souviens qu'il prétendait souvent que cet anneau renfermait une force mystérieuse et que de lui dépendrait le destin de celle qu'il choisirait pour épouse. Cette croyance lui avait été transmise en même temps que le bijou par sa grand-mère. Je prenais ces paroles pour une plaisanterie et je les aurais complètement oubliées, si cette bague n'avait ressurgi à la vente aux enchères. Je n'y comprenais rien : comment avait-elle pu se retrouver parmi les effets du comte ? Mais j'étais heureuse d'avoir l'occasion de l'acheter. La ressemblance de la figure représentée avec les traits du défunt m'a rappelé les mystérieuses prédictions. Je pensais par cet anneau me fiancer pour toujours avec mon époux innommé, quand soudain dans la foule quelqu'un qui avait ses traits et sa voix surenchérit et m'enlève ce trésor pour lequel j'aurais donné la moitié de ma vie. Ma vue s'est troublée ; je ne me souviens pas comment nous sommes rentrées à la maison. Il était trop tard pour aller rechercher l'anneau… Quelques jours ont passé ; les préparatifs de la comédie sont parvenus à me distraire, le temps a érodé le souvenir du talisman : je suis devenue plus calme. Mais hier… avez-vous vu Vachiadan sans ses lunettes ?… hier, quand il les a retirées à la répétition, son visage, sa voix ont soudain changé : devant moi se tenait mon bien-aimé, c'était lui trait pour trait… Et au plus haut de cet enchantement, le mystérieux anneau brillait à sa main : la surprise, la crainte, l'épouvante se sont saisies de moi, j'ai perdu connaissance. Je me souviens que c'était le même visage que j'avais entraperçu à la vente aux enchères, c'étaient les mêmes yeux ardents et immobiles qui étaient alors fixés sur moi. J'ai peur rien que d'y penser… Que Dieu m'accorde de ne pas croiser à nouveau ce regard ! Il me semble que je ne le soutiendrai pas. »

Glafira se tut. Notre stupeur était inexprimable. J'ignorais s'il fallait accorder foi à cet étrange récit ; j'étais tout prêt à le comprendre comme le délire d'une malade et même comme le symptôme que son esprit était dérangé. Mais parmi ce qu'elle avait raconté au sujet de Vachiadan, de nombreux faits confortaient ma propre expérience ; il y avait longtemps que je nourrissais envers lui de la méfiance et de la suspicion. Voir Glafira ainsi souffrante réveillait en moi toute mon indignation.

« Votre prétendu ami, dis-je à Lindine avec feu, est de toute évidence un scélérat et un escroc, quand bien même un dixième de ce que nous venons d'entendre serait avéré. Je vous fais le serment de le débusquer et de lui demander réparation pour la plaisanterie infâme qu'il a jouée à votre fille.

– Ne vous donnez donc pas cette peine. », dit quelqu'un derrière moi d'une voix ferme et familière.

Je me retournai… C'était Vachiadan lui-même.

VIII

« Excusez-moi, continua-t-il, retirant ses lunettes.

Nous restâmes sans voix.

– Pourquoi donc me demander réparation ? demanda l'hôte mystérieux avec un sourire narquois. Vous êtes sans doute surpris de ma visite inattendue ? Mais mes affaires ont pris un autre tour, et je suis resté à Moscou. Vous ne répondez pas ? Je le vois, ma venue vous déplaît. Ne craignez rien : vous serez bientôt débarrassés de moi.

Sur ces mots, il fixa à nouveau sur nous son regard de braise. Nous ne bougions pas d'un pouce. Je ressentais en moi quelque chose d'inhabituel. Ce « quelque chose » ressemblait à ces cauchemars terrifiants que l'on voit quand, sans avoir encore perdu conscience, on sent tous ses membres se pétrifier, qu'on s'efforce de se lever et on ne peut bouger, on veut parler, mais on ne peut remuer la langue, la poitrine est oppressée, le sang se fige dans les veines et, à moitié mort, on tombe de son lit. Cette sensation d'étouffement, que le simple peuple connaît sous le nom de « *domovoi*[26] », s'empara alors de moi. Je voyais tout ce qui se produisait ; mais ma langue et mes membres étaient de pierre – je n'étais en mesure de manifester mon saisissement et mon épouvante ni par des mots, ni par des gestes.

Sur ce, le terrible Vachiadan (il était vraiment terrible à cet instant) s'approcha du lit où gisait la malade. Ses yeux étincelèrent alors d'une lueur étrange. La malade se souleva de sa couche, mais sans un mot et presque sans vie ; ensuite elle descendit du lit, posa un pied par terre, vacilla… un nouveau regard de Vachiadan sembla la revivifier : elle cessa de vaciller, se dressa fermement sur ses jambes et se mit à suivre à petits pas celui qui l'invoquait.

---

26 L'esprit invisible du foyer dans la tradition slave. Il peut être néfaste.

Nous restions tous figés. Je les vis sortir de la chambre, je vis Glafira, semblable à une victime innocente qu'on menait au supplice, obéir docilement à celui qui l'avait envoûtée ; j'entendis leurs pas dans le couloir, j'entendis la voix impérieuse de Vachiadan que les domestiques voulaient empêcher de passer. Je voulus me précipiter… mais on entendit le bruit de l'équipage qui passait sous le porche… puis dans la rue… il se fit de plus en plus sourd… jusqu'à ce qu'il finisse par disparaître au loin.

Tel le serpent qui par son seul regard attire à lui ses victimes et par son seul regard les tue, Vachiadan, par la force de ses yeux ardents, avait soumis l'infortunée Glafira à ce que j'aurais tenu pour une farce très élaborée, si je n'avais pas en partie subi moi-même cette influence magnétique.

Ce fut tard, bien trop tard que notre envoûtement se dissipa. Comme éveillée d'un songe profond, la mère revient peu à peu à elle… elle cherche sa fille… Malheureuse ! L'affreuse réalité te certifiera bientôt que tu as perdu, et peut-être à jamais, ta chère Glafira !.. Elle n'est ni dans la maison, ni dans la rue. Tous avaient vu que Vachiadan l'avait fait monter dans une voiture et était parti avec elle au galop – mais où ? pourquoi ? Cela restait pour tous une énigme.

Alors, les hurlements de la mère envahissent la maison : hors d'elle-même, elle court de pièce en pièce, elle se tord les mains, supplie chacun de sauver son enfant, son seul enfant. « Hâte-toi, crie-t-elle finalement en se jetant aux pieds de son mari, hâte-toi d'arracher ta fille aux griffes de ce scélérat… ramène-la à sa mère infortunée, malheureuse, assassinée, disgraciée ! »

Mais Lindine restait immobile et silencieux. Il ressemblait à l'une de ces idoles primitives devant laquelle jadis on s'inclinait avec une prière.

Son épouse se releva doucement.

« Et tu ne fais rien, poursuivit-elle d'une voix terrible et déchirante. Laisse donc, cruel ! Moi, faible femme, je me substituerai à toi et je montrerai de quoi est capable une mère au désespoir ! Adieu, monsieur ! J'irai chercher ma fille moi-même. »

Sur ces mots, Mme Lindine se précipita vers les portes ; mais ses forces l'abandonnèrent… elle tomba sans connaissance[27]…

---

27 Toute cette scène rappelle très fortement « Le Magnétiseur » (1814) d'E. T. A. Hoffmann : la relation magnétique y est fortement érotisée et le dangereux séducteur qu'est le magnétiseur provoque une scène de détresse familiale, prélude à la disparition de la famille dans son ensemble.

IX

Il s'était passé environ un an après l'événement terrible qui avait privé les Lindine de leur fille. Tous mes efforts pour la retrouver étaient restés sans résultat. Personne ne connaissait Vachiadan, personne ne savait où il habitait, et tous pensaient que son nom même était faux. Était-il surprenant que, puisqu'il avait mûri son projet à l'avance, il eût pris les mesures nécessaires pour dissimuler sa personne, son nom et son adresse ?

Ayant perdu tout espoir de débusquer des traces de Glafira et de son ravisseur, j'avais quitté Moscou. Un de mes parents m'invitait depuis longtemps dans son domaine. Le moment était venu de faire usage de cette invitation : je partis m'installer chez lui. Pour la deuxième fois depuis la mort de mon ami, le printemps redonnait vie à la nature. Tout autour de moi me souriait ; moi seul restais sombre ; un pénible souvenir oppressait mon âme ; on approchait du jour de sa mort à *lui* et de sa perte à *elle*. Lorsqu'il advint, une fois accompli le triste rite dans l'église du village, je me dirigeai à pied, pour m'y promener, vers une forêt de sapins attenante au domaine et qui était extrêmement vaste. Des pensées sombres submergèrent malgré moi mon esprit. La futaie de sapins me semblait un immense cimetière qui recelait des générations entières : chaque arbre apparaissait à mon imagination comme un gardien éternel que Dieu aurait placé là pour veiller sur les tombes jusqu'au jour de la Résurrection ; le bruissement provoqué par mes pas me semblait être le murmure des trépassés contre l'audacieux qui dérangeait leur repos mortuaire. Je m'arrêtai et m'assis sur la souche d'un sapin abattu. Des songes continuaient de me poursuivre ; mais ils furent dissipés par les sanglots que j'entendis soudain, tout bas, à quelque distance de là. Je lève les yeux et je vois qu'à quelques pas de moi une femme est étendue. Sa robe est déchirée, ses mains sont en sang… sans doute à cause des branchages et des aiguilles contre lesquels elle s'est écorchée en marchant dans la forêt. Elle était inconsciente et, de toute évidence, elle luttait contre la mort ; je m'approche, je regarde avec attention… Dieu ! C'était… Glafira !

Le soleil s'apprêtait à se coucher ; je sentais que je m'étais perdu : pas un sentier, pas une trace d'habitation. Mais un léger bruit se fit entendre derrière moi ; je me retourne : un vieillard dans un caftan de paysan, un gourdin à la main, une machette à la ceinture, traversait la futaie. Il ne fut pas moins étonné que moi en rencontrant un homme dans ce lieu désert, à une heure pareille et auprès d'un cadavre.

Nous nous expliquâmes. Le vieillard était un bûcheron et il s'était installé dans la forêt pour l'été afin d'y couper du bois. Sa cabane se trouvait non loin ; et ayant entendu des gémissements et des plaintes, il s'était dirigé vers la voix.

Avec son aide, je transportai dans sa cabane la malheureuse jeune fille. Elle ne tarda pas à ouvrir les yeux… ma voix l'avait frappée ; et, quand nous lui eûmes apporté les soins nécessaires, elle reprit tout à fait connaissance, me reconnut et, s'étant jetée à mon coup, elle m'appela son ange gardien.

« Plût au ciel que je mérite ce nom, dis-je, tout troublé. Mais quelle mauvaise étoile vous a amenée à cet endroit ? D'où venez-vous ? »

Alors, rassemblant ses forces, elle commença son récit d'une voix à peine audible. Et voici ce que je pus tirer d'elle.

X

Après leur fuite de Moscou, Vachiadan emmena Glafira, empruntant de petites routes de campagne peu fréquentées, dans une maison à l'écart où les attendait une voiture prête à faire de longues distances. À l'approche de la nuit, ils se mirent en chemin. Ils s'arrêtaient ordinairement avec le jour, reprenaient leur route au coucher du soleil. Le nécromancien s'efforçait de maintenir sa malheureuse compagne dans un état permanent d'inconscience. Enfin, après une longue route, ils arrivèrent – où donc ? c'est ce qu'ignorait Glafira. C'était au cœur de la nuit. On les accueillit avec des torches ; leurs lueurs funèbres réveillèrent Glafira.

« Où suis-je ? demanda-t-elle à son ravisseur.

– Dans la maison d'un ami. », répondit-il de sa voix enjôleuse.

Ils entrèrent dans une demeure luxueuse, toute décorée de riches tentures, de bronzes, de tableaux qui représentaient des figures étranges, fantastiques. Tout alentour évoquait quelque chose de surnaturel : des gens aux visages bizarres, comme des masques, assuraient le service des nouveaux arrivants : soudain, on entendit au loin des sons harmonieux, qui en se rapprochant se transformèrent en une sorte de danse décousue, mais endiablée, et alors tous les personnages qui ornaient les tentures, les tableaux, les bronzes se mirent à sauter, à danser, et les domestiques étranges à imiter leurs mouvements. Ces bacchanales furent suivies de scènes plus sombres. Les coffres des chambres commencèrent à émettre des gémissements plaintifs ; les personnages des tentures et des tableaux éclatèrent en pleurs et en sanglots, tandis que les serviteurs naguère joyeux se muèrent en figures affreuses, terrifiantes. Alors Glafira se couvrit le visage de ses mains et se blottit contre la poitrine de son ravisseur… Soudain on distingua les sons de cors de chasse, des aboiements de chiens qui semblaient courir dans la forêt… Tout se calma : comme une flûte qui en jouant une chanson des Alpes appelle tristement les vaches et dont l'écho est répercuté par les montagnes de plus en plus faiblement… Mais voilà qu'à droite, dans la forêt, un feu éclate ; le point lumineux croît peu à peu, prend la forme d'une boule, et en un instant il répand l'incendie dans la forêt. L'air est plein de crépitements, de grondements, de fracas, tout vacille, c'est l'enfer lui-même qui festoie sur terre. Mais cette boule de feu, semblable à la lune, s'élève encore à cause des nuages de fumée ; tout à coup elle monte en flèche et explose en une immense déflagration. Elle forme une voûte enflammée qui étreint la terre et s'y dépose comme une tente. Des émeraudes, des rubis, des diamants brillent sur cette sphère et se reflètent dans l'air en un millier de feux multicolores. La tente aérienne tombe doucement sur la cime des arbres et se déploie en un fin réseau au-dessus de la forêt. Les flammes s'éteignent peu à peu, la lumière se fait de plus en plus pâle ; enfin tout a disparu, et seule la lune, sortie des nuées, jette sa lueur d'argent sur la plaine solitaire. Ses rayons craintifs tombent en tremblant timidement sur le visage du compagnon de Glafira ; elle reconnaît en lui son cher, son tendre ami.

« Oh, comme je suis heureuse, balbutie-t-elle dans un doux abandon, oh, comme je suis heureuse, assise auprès de toi, époux de mon cœur, âme de mon âme ! Mais, Dieu !.. Ce n'est pas lui, pas lui ! »… et elle tombe sans connaissance.

La lune pâlit ; le jour parut avec son compagnon porphyrique. La lumière filtre à travers la dense verdure des arbres qui ombragent les fenêtres et procurent une fraîcheur délicieuse et pénètre dans la chambre à coucher de Glafira. Elle s'est éveillée ; au pied de son lit se tient son ensorceleur.

« Hier, dit-il, tu as vu ma puissance, tu as vu à quelles forces mystérieuses je préside. J'y renonce à partir de maintenant : toi seule est la maîtresse de ces lieux. J'ai pu te contraindre grâce à des moyens surnaturels ; désormais, c'est en simple mortel que je suis à tes pieds ; ce n'est pas toi qui es en mon pouvoir, c'est moi qui suis dans le tien. Commande à tout ce que tu vois, donne-moi des ordres ; mais... aime-moi !

– T'aimer ?, s'écria Glafira, revenue à elle, et elle lui retira sa main. Qui que tu sois, continua-t-elle, un esprit tentateur, une apparition ou un homme – je t'en prie, je t'en supplie : rends-moi à mes parents !

– Je ne le peux ! On ne peut revenir sur ce qui s'est passé.

– Esprit séducteur ! Pourquoi m'as-tu arrachée des bras de mes parents ? Pourquoi as-tu adopté les traits, la voix, le regard auxquels je ne pouvais résister et qui contre ma propre volonté me forcent à pardonner ton offense ? Ô esprit séducteur ! Prends pitié de moi, rends-moi à mes parents !

– Toujours la même chose ! Mon amour ne recevra-t-il donc pas d'autre réponse ?

– Mais qui t'a donc forcé de m'aimer ?

– Et toi, qui t'a forcée de paraître devant moi dans tout l'éclat ravissant de la beauté ? Te souviens-tu de cette soirée où ton idiot de père m'a croisé au théâtre ?

– Ah, n'appelle pas mon père ainsi !

– D'accord. Mais sais-tu que je n'ai jamais fait partie de ses connaissances, que ce n'est pas moi qu'il fréquentait à Saint-Pétersbourg, mais un autre et qu'une ressemblance fortuite de nos visages...

– Et tu as donc exploité sa crédulité ?

– Mon amour justifie tout.

– Pourtant, encore une fois : pourquoi as-tu emprunté la voix et les traits de mon bien-aimé ?

– Je ne les ai pas empruntés, ce sont les miens. Je suis ton ami – et je le suis à jamais.

Il l'attira alors contre sa poitrine et lui mit au doigt le mystérieux anneau.

– Reconnais-tu notre bague de fiançailles ? Te rappelles-tu la prédiction ? Voilà le gage de notre amour ! »

Elle regarda l'anneau, regarda son ami… « Oh, mon ange !, s'écria-t-elle, transportée de ravissement, te voilà enfin rendu à ta Glafira ! » Et sur ces mots elle tomba dans ses bras d'un mouvement convulsif.

J'écoutais avec stupeur et épouvante. Beaucoup de choses me paraissaient invraisemblables dans son récit ; quant aux prodiges dont elle avait été le témoin dans la maison de son ravisseur, je les attribuai à son imagination dérangée. Mais lorsqu'elle évoqua cette minute fatale où, subjuguée par un rêve trompeur, elle s'était livrée aux étreintes rapaces de son faux ami… une sueur froide me recouvrit tout entier ; son récit passionné attestait de l'horrible vérité et confirmait mes craintes qui n'étaient que trop fondées : depuis cette minute, Glafira était devenue l'épouse clandestine de Vachiadan…

Sa conviction qu'il s'agissait de son ancien ami, qui lui était revenu de l'autre monde, me convainquit encore davantage de l'amère vérité ; car jusqu'où les égarements du cœur et de l'esprit ne peuvent-ils pas conduire une faible femme ?

En un mot, elle avait vécu avec lui une année entière, dans son château enchanté, sans penser à sa famille, ne respirant que par lui, jubilant dans son aveuglement funeste.

« Cependant, aujourd'hui, continua-t-elle, aujourd'hui je reposais encore sur le sein de mon époux lorsque les domestiques étranges soudain entourèrent notre couche. « Le temps est écoulé !.. Il faut payer !.. « , crient-ils à mon ami et ils l'emportent. Moi, comme un serpent, je m'enroule autour de son corps ; mais les scélérats m'arrachent leur victime, et devant mes yeux – quel souvenir atroce ! – ils se mettent à s'acharner sur mon époux[28]. Un rire atroce s'échappa de sa poitrine

28 Toute cette scène rappelle de manière frappante le rêve que Sofia relate à son père dans *Le Malheur d'avoir trop d'esprit* (acte I, scène 4) : elle y décrit comment l'apparition de son père interrompt une entrevue amoureuse, avant que des démons ne s'emparent de son compagnon, qu'elle entend crier à distance. Famoussov accuse fille d'avoir trop lu de récits gothiques (elle est censée être restée éveillée toute la nuit pour lire des « romans français », qu'on devine dans la veine du romantisme frénétique, même si en réalité elle l'a passée aux côtés de Moltchaline). À la scène 9 du même acte, Famoussov découvre sa fille avec Tchatski et cette dernière s'exclame : « le rêve s'est réalisé ! (*son v ruku* !) ». On peut dire la même chose de ce passage, qui traduit un envahissement de la matière théâtrale dans la vie des personnages : le narrateur se retrouve pétrifié et silencieux comme Moltchaline qu'il incarne sur les planches, tandis que le rêve de Sofia contamine l'existence de Glafira. Mais à l'inverse de ce qui se passe dans la pièce de Griboïedov, la réalisation du rêve ne se fait pas de manière allégorique, mais bien terme à terme, ce qui contribue à frapper la

et se transforma rapidement en une sorte d'énorme rire infernal[29]. Les scélérats se dispersèrent, et il ne restait plus qu'un cadavre sans vie ; une écume pleine de poison sortait en moussant de sa bouche. « Et le même châtiment pour elle ! » vociférèrent à nouveau les serviteurs. Mais soudain j'entendis une voix familière, tendre : « Elle est innocente ! » retentit au-dessus de moi ; et, comme un songe, elle dissipa les visions affreuses, le rire se tut… et moi, par une force magique inconnue, je me suis retrouvée à l'endroit où, mon ange gardien, vous m'avez trouvée.

– Ce n'est pas une force magique qui vous a amenée ici ; votre robe montre que vous y êtes venue vous-même.

– C'est possible ; je ne me souviens de rien…

– Ne vous souvenez-vous pas de votre ancien ami, qui est mort il y a longtemps, qui, il y a exactement deux ans, m'a fait l'aveu secret de son amour pour vous, vous qui étiez encore pure à cette époque ?

– Je ne vous comprends pas.

– Voilà deux ans aujourd'hui qu'il est mort, et une année que vous avez été ravie à la maison de votre père de la main de ce monstre de Vachiadan.

– Vachiadan… mon ami défunt… la maison de mon père… Ah ! Que me rappelez-vous ! Tout ceci ressemble à un songe… Mais où sont mes parents ?

– Ils sont *là-bas*, ils sont réunis à votre ami et devant le trône de Dieu ils prient pour la grâce de leur ennemi et pour votre salut.

Glafira fixa sur moi un regard fixe ; enfin, sortant de sa stupeur :

– J'irai moi aussi, je les suivrai là-bas !, s'écria-t-elle et elle posa doucement la tête sur mon épaule. »

Je cherchai malgré moi ma montre ; l'aiguille fatale montrait à nouveau *presque dix heures*.

---

scène d'irréalité et à instaurer un doute dans l'esprit du lecteur : la jeune fille n'est-elle pas simplement impressionnée par ses lectures ? A-t-elle vraiment vécu cette scène, autrement que par le récit qu'elle en a fait lorsqu'elle jouait le personnage ?

29 Ce rire démoniaque évoque le personnage de Melmoth dans le roman de Charles Maturin, *Melmoth the Wanderer* (1820). Dans ce livre majeur du fantastique romantique, l'auteur décrit un personnage maléfique qui traverse les âges, à la manière du Juif errant ou du Comte de Saint-Germain, mentionnés dans cette nouvelle. Le critique littéraire et historien de la littérature Alexandre Karpov avance l'hypothèse selon laquelle Melgounov est le traducteur en russe du roman (Карпов А. А. *Комментарии // Русская фантастическая повесть эпохи романтизма (1820-1840 гг.)*, подготовка текста и комментарии Виролайнен М. Н., Турьян М. А., *Фомичев С. А. Л., Ленинградский Государственный Университет*, 1991, С. 614).

Je regardai Glafira. Son visage se couvrit d'une pâleur mortelle, son pouls se tut, sa respiration s'arrêta : elle s'endormit d'un sommeil qu'on ne peut rompre…

Et trois jours plus tard, je confiai à la terre sa cendre malheureuse. Un sapin solitaire, dont le sommet d'un vert sombre est aussi haut qu'une montagne, ombrage la tombe et semble prier les dieux pour son pardon. Chaque année, le jour de sa mort, les passants entendent un gros rire au-dessus de sa tombe ; mais le rire se tait, et une voix douce, tendre, descendant de l'éther, prononce les mots : « *Elle est innocente* !.. »

P. S.
Pour quelques-uns seulement

« Fort bien ! s'écrie le lecteur narquois, mais dites-moi, qui est donc ce Vachiadan ? Un esprit malin, une apparition, un vampire, Méphistophélès ou bien tout cela à la fois ?

– Je n'en sais rien, aimable lecteur ; il ne m'est pas plus connu qu'à vous. Pourtant, supposons pour un temps qu'il s'agit d'un homme, d'un mortel ordinaire (car vous avez bien vu qu'il est mort) ; et maintenant regardons si cela n'explique pas d'une manière naturelle ses prodiges. Tout d'abord…

– Tout d'abord, interrompt le lecteur, la ressemblance frappante, dans les traits du visage et dans la voix, avec votre ami défunt que vous avez bien voulu lui prêter, est-elle plausible ? Ensuite…

– Permettez-moi de vous interrompre également. Vous évoquez l'impossibilité d'une telle ressemblance ; mais est-il bien vrai qu'on ne la rencontre pas dans la nature et l'art n'est-il pas capable d'imiter cette dernière ? Rappelez-vous Garrick[30]. Mais laissons de côté le merveilleux jeu de la nature et les efforts de l'art et tournons-nous vers ce qui contient pour nous tant de mystères. Qui parmi nous n'a pas constaté d'après son expérience à quel point il est facile, surtout avec l'aide d'une imagination enflammée, de donner tels traits à quelqu'un et telle voix

30 David Garrick (1717-1779), célèbre acteur et dramaturge britannique, connu pour ses interprétations des personnages de Shakespeare.

à un autre ? Et si ces traits, cette voix étaient ceux de n'importe quel homme ? Quant à l'être qu'on aime, on pense le rencontrer partout. Vous connaissez le violoniste Boucher[31], au moins par ouï-dire : bien des adorateurs de Napoléon ont failli voir en lui le double de leur héros. J'ai moi-même été frappé par la ressemblance entre le musicien et le militaire, bien que je ne connusse le premier que d'après des tableaux qui étaient en plus des portraits en buste : « une figure en fer, coiffée d'un chapeau, le front morne et les bras croisés[32] ». Il est vrai qu'il manquait une vétille à Boucher : les yeux d'aigle de Napoléon ; mais pour tout le reste…

– D'ailleurs, puisque nous parlons des yeux : dites-moi de quel pouvoir surnaturel avez-vous doté les yeux de Vachiadan ?

– Avant de vous répondre sur ce point, aimable lecteur, je vous poserai la même question qu'à la défunte Mme Lindine : croyez-vous au *mauvais œil*, ou bien, entre d'autres termes, croyez-vous au pouvoir magnétique du regard ? Si *oui*, alors je m'étonne de votre question ; si *non*, alors je vais vous adresser à une magicienne pétersbourgeoise qui, à ce que l'on dit, par la force de son regard guérisseur allège les souffrances, redresse les bosses et, si elle l'avait voulu, aurait fort bien pu réaliser sur une quelconque Glafira aux nerfs fragiles tous les prodiges qu'accomplit Vachiadan dans ma nouvelle. Rappelez-vous par quels moyens il a amené mon héroïne à cette faiblesse, de quels coups inattendus il a ébranlé son organisme, avant même de se décider à résoudre au miracle des miracles, à savoir cet enlèvement.

– Mais vous, Mme Lindine, son mari, les domestiques, n'avez-vous pas aussi fait l'épreuve de sa nécromancie ?

– Je n'en dispute pas, c'est fort possible, et sur nous aussi, la force magnétique de son regard s'est exercée en partie ; nous y étions disposés par les scènes qui avaient précédé, par l'audace imprévue de l'enlèvement et même, si vous voulez, par notre foi dans sa puissance.

– Mais ses mystères, sa longévité, son don de vision ?

– C'était un charlatan intelligent et rusé.

– Mais son château, ses serviteurs magiques, sa mort surnaturelle ?.. Je ne parle même pas de l'anneau, du jour et de l'heure fatale…

---

31 Alexandre Boucher (1778-1861), violoniste connu pour sa ressemblance avec Napoléon.

32 Citation d'*Eugène Onéguine* (1832) de Pouchkine, chapitre VII, strophe XIX, trad. Paul Béesau (1868).

– Tout ceci n'était que superstitions, coïncidences, mensonges mêlés à la vérité, hallucinations de Glafira.

– Et le rire et la voix au-dessus de sa tombe ?

– Les songes des passants.

– Des songes, des songes ! Mais vous y croyez vous-même. Cessez de feindre, avouez franchement : qui est donc ce Vachiadan ? N'est-ce pas un sorcier qui a fait un pacte avec le diable ?

– Nous ne sommes pas au Moyen Âge !

– Eh bien, c'est donc un vampire ?

– Il n'a sucé le sang de personne.

– Alors un démon qui s'est incarné et a été envoyé sur terre pour un temps donné ; enfin, en un mot : un visiteur de l'au-delà ?

– Je n'ai pas le souvenir qu'il ait senti le soufre.

– Oui, *qui est-il !*

– Je l'ignore. À vous de deviner. »

NIKOLAÏ POLEVOÏ

EMMA

1834

Édité et traduit par Victoire Feuillebois

PRÉSENTATION

Issu d'une famille de marchands sibériens, Nikolaï Polevoï (1796-1846) fait partie des nouvelles figures de la littérature et de la critique russes des années 1830, qui renouvellent profondément le paysage littéraire jusqu'alors dominé par des auteurs aristocrates. Passionné par la littérature, Polevoï essaie dès son plus jeune âge d'écrire, de publier, de fonder des revues : adulte et installé dans les capitales, c'est notamment par son activité du publiciste qu'il se fait connaître, notamment comme directeur du *Télégraphe de Moscou* [*Московский телеграф*], journal littéraire libéral important, fondé en 1825 et fermé sur ordre du tsar Nikolaï Ier en 1834, l'année même de la parution d'« Emma » dans ses pages. Polevoï a composé également de très nombreux drames et œuvres en prose fortement marqués par l'esthétique romantique ; pourtant, pour des raisons financières, son activité journalistique et publicistique prend peu à peu le pas sur la création littéraire et il finit par être fortement critiqué, puis largement oublié par ses pairs. Sa carrière souligne à quel point il est encore difficile, dans la décennie 1830, entre censure politique et pression économique, pour ces nouveaux auteurs de s'implanter durablement dans le champ littéraire.

Son œuvre se caractérise par deux lignes que l'on retrouve dans la nouvelle traduite ici. D'abord, Polevoï se préoccupe du peuple et cherche à le représenter dans ses œuvres : il compose entre 1829 et 1833, au moment de la rédaction d'« Emma », une *Histoire du peuple russe* qui est une réponse directe à la célèbre *Histoire de l'État russe* [*История государства российского*] de son contemporain Nikolaï Karamzine et parue entre 1816 et 1829. Historien conservateur, Karamzine adoptait une perspective téléologique sur la lente gestation du pouvoir impérial russe, en montrant que celui-ci s'affirme naturellement au cours de l'histoire nationale comme la meilleure forme de gouvernement ; Polevoï, en bon « enfant de 1812 » et de la défaite des armées napoléoniennes balayées par la mobilisation intégrale de la population russe, défend au contraire l'idée que c'est le peuple qui fait l'histoire et qu'il faut lui restituer la place que les historiens lui refusent à cette époque, préférant souligner l'action des princes et des grands hommes : si les six tomes de Polevoï n'atteignent évidemment pas le souffle épique des romans de Tolstoï, on remarque néanmoins qu'ils annoncent ce qui fera le cœur de la philosophie de l'histoire de *Guerre et paix* [*Война и мир*] (1865-1869). Dans « Emma », on retrouve cet intérêt à travers la représentation précise de la vie des petits marchands et artisans qui font le gros de la population allemande des capitales russes ; par ailleurs, la nouvelle, qui pourrait basculer dans le fantastique, incorpore toute une dimension sociale inhabituelle pour le genre, à travers la mise en scène des différences de classe entre la famille de la jeune Allemande et les princes S., traduites avec acuité dans les remarques d'Emma au sujet de sa vie dans leur domaine à la campagne. Cette ligne reste présente jusqu'à la fin de la nouvelle, puisqu'outre l'explication spirituelle, médicale ou surnaturelle de la mort d'Emma qui se dégagent de la fin du récit, il existe une autre hypothèse pour expliquer cette disparition brusque, peut-être à mettre au compte de la souffrance morale de voir le prince Paul lui préférer une jeune aristocrate et donc se soumettre aux conventions de son époque.

L'autre aspect très présent dans l'œuvre de Polevoï, en particulier à cette époque, est la notable influence allemande que subit l'auteur et qui est particulièrement forte dans les années 1833-1834 : la publication en 1833 de la *novella* « Du bonheur d'être fou [Блаженство безумия] » fait de lui un représentant du romantisme d'inspiration germanique, très marqué par l'idéalisme et la fétichisation d'états instables (le rêve, la folie, la transe) donnant accès à une vision alternative de la réalité. Dans sa nouvelle « Le Peintre [Живописец] », puis son roman *Abbaddonna* (1834), il s'inscrit dans la mode hoffmannienne des *Künstlernovellen* : le premier texte raconte les amours contrariées d'un jeune artiste trop pauvre pour épouser la femme qu'il aime et qui meurt après avoir signé un unique tableau, tandis que sa muse se satisfait finalement de sa vie d'épouse d'un homme riche ; le deuxième est un long roman sur une figure d'artiste malheureux qui se déroule intégralement en Allemagne et mêle encore une fois la satire sociale et la valorisation d'un idéal romantique inaccessible au commun des mortels, en particulier dans un contexte de relations sociales contraintes. Polevoï s'y montre très renseigné sur la littérature et la pensée germanophones de l'époque, à travers les multiples références littéraires et scientifiques qui parsèment les textes. En particulier, ses récits évoquent souvent E. T. A. Hoffmann par leur mélange d'humour grotesque et de mise en scène du caractère sacré de l'art et de l'idéal romantiques. C'est sans doute par intérêt pour Hoffmann que Polevoï se forme aussi à la psychiatrie et à la médecine de son époque, dont ses textes, en particulier « Emma », portent la trace : la nouvelle fourmille de références aux sommités scientifiques en vogue à l'époque, dont le sinistre Herman Boerhaave (1668-1738) qui instaure pour soigner les aliénés un système de punitions corporelles au cœur du traitement du jeune prince S. ; à l'inverse, elle cite en exemple les grands noms du magnétisme comme Mesmer ou son disciple français Deslon, que les princes S. ont connu à Paris.

De fait, « Emma » est publiée pour la première fois en 1834[1], au moment où le magnétisme devient objet de discussion intense dans les journaux littéraires[2]. L'une des originalités du traitement de Polevoï est que le magnétisme y est à la fois un instrument d'opacification fantastique de l'intrigue et un vecteur de critique sociale. Au cœur de la nouvelle se trouve la relation ambivalente du prince Paul, aliéné au début du texte, puis reprenant peu à peu ses esprits sous l'influence bienfaisante et mystérieuse d'une modeste Allemande, et de cette Emma, qui au contraire s'étiole et finit par mourir délaissée et malheureuse. Quoiqu'on ignore la cause précise de sa mort, il est clair que la jeune fille a été victime d'une manipulation hasardeuse sur le plan médical (le médecin qui suggère de l'utiliser comme instrument thérapeutique a l'air incompétent ou dénué de scrupules) ou sur le plan social (la mère du jeune prince est décidée à tout pour guérir son fils et le voir réintégrer la bonne société et elle ne se soucie guère du destin de la jeune femme qui aura rendu possible ce rétablissement). Dans les deux cas, la différence sociale marquée entre Emma et ceux qui l'emploient pour servir leurs propres fins est extrêmement nette : elle semble si étrangère, elle qui ne sait commander aux

1 Эмма. Московский телеграф.– 1834.– Ч. 55.– С. 72-127, 241-286, 407-453, 575-561 ; Мечты и жизнь.– М., 1834.– Ч. 3.– С. 5-305.

2 « Emma » paraît dans la foulée du grand article d'Ossip Senkovski « *La Femme noire* et le magnétisme animal » (О. Сенковский, « Черная женщина и животный магнитизм. По поводу романа Черная женщина, Н. Греча » « Библ. для чтения » 1834, Т. IV, отд. V 1834 // О. Сенковский (барон Брамбеус). Собр. соч. Т. 8. – СПб., 1850. – С. 83-108.), publié à la suite de la parution d'un roman sur le magnétisme de Nikolaï Gretch.

caméristes et tient à s'habiller seule, que les domestiques finissent par la prendre pour une sorcière ou pour une intrigante. La nouvelle déjoue les attentes du lecteur (et aussi celles du docteur) en mettant en scène le trajet contrarié de cette relation thérapeutique et sentimentale : alors que l'on imagine rapidement que les deux jeunes gens vont tomber amoureux et qu'il y aura peut-être une fin heureuse, ce sont bien les conventions sociales qui triomphent lorsque Paul rétabli choisit naturellement sa jeune voisine aristocrate, sans se soucier même de faire ses adieux à Emma agonisante. Ces deux personnages qu'on peine à qualifier d'amants se retrouvent réunis par hasard dans la mort, lorsqu'on enterre Paul, tombé au combat sous les balles d'un maraudeur français, dans la tombe d'Emma, qu'on avait complètement oubliée.

La relation thérapeutique qui relie les deux jeunes gens n'est pas moins étonnante et elle ne se laisse pas définir clairement dans le fil du texte. Celle-ci se trouve au centre d'un faisceau d'explications contradictoires, qui dépassent même l'opposition traditionnelle entre hypothèses naturelle et surnaturelle propre à l'hésitation fantastique. Ainsi, le caractère apaisant d'Emma sur le jeune prince pourrait trouver son origine dans un paradigme médical et/ou moral de plusieurs natures, mais qui ne requiert pas de faire appel à un quelconque au-delà des sens ou de la raison : Paul pourrait simplement être attiré par la douceur de la jeune Allemande, qui contraste tant avec la brutalité de ceux qui lui appliquent un traitement médical fait de privations et de coups. Il pourrait y avoir entre eux une action de type magnétique, comme le souligne le médecin allemand de Paul, qui saisit l'occasion d'utiliser Emma comme tiers pour permettre la guérison de son patient, ainsi que le suppose la théorie mesmérienne et puységurienne mettant l'accent sur la nécessité d'un objet médiateur pour rééquilibrer la santé des malades – de fait, le médecin anonyme ne cesse dans ses notes d'appeler Emma « l'objet » et Paul « le sujet », en référence à ces théories. L'amour pourrait aussi jouer son rôle, puisque le texte souligne que la douce amitié qui lie ces deux êtres se métamorphose progressivement – c'est net pour Emma, qui comprend sa passion au moment où Paul la quitte pour Moïna, plus imperceptible pour Paul, qui reste attaché à Emma jusqu'à la mort, même s'il ne lui parle jamais d'amour.

À ce premier axe s'ajoute les explications d'ordre surnaturel, dans un texte qui présente Emma comme une figure traversée par des forces qu'elle ne comprend pas et qui lui donne à plusieurs reprises une énergie et une aura qui semblent venues d'ailleurs. Elle fait également des rêves prophétiques qui l'assimilent, référence à Klopstock aidant, à une devineresse ou à un esprit. À ce niveau supra-humain d'ordre magique vient s'ajouter encore celui de la religion : Emma découvre chez les princes S. la foi orthodoxe, par l'intermédiaire du reclus qui confesse la princesse, et elle s'y convertit avant de mourir. Est-elle donc destinée à jouer un rôle de sainte et martyr ? Le père Païssi a de son aventure une tout autre lecture que celle que promeuvent les différents personnages de la nouvelle : il se félicite qu'elle soit arrachée par le malheur à la tentation vaine des plaisirs du monde et interprète l'abandon dont elle est victime comme le signe qu'elle appartient à un monde meilleur et doit se vouer à Dieu.

Le magnétisme fait figure de trait d'union entre ces deux sphères, naturelle et surnaturelle. D'un côté, s'il constitue à l'origine une théorie médicale, on sait qu'il se développe après Mesmer du côté du spiritualisme, tandis qu'il a toujours comporté une dimension métaphorique qui assimile magnétisme et *eros* au sens large : dans la nouvelle, le magnétisme évoque donc en général tous les phénomènes d'attraction complexe que peuvent subir les personnages, quelles qu'en soient l'origine et la nature. Comme souvent, il sert alors à rappeler que la vie humaine est soumise à des forces qui produisent des effets bien réels quoiqu'elles soient invisibles et inconnaissables : il devient alors la métaphore récapitulatrice des différentes hypothèses possibles, qui sont toutes fondées sur un principe d'attraction irrépressible, surnaturel ou non.

Mais le magnétisme sert aussi à mettre en valeur de manière plus originale les limites des explications physiologiques et rationnelles, en questionnant la place du savoir médical dans son ensemble, magnétisme compris. En effet, « Emma » participe à la fois de la fétichisation romantique du magnétisme comme instrument de la mise au jour d'un faisceau d'actions invisibles et fascinantes, et de sa profonde dévalorisation, à travers la figure du médecin magnétiseur, extrêmement discréditée dans le texte. Celui-ci apparaît étrangement en porte-à-faux par rapport à sa discipline, dont il ne semble avoir conservé qu'un certain dédain pour les explications claires et les démonstrations scientifiquement rigoureuses. Pour le reste, il apparaît comme remarquablement obtus, enfermé dans une lecture physiologique des événements et incapable de mener à bien la tâche qui lui a été confiée. Ainsi, la princesse S., mère de Paul, objecte au médecin que, spécialiste du corps, il est incapable de guérir les âmes, auxquelles il ne comprend rien – alors même que le magnétisme est utilisé dans la nouvelle pour incarner les mouvements amoureux, le médecin l'appliquerait donc comme un strict principe organique qui n'a aucun lien avec la psychologie et la spiritualité, d'après la princesse. La réalité est à peine plus nuancée : le médecin prévoit bien la circulation des sentiments amoureux, mais il leur applique un strict principe physique et ainsi se trompe en pensant que Paul va aimer Emma et la demander en mariage. Cette scène est aussi pour Polévoï une manière d'opacifier encore le schéma explicatif sous-jacent de la nouvelle : on devine grâce aux paroles de la princesse que le paradigme physique et le paradigme psychologique s'excluent l'un l'autre, même si en l'occurrence on ne sait pas ici lequel doit être incriminé dans le cours des événements, pas plus qu'on ne saura si des forces surnaturelles sont vraiment à l'œuvre dans « Emma » ou non. On ignore aussi si ce médecin est simplement un mauvais magnétiseur ou si c'est le magnétisme en tant que tel qui est incriminé, au moins dans sa variante purement thérapeutique qui se concentre sur la production des effets au détriment de la connaissance des causes… et de la préservation des moyens de guérison employés, comme la pauvre Emma.

Car ce médecin est aussi le représentant d'une violence thérapeutique sur laquelle Polévoï insiste fortement : outre le détail glaçant du traitement appliqué au jeune aliéné, la manière très clinique dont le docteur évoque Emma l'assimile en permanence à un « objet », selon la terminologie en usage chez les magnétiseurs de l'époque, qui mettent l'accent sur l'importance d'injecter un « tiers » médiateur dans le processus de guérison. De manière significative, après la maladie d'Emma, le médecin est accusé par le grand-père de la jeune fille d'être responsable de cette mort : il ne vient pas à l'esprit de l'aïeul de prendre à partie la princesse S. qui a arraché Emma à son milieu d'origine, sans avoir la moindre intention de lui faire épouser son fils, ou le prince Paul, qui est redevenu lui-même mais a abandonné la femme qui l'a sauvé, ni même de s'en prendre à lui-même qui a laissé partir sa petite-fille par vanité et dans l'espoir naïf d'un mariage glorieux pour elle. Le grand-père semble donc se rendre à une explication médicale de cette mort, qu'il attribue aux seuls agissements du docteur, en excluant la dimension sociale et morale qui a pu jouer. Or, c'est sur le plan médical que le médecin lui répond, très calmement, en lui prouvant que les protocoles ont tous été respectés et que l'on ne saurait le mettre en cause. Le manque d'empathie de cette réponse est frappant, ce qui contribue à noircir encore le portrait du docteur, mais il témoigne aussi de l'obscurité dans laquelle le lecteur est laissé à la fin du texte : pas plus qu'il n'a su comment le prince Paul était guéri, le lecteur ne saura pas pourquoi exactement Emma meurt – aucune explication ne fait pleinement sens, mais il est impossible de les combiner tant elles semblent s'annuler et se contredire entre elles. Le magnétisme est un puissant outil de cette multiplication des paradigmes interprétatifs possibles, où tout, jusqu'au magnétisme lui-même, se trouve relativisé comme principe d'explication ou comme élément structurant de l'action.

EMMA

Look on a love which knows not to despair,
But all unquench'd is still my better part,
Dwelling deep in my shut and silent heart
As dwells the gather'd lightning in its cloud,
Encompass'd with its dark and rolling shroud.
Till struck, –forth llies the alletherеal dart[1] *!*
BYRON[2].

I

Dans un lointain quartier de Moscou, plus précisément dans le quartier allemand[3], il y avait avant l'invasion napoléonienne nombre de petites maisons, charmantes et gaies, ainsi que de vastes demeures aristocratiques. Aujourd'hui il n'en est plus rien : le quartier allemand regorge de fabriques, d'usines, d'instituts[4] ; la plupart des anciennes maisons nobles brûlèrent en 1812[5] et on n'en voit plus que des ruines, tandis que les enseignes des pensions de famille recouvrent les murs des

1 « Vois un amour qui ne sait point se désespérer, mais qui, ardent encore, est mon plus cher espoir, la meilleure partie de moi-même ; il demeure renfermé profondément dans mon cœur silencieux ainsi que la foudre au milieu du nuage qui la recèle dans ses tournoyantes vapeurs, comme dans un sombre linceul, jusqu'à ce qu'il crève et laisse échapper le trait brûlant du ciel », Byron, *Les Lamentations du Tasse* (1817), trad. Amédée Pichot, V.

2 L'influence de George Gordon, lord Byron (1788-1824) sur le romantisme russe est tout à fait considérable : ses poèmes romantiques et son destin flamboyant ont marqué de nombreux auteurs, à commencer par Alexandre Pouchkine (1799-1837).

3 Ou Németskaïa Sloboda, quartier situé au nord-est de Moscou, près de la rivière Iouza.

4 Le quartier abrite encore aujourd'hui l'Université Technique d'État de Moscou, ou École Bauman, fondée en 1763.

5 Moscou connut en 1812 un vaste incendie au moment où les troupes napoléoniennes entrèrent dans la ville. L'action de la nouvelle se situe juste avant cette date, comme le lecteur l'apprend à la fin du texte.

immenses palais des puissants qui survécurent à l'incendie de 1812 ou qui furent reconstruits après lui. Par caprice, les aristocrates partirent s'installer dans d'autres quartiers de Moscou. Mais à cette époque ce n'était pas le cas : avant 1812, je vous le dis, dans le quartier allemand, parmi les splendides demeures des nobles, la plus splendide était celle du prince S***. Son ombre s'étendait sur toute la rue ; sur le côté, on trouvait un vaste jardin entouré d'un mur de pierre, dont le chemin recouvert de plaques d'airain était orné de piliers de bronze à figures reliés entre eux par une chaîne en métal. D'immenses arbres centenaires s'élevaient au-dessus du mur du jardin et on entendait bruire fièrement leurs sommets, aussi hauts que le dernier étage du palais princier. De l'autre côté de la maison, qui ressemblait à une antique commode ornementée avec ses coquilles surmontant des fenêtres en demi-lune et son immense balcon ceint d'une grille agrémentée de figures, se dressait l'entrée gigantesque. Derrière sa grille de fer toujours ouverte, on découvrait la cour pavée et les ailes de la demeure, où logeaient les quelque trois cents personnes au service du prince et de son épouse, ainsi que leur femme et leurs enfants. Cette cour était fermée à son extrémité par une grille de bronze et à nouveau par des portes de métal symétriques qui menaient au jardin régulier et bien entretenu. On se représentera mieux la taille immense de ce jardin en songeant qu'il était traversé par la rivière Iaouza.

C'est ainsi qu'était la maison du prince S***. Juste à côté de l'immense corps de logis construit à l'époque de l'impératrice Élisabeth[6], on trouvait une petite maison, toute en bois, recouverte de chaume, peinte en gris et, si le bonheur avait dû se choisir un logis selon son cœur, je ne sais si ce n'est pas cette petite maison qu'il aurait élue et s'il ne l'aurait pas préférée à son immense voisine, la grandiose demeure princière.

Si quelque badaud passait de bon matin près de cette petite maison grise, il ne s'arrêtait guère, voyant à travers ses vitres illuminées le charmant tableau, tout à fait dans le genre d'une scène d'August Lafontaine[7], qu'offrait la petite pièce : tous les matins, trois jolis enfants se tenaient assis derrière une grande table, avec de véritables petites têtes

6 Fille de Pierre le Grand, Elizaveta Petrovna régna entre 1742 et 1762.

7 August Heinrich Julius Lafontaine (1758-1831), romancier allemand dont le texte le plus célèbre est *Tableau de famille, ou Journal de Charles Engelmann* (1801), suivi en 1802 du *Nouveau Tableau de famille, ou la Vie d'un pauvre ministre dans un village allemand, et de ses enfants.*

à la Greuze[8]. Les enfants étudiaient, tandis qu'à côté on voyait, assis sous la fenêtre, le même vieillard avec sa pipe fumante et un livre ou un journal dans les mains. Quant à lui, Greuze n'aurait su le peindre, car il ne sut jamais exécuter ces bons visages allemands, ces longs cheveux argentés qui donnent malgré eux un air de respectabilité à la figure. Greuze n'aurait pas non plus su peindre les deux autres visages que l'on pouvait toujours voir à travers les vitres claires de la maison grise : celui d'une vieille femme à l'énorme bonnet, sa paire de lunettes sur le nez, plongée d'un air soucieux dans son tricot ou des bas à repriser– c'était la véritable incarnation de la bonne maîtresse de maison allemande – et celui d'une jeune fille qui faisait la leçon aux enfants, assise à leurs côtés derrière leur grande table d'étude.

Pour moi, j'aime ces visages gothiques des vieux Allemands et de leurs vieilles, avec, dans la prime jeunesse, l'incarnat de leurs joues, leur couronne de cheveux roux et bouclés, leurs yeux bleus qui décorent ces faces rondes, puis, sans bruit, peu à peu, les cheveux gris qui y apparaissent, les rides et l'expression de bonté qui vous révèle à cœur ouvert toute leur vie, pour laquelle ils ont tous les jours ou presque remercié Dieu ! Parfois vous voyez sur ces visages une ride irrégulière : c'est la trace d'un chagrin, d'un malheur, d'une perte, mais cette ride est une étrangère parmi les autres, qui montrent que la vie leur fit insensiblement revêtir le visage de bonnes gens, comme l'aiguille d'une horloge passe insensiblement d'une minute à l'autre, d'une heure à l'autre, va bientôt sonner midi, le soir, et enfin, *minuit* – bon repos ! Oui, en contemplant ce visage de vieille, je suis prêt à vous dire que sa vie passa comme une claire journée de printemps, qu'elle eut le temps d'apprendre et d'aider sa mère dans les tâches ménagères, puis d'aimer, d'aimer dans la douceur, dans la joie, en songeant dès le début de cet amour à sa robe de fiançailles, aux soins de son petit ménage, à son passage de la cuisine de sa mère à celle de son mari, auprès de qui on aurait honte de ne pas être heureuse : il est si bon, si attentionné, il aime avec tant de douceur, de modestie, de tendresse. Le chagrin et la tristesse, dans la vie de telles gens, ce ne sont que des nuées qui se dissipent dans le ciel clair. Ces gens se délectent de chaque goutte de cette boisson si amère

---

8 Jean-Baptiste Greuze (1725-1805), peintre français connu pour ses scènes familiales et pittoresques.

pour beaucoup et que le destin offre à chacun de nous à la naissance – *la vie* – et, lorsqu'ils ont bu la coupe jusqu'à la lie, aux portes du tombeau, entourés d'êtres bons et chers à leur cœur, ils jettent un regard de regret au fond du gobelet qu'ils ont vidé et se plaignent qu'il ne leur reste à boire que quelques gouttes.

Les habitants de cette maisonnette grise, le vieil homme avec son journal et la vieille femme avec ses bas, avaient vécu ainsi toute leur vie : tout le suggérait, leurs regards qui se tournaient avec gratitude vers les cieux, la main que, à chaque fois qu'elle passait près de lui, la vieille posait doucement sur son vieux, leurs visages doux et lumineux, la façon dont ils regardaient ces petits enfants, les étreintes et les caresses de ces mêmes enfants, qui faisaient monter des larmes aux yeux de leurs aïeux. À eux deux ils incarnaient le soir magnifique d'une journée magnifique.

Mais, et la jeune fille ? En vérité, à sa robe blanche toujours apprêtée, à ses joues roses, ses yeux bleus, son tablier vert, sa jambe fine, sa taille élancée, on pouvait voir que c'était une jeune Allemande, gentille, de bonne constitution, au matin de la vie, un matin doux et clair ; mais, n'étant pas Nostradamus[9] et ne sachant pas confectionner les horoscopes, on pouvait rester songeur en la voyant, et deviner que le sort ne lui réserverait pas un destin semblable à celui de son grand-père et de sa grand-mère (car les deux vieillards qui habitaient là étaient ses grands-parents). Comment pouvait-on le prédire ? Elle était si modeste, si simple, si bonne ; elle passait gaiement de la table d'études de ses frères aux tâches du ménage, et de celles-ci à son forte-piano, de celui-ci à son *Sammlung gottesdienstlicher Lieder*[10] – et avec quelle joie absolue du cœur elle chantait avec son grand-père : « Deines Gottes freue dich, dank ihm, meine Seele ! Sorget er nicht vaterlich, dass kein Gut dir fehle[11] ? »

Tout ceci était vrai. Mais, en regardant attentivement cette jeune fille, vous remarqueriez une sorte de rêverie involontaire, alors qu'elle n'avait guère de quoi être songeuse, vous verriez parfois dans ses yeux des larmes refoulées – non pas des pleurs de joie ou de chagrin, mais

9 La mention du célèbre astrologue français (1503-1566) est ici ironique, mais elle souligne d'emblée dans le texte un intérêt pour le surnaturel et l'occulte.

10 « Recueil de chants pour le service », que l'on chante à l'église luthérienne durant l'office et souvent aussi à la maison dans les foyers très pratiquants.

11 « Réjouis-toi de ton Dieu, ô mon âme, remercie-le ! Est-ce qu'il ne s'est pas occupé de toi paternellement, afin qu'aucun bien ne te manque ? »

des pleurs provoqués par quelque chose de mystérieux, de triste. Elle posait alors sa main sur ses yeux et ensuite elle les levait vers le ciel : et à ce moment, on pouvait voir que ce n'étaient pas simplement les yeux bleu clair d'une future maîtresse de maison allemande, mais des yeux clairs, étincelants, presque couleur azur, capables de renverser par leur feu merveilleux. Cette jeune fille, que le sort prédestinait à n'être qu'une bonne ménagère et à mesurer sa vie d'après les pas déjà tout tracés qui la devaient la mener du berceau de l'enfant à la cuisine, avait parfois la poitrine soulevée par un soupir si pénible, les joues enflammées par une rougeur si subite, et qui laissait brutalement la place à pâleur si prononcée… Observez-la donc : ses cheveux ne sont pas seulement châtain clair – ils ont un reflet bien à eux, une couleur d'or pâle, et le teint blanc de ce visage n'est pas simplement celui de n'importe quelle fille de dix-sept ou dix-huit ans : c'est une teinte particulièrement poétique, que chantèrent les Minnesanger[12] allemands, une sorte de transparence du corps dont parla notre Dante[13] : « à travers ton beau corps mon âme voit ton âme »*.

Vous voyez cette jeune fille à ses travaux d'ouvrage, à la table d'étude, près de son grand-père, de sa grand-mère ; elle est silencieuse, silencieuse, elle ne dit pas un mot, ses yeux sont baissés ; tout autour d'elle est un désert pour l'esprit et pour le cœur, aucune passion n'oserait l'atteindre, près d'elle on n'entend pas la respiration enflammée de la jeunesse qui aurait deviné son âme, on n'entend pas le battement d'un cœur fort auquel son cœur aurait répondu en écho par une chamade passionnée, comme la corde répond d'elle-même à la corde qui se trouve à côté d'elle. Oui, cette jeune fille peut mourir sans avoir connu sa propre âme, son hôte céleste peut toute sa vie se languir sans un mot dans son superbe corps ; cette jeune fille peut enfin se perdre de cœur et d'âme dans les bras d'un mari jeune, avenant, caressant, raisonnable et aimant, et sa vie se passera alors de manière aussi douce et joyeuse que celle dont on danse une valse allemande se terminant par un *Gross Vater*, comme s'était écoulée la vie de sa grand-mère… Mais qu'adviendra-t-il d'elle, si le méchant démon des passions l'enflamme de passions incandescentes ? D'ailleurs : sur sa petite table, près des cahiers, on voit un mince

12 Les troubadours allemands.

13 Dante Alighieri (1265-1321), auteur de la *Divine Comédie*, est considéré à l'époque romantique comme le modèle du poète.

ouvrage : c'est Schiller[14], ce diable de Schiller, imprimé en petit format, selon l'habitude allemande, sur du papier gris ; et ses yeux sont fixés rêveusement sur ces vers :

Empfange meinen Vollmachtbrief zum Glucke !
Ich bring ihn unerbrochen dir zurucke
Ich weiss nichts von Gliickseligkeit[15]...

Et il semble que les deux vieux ne remarquent pas du tout ce maudit Schiller, ils ne voient pas qu'on le lit en cachette, quand ils pensent que leur petite-fille déchiffre le sens grammatical d'une phrase quelconque dans un « Lesebuch[16] » enfantin. Douce créature ! Jette, au nom du ciel, jette ce Schiller loin de toi ! Prends plutôt du vieux cabinet de toilette de ta grand-mère ton « Livlandisches Kochbuch[17] » et lis-y comment on prépare des cornichons et comment on fait la saumure...

Mais je vous raconte tous ces détails au sujet de la jeune fille, l'habitante de cette maisonnette grise, et je ne vous ai pas dit son nom, ni qui sont les deux vieillards qui vivent avec elle, ni qui sont les enfants qui vivent avec eux trois. Expliquer tous ces détails de famille, s'ils vous sont nécessaires, ne prend guère de temps : la jeune fille dont j'ai parlé s'appelle *Emma*, le vieux, vous le savez déjà, est son grand-père, la vieille sa grand-mère ; les trois garçons sont ses petits frères ; et tous ensemble ils formaient une famille bonne, heureuse, qui avant 1812 habitait dans une jolie petite maison du quartier allemand jouxtant l'immense demeure du prince S***.

La biographie du vieillard était très simple et brève. Son père était un Allemand, il était venu en Russie quand on faisait venir d'Allemagne des gens qui s'y entendaient en relais de poste. S'étant établi à Moscou, il y avait vécu toute sa vie ; pendant vingt ans il était resté assis près de la fenêtre de sa poste, tous les jours, sauf le dimanche, à prendre les lettres ;

14 Friedrich Schiller (1759-1805), poète et essayiste allemand du mouvement *Sturm und Drang*, qui a joué un rôle majeur dans la formation de la sensibilité romantique.

15 « Reçois la promesse de bonheur qui m'était faite. Je te la rapporte intacte, je ne sais rien du bonheur. », Schiller « Résignation » (1786), trad. de Xavier Marmier. Dostoïevski met le même extrait dans la bouche de son personnage Ivan Karamazov dans *Les Frères Karamazov* (1879-1880).

16 Un livre de lecture.

17 *Recueil de recettes de Livonie*, ce qui montre que la famille est originaire de la Baltique, comme c'est souvent le cas pour les Allemands de Russie.

mais entre-temps il avait réussi à accomplir presque tout ce que Sterne considérait comme l'obligation indispensable de tout homme honnête, à savoir : il s'était marié, il s'était construit une maison, un jardin (il n'avait en revanche pas écrit un seul livre et lisait lui-même rarement, à l'exception des journaux allemands et des publications ayant trait à sa profession) ; puis il transféra la maisonnette, et le jardin, et le petit bien qu'il avait amassé à son fils qui, n'ayant guère envie de s'établir dans les postes, était devenu professeur d'allemand à Moscou, s'était marié à son tour, avait cessé dans ses vieux jours d'enseigner l'allemand et achevait paisiblement le cours de sa vie dans la maison de son père, qu'il avait restaurée et peinte en gris. Il n'avait pas eu d'enfants. Ayant entendu que son neveu, fonctionnaire à Saint-Pétersbourg, était mort en laissant une fille et trois fils, le vieillard avait quitté Moscou pour la première fois de sa vie, était allé à Saint-Pétersbourg, avait pris dans ses bras, tout en larmes, les orphelins que laissait le neveu, la petite Emma et ses frères, avait juré de leur servir de père et les avait emmenés à Moscou où, dans la vieille femme qui était son épouse, Emma et ses frères n'avaient jamais vu autre chose qu'une seconde mère et dans leur vieil oncle, un second père. Il y avait quelques années que le vieillard s'était rendu à Pétersbourg. Emma avait déjà dix-sept ou dix-huit ans ; mais chaque soir, quand la journée touchait à sa fin, la jeune fille adressait encore à Dieu une prière de reconnaissance et, regagnant sa chambre, son bonnet de nuit sur la tête, elle examinait pendant quelques minutes ce qui lui était arrivé durant cette journée qui venait de passer et si elle avait péché devant Dieu d'une quelconque manière. Avait-elle causé de la souffrance à son cher papa et à sa chère maman (c'est ainsi qu'elle les nommait) ? Puis, mais pas toujours, elle restait là, songeuse, quelques minutes, sans savoir elle-même pourquoi… « Il n'y a rien de plus dangereux que des pensées vagues ! », me direz-vous. Peut-être ; mais je vous assure qu'après cela, Emma s'endormait chaque soir doucement et paisiblement, et aucun événement de la journée ne revenait la visiter la nuit sous forme de songe : elle ne faisait aucun rêve, eux qui sont les corbeaux malfaisants de notre vie active !

II

« Est-ce qu'Emma est à la maison, grand-père ?, demanda une jeune fille gaie en entrant à pas rapides dans la pièce principale de la petite maison grise.

– Oui, oui ! répondit le grand-père.

– Où est-elle ?

– Dans le jardin.

– Je cours la retrouver !

– Attends un peu, ma petite fleur ! Laisse-toi donc embrasser !

– Je n'ai pas le temps ! J'ai mille nouvelles à lui dire !, répondit la jeune fille, pressant sa petite bouche contre la main du vieillard en passant près de lui, pendant qu'il l'embrassait au front et aux joues.

– Mille nouvelles ! Elles se résument toutes à une seule : tu as sans doute reçu une lettre de ton Théobald ?

– Vous avez deviné !

– Qu'écrit-il ?

– Il sera bientôt ici – ne me retenez donc pas, je dois tout, tout raconter à mon Emma ! »

La visiteuse jeta son chapeau de paille sur la petite table et s'enfuit au jardin.

Ce jardin n'était rien d'autre qu'un joli petit parterre de fleurs, quelque chose de semblable à ces broderies des chemises pour dames, où sont cousues de manière parfaitement régulière des fleurs toutes simples et des feuilles. Mais dites-moi : qui parmi nous ne s'est jamais intéressé à ces fleurs brodées lorsqu'elles ornent la poitrine d'une jolie fille ? Il en est ainsi pour ces jardins. Ils sont petits, uniformes, vulgaires : un grillage de bois peint en vert, que longent des acacias faméliques et quelques buissons de framboises et de groseilles qui croissent le long d'une cordelette, y remplace les allées ombragées, des chemins tortueux sur lesquels on a du mal à marcher à trois et dont vous embrasseriez les bornes au premier coup d'œil, comme on détecte le mensonge d'un enfant au premier mot – voilà à quoi ressemble ce que l'on appelle avec emphase dans les petites maisons de Moscou un *jardin*. Ordinairement, au milieu de ces jardins se dresse aussi un parterre de fleurs, où la maîtresse de maison dispose parfois une de ces déesses d'albâtre que les colporteurs traînent dans tout Moscou aux côtés de statuettes de Napoléon, de figurations d'Ésope, de la Charité, de Laocoon, de l'Espoir et de l'Amour, de Cupidon et de chats à la tête pointue tenant entre les dents une souris, ou bien elles y plantent les rarissimes plantes américaines que l'on vend chez chaque fleuriste. Si le maître des lieux a encore une douzaine d'arbres étiques, il se vantera de son jardin. « Vous avez une ombre merveilleuse », lui dit-on. « C'est ici que nous prenons le thé le soir », répond-il. « Comme il est agréable de prendre le thé en plein air », ajoute l'invité : comme si cette boîte sans couvercle pouvait véritablement faire office de *jardin* et offrir du *plein air* ! Mais quand cette petite chemise brodée est revêtue par une jeune fille qui est l'image même du bonheur de l'existence, alors savez-vous comme tout cela devient joli, charmant, cette haie d'acacias, les petites allées, et le parterre de fleurs ! Tout dépend des rayons de l'âme : s'ils sont illuminés par la joie, tout est joli et gai ! Des gouttes de rosée sur une feuille, qu'est-ce ? Des gouttes d'eau, mais que le soleil les illumine et elles deviennent comme des diamants.

Le modeste jardin dont nous parlions se trouvait auprès de la maisonnette grise : la visiteuse courut y retrouver Emma, l'aperçut dans un de ses coins, près de la tonnelle, et lui cria de loin « *Bonjour, mon amie* »*. Emma, qui était courbée sur une plate-bande de fleurs, se leva, et se mit à scruter quelque chose avec attention. Elle n'entendait pas le salut de sa gaie visiteuse, pas plus que le bruit que faisaient ses pas lorsqu'elle courait dans les allées pour la retrouver, et elle ne finit par la remarquer que lorsque la jeune fille se fut approchée d'elle en courant et lui eut couvert les yeux de ses mains.

« Ah, Fanny, dit Emma (la visiteuse se nommait Fedossia, mais depuis l'enfance ce prénom peu heureux s'était transformé en *Fanny*[18]), farceuse ! laisse-moi !

– Que signifie cette rêverie ? Ne pas entendre ma voix, ne pas me voir !

– Je regardais juste ma jolie petite fleur : regarde, elle reprend vie ; je pensais qu'elle était perdue, et comme cela m'attristait, Fanny ! J'allais

18 Ce prénom évoque l'une des *Odes* les plus célèbres de Friedrich Gottlieb Klopstock (1724-1803), dédiée à une cousine dont le poète était amoureux.

la voir comme on visite un parent malade. Mais regarde-la, elle reprend vie maintenant !

– Quelle fleur ? Fadaises que tout cela ! De simples bleuets !

– Des bleuets ! Que Dieu leur prête vie. Et que ce serait dommage qu'ils meurent sans avoir fleuri, sans avoir joui de leur vie ! Pourtant, ils n'auront qu'un été à vivre… »

Emma se pencha à nouveau sur ses bleuets et les rajusta sur le treillage auquel leur petit buisson était adossé.

« Qu'est-ce donc que ces enfantillages, Emma ! Laisse donc tes bleuets, allons marcher dans le jardin. Je te raconterai… ah, ma chère amie ! Je te raconterai tout ! *Il* m'écrit, *il* viendra bientôt ! Allons sous la tonnelle, Emma ! Je vais te lire sa lettre ! »

Fanny tira de son corsage sa petite missive, l'embrassa avec fougue et la montra de loin à Emma.

« Allons sous la tonnelle ! », dit-elle. Les jeunes filles s'enlacèrent, s'assirent sur le banc sous la tonnelle ; la main de Fanny était autour des épaules d'Emma, la tête d'Emma reposait sur l'épaule de Fanny, et leur conversation (un mélange de mots français et russes) commença à voix basse.

Pendant qu'Emma et Fanny conversent sur des broutilles (lesquelles occupent dans les conversations de jeunes filles une place importante – et après tout, quelles conversations en sont exemptes ?), je me dépêcherai de vous raconter, si vous ne l'avez pas déjà deviné, que Fanny était l'amie d'Emma, la jeune fille d'un voisin, un Allemand, un fonctionnaire, un lointain parent quelconque, qui s'était marié avec une Russe de petite noblesse, d'où le fait que les noms de leurs enfants constituaient un affreux salmigondis de noms russes et de patronymes allemands : Fedossia Gottliebovna, Philippe Gottliebovitch, etc. Et on eût dit que ce salmigondis avait pénétré jusque dans son ménage et l'éducation de ses enfants. Fanny était l'amie d'Emma : savez-vous ce que signifie être « l'amie d'une jeune fille » ? Ce n'est presque rien : une épigramme française sur l'amitié, la traduction en vers russe d'un sonnet de Shakespeare, de la prose en français ! Le plus souvent, les jeunes filles sympathisent en pension, parfois au bal ou aux soirées où l'on danse. En pension, les preuves d'amitié consistent à se souffler les leçons et à se partager des confiseries ; au bal, à prendre place à côté l'une de l'autre au moment de la mazurka et à se promener ensemble lorsque les musiciens font leur pause, en se répétant sans cesse la même chose. Parfois, cette familiarité se poursuit pendant des années et s'achève par le mariage de l'une des amies. L'heureux époux prend la place de la pauvre amie dans le cœur de sa femme, comme le premier rayon du soleil force la pauvre lune à pâlir. Il arrive aussi… que les amies se lassent l'une de l'autre, se fâchent et se séparent ; ou que le monde déchire cette tendre amitié sur le seuil de la pension, où l'une est attendue par un valet tout chamarré de dorures qui l'accueille avec ces mots « Votre excellence, madame votre mère vous a envoyé la voiture », tandis qu'à l'autre, au même moment, c'est une vieille nourrice édentée qui dit : « Votre maman m'a demandé de venir vous chercher, mademoiselle ». Les vieilles filles restent rarement amies : méchantes envers tous, elles n'hésiteraient pas à se dévorer entre elles, comme elles ont dévoré tout espoir de bonheur dans cette vie. Pourtant, vous n'entendrez jamais dans ce monde parler ne serait-ce que d'une jeune fille qui soit sans amie. Elles déchiffrent ensemble l'alphabet de l'amour à l'aube de la vie, lorsque, à l'âme d'une jeune fille, tout paraît étranger et familier à la fois, connu et inconnu, incompréhensible à leur esprit ou leur cœur. Dans son petit monde, tout lui paraît si obscur : son cœur n'éclaire pas encore le vide de ses idées, mais à travers son âme, comme à travers un prisme de verre, tout se colore pourtant de couleurs célestes, sans chaleur, mais sans ombre. Ordinairement, l'amie de la jeune fille se tient sous ce prisme et – mon Dieu ! – il est le lieu de tant de découvertes majeures sur des petits riens, de tant de conversations secrètes sur des broutilles, de lettres et de notes, de vers et d'albums, de broderies et de partitions où l'on chante les vers de Joukovski[19] et de Pouchkine, que seule comprend l'âme enflammée, de la même voix que la romance de la reine Hortense[20] et où le *Freischütz*[21] est transformé en valses et en quadrilles par les ennemis démoniaques de la musique ! Qui ne serait pris de rire en trouvant dans l'album d'une jeune fille :

---

19 Vassili Joukovski (1783-1852) est le grand précurseur du romantisme russe : il a notamment contribué à diffuser la sensibilité romantique à travers des ballades sur des motifs folkloriques surnaturels traduites ou imitées de l'allemand.

20 Hortense de Beauharnais, mère de Napoléon III, avait composé en 1807 une romance qui avait connu un très grand succès, « En partant pour la Syrie ».

21 *Der Freischütz* (op. 77) de Carl Maria von Weber est un opéra allemand qui connut un immense succès à partir de 1821 sur les scènes européennes. Il fait partie du répertoire romantique canonique.

« Je vous souhaite de tout mon cœur – toute sorte de bonheur »*, ou bien des extraits de l'abbé Delille et de Saint-Lambert[22] ? Mais je ris tout autant lorsque j'y trouve :

If that high world, which lies beyond
Our own, surviving Love endears ;
If there the cherish'd heart de fond,
The eye the same, except in tears –
How welcome those untrodden spheres !
How sweet this very hour to die !
To soar from earth, and find all fears
Lost in thy light – Eternity !

It must be so : tis not for self
That we so tremble on the brink ;
And striving to o'erleap the gulf,
Yet cling to Being's severing link.
Oh ! in that future let us think
To hold each heart the heart that shares,
With them the immortal waters drink,
And soul in soul grow deathless theirs[23] *!*

Cela aussi, on le recopie dans l'album de son amie, avec de grandes lettres enfantines et des gribouillages ? Comme on trouve matière à rire dans ce monde !

---

22 Jacques Delille (1738-1813), poète français célèbre pour ses traductions en vers de Virgile et de Milton, très représentative du style néo-classique ; Jean-François de Saint-Lambert (1716-1803) est notamment l'auteur d'un grand poème intitulé *Les Saisons* (1769), qui s'inscrit dans le genre de la poésie descriptive et didactique contre laquelle réagissent les romantiques. Les deux auteurs font partie des classiques scolaires.

23 « Si dans ce monde élevé qui est au-delà du nôtre, l'amour survit avec nous : si le cœur de l'objet aimé nous y conserve sa tendresse ; si ses yeux sont les mêmes, excepté qu'ils ne sont plus humides de larmes, quel bonheur d'être admis dans ces sphères inconnues ! qu'il serait doux de mourir à cette heure même, de prendre l'essor loin de la terre, et d'aller anéantir toutes nos craintes dans la vaste lumière de l'éternité ! // Cela doit être : ce n'est pas pour nous-mêmes que nous tremblons sur la rive, lorsque, impatients de franchir l'abyme, nous nous tenons encore attachés à la chaîne fragile de l'existence. Ah ! nous croyons que dans cet avenir nous retrouverons les cœurs qui furent unis aux nôtres, pour nous désaltérer avec eux dans les ondes immortelles et leur appartenir à jamais sans craindre la séparation du trépas. » Byron, *Mélodies hébraïques* (1815), trad. Amédée Pichot.

« Je me hâte de vous dire, ma douce Fanny, que, grâce à Dieu, toutes mes affaires à Saratov sont maintenant terminées, je serais parti depuis hier si je n'avais attrapé un refroidissement et si le médecin ne m'avait conseillé de ne pas prendre la route avec une telle toux. Connaissant vos sentiments et les jugeant d'après les miens, je vous prie de ne pas vous inquiéter pour moi et je vous assure que ma maladie est tout à fait insignifiante. Vous pouvez vous représenter avec quelle impatience j'aurais voulu courir vous retrouver à Moscou, où m'attendent bonheur et amour. J'envie cette lettre qui va vous voir avant moi. Votre pensée ne me quitte jamais et souvent le sommeil bénéfique me présente votre charmante image. Il y a peu, j'étais chez mon oncle Bogdan Bogdanovitch. Lui-même et toute sa douce famille se sont pris d'affection pour vous à distance, ils vous aiment comme une fille et une sœur, alors même qu'ils ne vous connaissent pas encore réellement. Papa et Maman vous demandent de transmettre leurs salutations respectueuses à votre grand-père et votre grand-mère. »

Voilà la lettre qui fut lue à Emma par son amie. C'était une lettre de son fiancé, un jeune homme *des plus charmants*, qui fréquentait la maison de son père depuis trois ans, avait fini par demander la main de Fanny, avait été accepté et était parti à Saratov demander la bénédiction paternelle pour ses noces et régler ses affaires.

« N'est-il pas vrai qu'il écrit si gentiment, qu'il m'aime tant ? s'écria Fanny.

Emma restait silencieuse.

– Tu es vraiment insupportable aujourd'hui, continua Fanny. Tu t'extasies devant une petite fleur de rien du tout et tu n'admires pas la lettre de mon fiancé ! N'est-elle pas gentille ?

– Non ! répondit distraitement Emma.

– Emma ! cria sa compagne, s'éloignant d'elle avec colère.

Emma revint à elle et se dépêcha d'assurer son amie qu'elle ne savait elle-même ce qu'elle disait.

– Je te connais bien, pourtant, Emma : aujourd'hui, tu t'es encore mis en tête de rêver ; tu t'es encore farci la tête de Schiller !

– Non ! Ça fait deux semaines que je ne le lis plus et il y a fort à parier que je n'y reviendrai pas de sitôt.

– Mais quelle est donc la cause de ta distraction ? Regarde, quelle belle journée ! Comme tout est en fleur, comme tout est beau.

– Oui ! répondit Emma avec un soupir.

– Mon Théobald va venir, et nous danserons, nous danserons tant !

– Je m'en réjouis !, dit Emma, et des larmes lui tombèrent des yeux.

Fanny prit peur, se jeta au cou de son amie, lui demanda pardon et lui jura qu'elle n'avait voulu en rien la chagriner.

– Mais je ne suis pas chagrine ; vraiment, je suis gaie et tu ne m'as pas du tout blessée, Fanny !

– Mais je parle de mon bonheur alors que tu es triste !

– Je ne suis pas envieuse de *ton* bonheur, Fanny, je lui jure devant Dieu, je ne t'envie pas ! J'ai même parfois de la peine pour toi.

– Ma chère amie ! Mais qu'est-ce qui te prend ?

– Pardonne-moi, Fanny ! Je t'attriste avec mes paroles !

– Non ! Mais je ne te comprends pas : ceci n'arrivait pas naguère. J'ai remarqué que depuis que je suis fiancée à Theobald, je ne te reconnais plus !

Le croirait-on : un sentiment trouble d'envie et en même temps de contentement de soi brilla dans les yeux de Fanny ; mais, nous l'ajouterons pour la sauver, cela ne dura qu'un instant.

Sans remarquer rien de tout cela, Emma continua tristement :

– Ce n'est pas toi qui en es la responsable, Fanny, je te l'assure, ce n'est pas toi. Ce sont des bêtises, des fadaises – les rêves les plus absurdes…

– Tu me les raconteras ?

– Au nom du Ciel, ne me le demande pas ! Je ne les comprends pas moi-même et je ne suis pas capable de leur donner du sens.

– Tu t'ennuies ?

– Non ! Je ne m'ennuie pas et je ne suis pas du tout triste. Mais ce que je ressens s'apparente à la situation d'un homme que l'on aurait enfermé dans une cage et qu'une force invisible retiendrait entre ciel et terre. Il ne comprend pas lui-même où se trouve cette cage : autour de lui il n'y a que le vide, et ce vide, Fanny, ne connaît aucune borne : c'est un vrai désert ! Parfois quelque chose de doux traverse le vide et passe tout près de cet homme, on entend des sons si merveilleux – ah ! si merveilleux… Et tout d'un coup, tout disparaît, et ce sont des visions qui surgissent et volent autour de lui, et elles sont si épouvantables qu'il en ferme les yeux d'horreur…

Au même moment, au loin, chez les voisins apparemment, des bruits étranges retentirent : ils ressemblaient à des hurlements de désespoir, au cri d'agonie qui s'échappe de la poitrine d'un être qu'une main puissante étouffe. Ces bruits traversèrent l'air et disparurent instantanément. Emma fut prise d'un tremblement ; Fanny frémit également, jeta un regard alentour : tout était calme, joyeux, clair ; elle n'osa poser aucune question à Emma, qui avait rapproché son visage de la poitrine de son amie, et reprit la conversation :

– Ma chère Emma ! Tu serais injuste de ne pas convenir que tous t'aiment, t'adorent, que tu fais la joie et le bonheur de toute la maisonnée, que je t'aime... Est-ce que cela ne te suffit pas ?

– Je sais tout cela, je le sens et je crains que mon sentiment malheureux ne constitue un péché, qu'il ne veuille dire que je suis ingrate envers mes proches... envers toi, ma Fanny... envers Dieu lui-même...

– Emma ! Tu aimes quelqu'un et tu me le caches ?

– Oh non ! Je t'assure que non !

Emma avait relevé la tête et regardait son amie droit dans les yeux.

– Je te crois, maintenant ; mais qu'est-ce qui te mine ainsi ?

– Je l'ignore. Lorsque mon grand-père me cajole, il me semble que c'est pour la dernière fois, que demain Emma restera seule, seule ; lorsque mes frères sautent joyeusement autour de moi, je me surprends à penser : ils vont bientôt te quitter et chacun d'entre eux oubliera Emma, très vite, et pour toujours.

– Pourquoi te tourmenter avec cette pensée lugubre, Emma ? Ma chère amie ! Tu auras toi aussi ton *Théobald* ! Tu ne saurais croire à quel point je suis heureuse à la pensée qu'il m'aime, que nous allons vivre ensemble, durant si longtemps, si longtemps, et que durant tout ce temps nous nous aimerons et nous serons heureux !

– Ah, ma chère ! Je serais bien effrayée de ressentir cela et je ne comprends pas comment tu peux t'en réjouir ! Les hommes... je les crains ; tous ceux que j'ai vus de ma vie m'ont effrayée ! Leur amour, pardonne-moi, l'amour que Théobald te porte... Dieu nous en préserve ! Non, non ! Ce n'est pas un tel amour qu'il me faut...

– Tu déraisonnes !

– Cela se peut ; mais je sens dans mon âme quelque chose que je ne comprends pas moi-même. Écoute : on dit que les fleurs ne vivent pas véritablement, qu'elles ne font que pousser. Je n'en crois rien. Chaque fois que je regarde mes fleurs, que le vent léger m'apporte leur odeur, lorsqu'en plus un oiseau me régale de son chant, alors c'est comme si une espèce d'âme se mettait à me parler, une âme qui habiterait les fleurs, les sons, me dis-je à moi-même. Schiller la connaissait, cette âme des fleurs et des sons. Il en a parlé, mais je ne la vois pas chez les gens ! Quand une petite fleur me raconte si tendrement sa vie, quand le petit oiseau me la chante si gentiment… c'est de la manière dont les gens, à qui Dieu a donné des yeux et des mots, devraient la raconter, l'exprimer ! C'est ainsi que devrait être cet *amour des gens* ! Il me semble parfois que je me fais des sortes de vision de ce qui me charme dans la nature ; je donne à ce quelque chose une apparence humaine, je lui transmets *ma propre âme* – et voilà qu'il est plus qu'une amie, il est mon *ami* – non ! plus encore : il m'aime comme un ami ne peut aimer … et je ne sais comment le nommer…

– Et cette vision, en vérité, elle ressemble à un homme et pas à une amie ?

– Ah, oui ! Mais ne te moque pas de moi : cela ne ressemble à aucune de mes amies ; je t'assure que cela ne ressemble pas non plus à aucun homme que je connais. Ses yeux ont l'éclat du ciel, ses joues ont le pourpre de l'aube ; il *ne me dit rien*, et pourtant je *comprends tout.*

– Ah mais c'est mon Théobald tout craché !

– Oh non ! Ce n'est pas lui du tout ! Ton Théobald te dit ce que les autres hommes disent – *tu* n'es pas lui, et lui *n'est pas toi* ! Ma vision est quelqu'un de tellement éthéré que je respire par lui et que si j'avais besoin de parler avec lui, je l'appellerais « moi » et moi « toi » ! C'est comme s'il vivait de ma vie – comme s'il risquait de mourir s'il ne me voyait pas à ses côtés… (Emma baissa la voix) Il ne partirait pas à Saratov, ne se plaindrait pas de sa toux et ne me vouvoierait pas ! Je cesserai immédiatement de l'aimer et sans mon amour il ne saurait exister. C'est mon amour qui l'a créé et la fin de cet amour serait aussi la sienne.

Fanny resta malgré elle un peu songeuse après avoir entendu les paroles de son amie.

– Ma chère ! Tu rêves !, dit-elle. La créature imaginaire que tu t'es forgée ne saurait exister dans le monde. Quant à l'amour de mon Théobald, il est merveilleux et me rend parfaitement heureuse…

– Mais de quel amour s'agit-il, Fanny, si tu as pu exister auparavant, sans connaître l'amour de son Théobald ! Pardonne-moi, Fanny, je t'aime et je ne veux pas te faire de la peine. Mais c'est toi qui m'as interrogée et je t'ai tout dit. Vois-tu maintenant pourquoi la lettre de ton fiancé me laisse de marbre et d'où vient qu'il m'est si pénible de regarder les gens, en particulier les hommes, avec leurs airs hautains, avec leur amour, qui est en fait si grossier… Non ! Ce n'est pas cet amour-là qu'il me faut !

– Mais on te donnera en mariage, et peut-être à ce jeune hussard qui nous a parlé lorsque nous étions l'autre soir chez M***. Il est fou de toi … et il est si beau garçon !

– Je ne lui accorderai jamais ma main. Mon grand-père ne m'y forcera pas. Ce hussard m'exaspère affreusement : il passe chaque jour près de chez nous et regarde par nos fenêtres. Se pourrait-il qu'il m'aime, alors qu'il me regarde comme si j'étais une jolie poupée, et sans se dissimuler encore, en se caressant les moustaches et en montrant fièrement sa lorgnette ? Monstre ! Non ! Vos gens, vos hommes, ils ne me plaisent pas… Si je pouvais seulement me retirer entièrement du monde, lorsque grand-père et grand-mère ne seront plus, et si j'étais russe… peut-être que j'entrerais au couvent. Là-bas, la sainte foi remplirait toute mon âme, me remplirait tant que toutes mes visions seraient refoulées grâce à elle… Si je pouvais aimer quelqu'un sur la terre, Fanny ! j'en mourrais : qui pourrait comprendre mon amour, quand je ne le comprends pas moi-même ? Fanny ! Je sens qu'il ne me sera pas donné de vivre ici longtemps ; je n'ose pas penser au bonheur : les gens ne le connaissent pas et il me semble que tout me murmure : « Emma ! On t'attend dans ta patrie ! Tu es ici une étrangère ! N'aime pas comme aiment les autres ! Et la pluie qui tombe des cieux sur la terre devient de la boue… »

À cet instant Fanny entendit à nouveau les sons perçants qui l'avaient effrayée naguère. On pouvait à présent mieux distinguer qu'il s'agissait de cris de désespoir humains. Emma trembla à nouveau.

– Qu'est-ce donc que cela, Emma ? C'est la deuxième fois que je les entends !

– Et moi je les entends tous les jours et il me semble que c'est mon destin qui me répond, lorsque je lui demande si le bonheur sur terre existe pour Emma.

– Explique-toi, qu'est-ce donc ?

– C'est un fou qui crie ainsi.

– Quel fou ?

– Tu n'as donc pas entendu que notre voisin, le prince S*** a vu il y a près de deux ans son fils perdre la raison ?

– Oui, quel malheur ! On dit que c'était le jeune homme le plus avenant du monde.

– Je ne l'ai jamais vu. Le prince avait toujours habité Saint-Pétersbourg et, avant de s'établir à Moscou avec son fils aliéné, il a longtemps vécu dans son domaine : c'est seulement l'hiver dernier qu'il s'est installé près de chez nous, dans sa demeure. Quant à son fils, c'est un docteur savant envoyé de Berlin[24] qui a entrepris de le soigner. Mais il n'y parvient guère. On a installé le jeune prince dans le pavillon du jardin dès le printemps ; on dit qu'il a des accès de fureur permanents et qu'il est constamment enchaîné. Il pousse parfois de tels cris de désespoir que nous entendons tout, surtout le matin et le soir.

– Quelle horreur !

– Pourquoi ? Au début, ce cri me faisait peur, mais j'y suis maintenant habituée, bien que je tremble malgré moi à chaque fois que j'entends cet affreux hurlement. J'ai toujours l'impression que l'on maltraite ce pauvre jeune homme, qu'on le maltraite parce qu'il était meilleur que les autres, qu'il demande grâce à des personnes inhumaines et qu'on ne l'écoute pas.

– Voilà mon humeur gâchée pour toute la journée, Emma, sans compter que ta conversation…

Fanny se mit à réfléchir et prononça :

– Oui, on pourrait aimer autrement que n'aime mon Théobald.

Elle sauta du banc.

– Allons dans ta chambre ! » dit-elle avec un sourire forcé et elle entraîna Emma avec elle sur le sentier du jardin.

III

Quelques jours avaient passé depuis la conversation entre les deux amies et Emma était à nouveau en train de se promener, pensive, perdue dans une rêverie quelconque, dans le jardin de son grand-père. C'était une journée splendide, le ciel était clair ; les favorites d'Emma, ses fleurs,

24 Dans la décennie 1810, Berlin devient la capitale européenne du mesmérisme : on y inaugure un hôpital de 300 lits dédiés aux thérapies magnétiques et la première chaire de médecine spécialisée dans le magnétisme est créée en 1814, un an avant la mort de Franz Mesmer.

semblaient vouloir lui dire : « Réjouis-toi donc, notre chère Emma ! Qu'est-ce qui te fait de la peine ? Regarde : nous avons repris vie grâce à tes soins. Sois donc un peu gaie, Emma chérie ! »

Mais Emma n'entendait rien, ne regardait rien. Elle restait assise avec son ouvrage sous la gloriette, fixant parfois son regard tout près, sur le parterre de fleurs qu'elle aimait et où le bleuet resplendissant était à présent tout en fleurs : il semblait se rengorger au milieu des autres fleurs, comme s'il voulait leur dire : « C'est moi qu'aime Emma ! ».

Soudain, un bruit inhabituel attira l'attention d'Emma. Elle regarde : non ! elle ne se trompe pas, ce ne sont pas des visions qui s'élèvent dans la clarté de midi ! Mais qu'est-ce donc, si ce ne sont pas des visions ? Par-dessus la clôture de pierre qui délimite le jardin du prince de celui d'Emma, une tête tremblante est apparue : la main de quelqu'un a agrippé la clôture : c'est un être humain… il escalade le muret, une chaîne de fer attachée à sa main est déjà tombée dans le jardinet… Il reste accroché par son autre main au muret : l'autre chaîne l'y retient. Il s'arrête, regarde derrière lui, se retourne en direction du jardin ; puis il se met à observer d'un œil morne le soleil, le ciel, les arbres, les fleurs…

Emma voulait s'enfuir… un frisson glacé s'empara d'elle, ses jambes refusèrent de se mettre en marche. Cours, Emma ! Cours et prie ton ange gardien de te sauver ! Non ! les forces d'Emma l'abandonnent ! L'horreur la prive de la possibilité de s'enfuir ; elle n'a pas perdu conscience, mais c'est comme si un crotale la regardait et que la fascination produite par ses yeux anéantissait en elle jusqu'à la pensée même de bouger.

Sans comprendre elle-même ce qu'elle fait, Emma fixe ses regards sur l'inconnu ; elle ne peut les arracher aux siens. Elle voit clairement que c'est un jeune homme inconnu : il est vêtu d'une redingote, il a les yeux bleu clair, les cheveux châtain roux, mais – grands dieux ! quel visage… blême, émacié… et quels yeux… sauvages, glauques ! Il a les cheveux épars, ils lui tombent sur les épaules en désordre ; ses mains sont chargées de chaînes ; son habit est déchiré. Il se tint une minute au grillage pour regarder en arrière, vers le parc du prince. Soudain, une voix y retentit : « Le voilà ! Attrapez-le ! ». Le visage de l'inconnu fut défiguré par des convulsions. Tout en se tenant d'une main à la clôture, il se saisit d'une espèce de grand bâton, l'agite et le lance dans le jardin de son père. À cet instant, dans le jardin retentit un hurlement strident, auquel se mêla le rire fou de l'inconnu ! Il s'empresse de monter sur la clôture en criant, d'un bond il saute avec un rire furieux dans le jardin du grand-père d'Emma, se relève immédiatement, crie, court frénétiquement, s'élance à travers les buissons, piétine le parterre de fleurs et se dirige tout droit vers la gloriette où Emma est assise.

Après un premier moment d'abrutissement, de terreur incontrôlable, Emma comprit que l'effrayant inconnu devait être le jeune prince C*** qui était devenu fou, qu'il avait vraisemblablement échappé à ses gardiens et… que le hurlement strident qu'elle avait entendu dans le parc du prince signifiait peut-être le meurtre de l'homme qui avait la charge du dément, lequel se ruait maintenant sur elle dans un état de fureur et de frénésie – un dément, un aliéné, un assassin ! L'idée de se sauver traversa à nouveau l'esprit d'Emma, mais elle n'avait pas la force de faire un seul mouvement.

C'était déjà trop tard ! Avec un hurlement fou il se dirige tout droit vers la gloriette ; son pied écrase et anéantit les bleuets, les favoris d'Emma, ses chaînes ont déjà toqué d'un bruit sourd contre le treillage – elle ne peut plus fuir ! Le dément bloque l'entrée de la gloriette, ses yeux glauques en fouillent le petit espace et se fixent sur Emma. Encore un instant, et il va assassiner, étrangler Emma de ses mains décharnées. La vue d'un être humain le plonge dans la fureur ; il voit en lui son ennemi et l'expression insensée de son visage tourne à la rage : c'est le seul sentiment qu'il a conservé de son état humain antérieur. La méchanceté d'un homme et la force d'une bête : voilà le sort du fou.

La première chose à laquelle pensa Emma fut la mort, mais… quel incroyable changement sent-elle soudain en elle ? Lorsqu'un homme a accueilli dans son cœur la pensée complète de la mort, tout ce qui est infime, tout ce qui est terrestre, tout ce qui fait de lui le frère du ver de terre, ne disparaît-il pas et lui, libre de ses sentiments et de ses actes, ne se met-il pas à porter sur lui le stigmate de ce qui n'appartient pas à cette terre, de ce qui est infini et insondable, ne devient-il pas semblable à une plume qui s'envole vers les portes ouvertes du paradis, au ciel disant à la terre : « Adieu » ?

Emma n'a plus soudain ni crainte, ni frayeur : dans le dément qui se tient devant elle, ce n'est plus le meurtrier fou qui lui apparaît, mais un pauvre malade, un être faible, souffrant et, au travers de la maladie et des souffrances qui le défigurent, le visage de cet homme s'illumine pour elle d'une sorte d'air juvénile, superbe, un air qui n'a plus rien d'effrayant mais qui semble implorer Emma d'avoir pitié de lui, de le sauver : un ange déchu qui n'aurait pas encore tout fait perdu les traces de son origine céleste. Au fond d'elle-même, elle sent une transformation inouïe, incompréhensible pour elle, comme si la baguette magique d'un Prospéro[25] l'avait touchée et qu'au lieu de son sang, c'était quelque chose de brûlant, d'incandescent qui circulait dans ses veines et avait commencé à sortir par ses yeux en rayons de lumière et de feu… et ses yeux se mirent à étinceler de cette lumière invincible, et ses mains se mirent à transmettre les feux célestes dont résonnent les cieux ; et en secret, à l'écart du regard des gens, ces éclairs avaient pénétré les recoins les plus cachés de l'âme d'Emma ; son sang courait dans toutes ses veines et colorait ses joues d'incarnat !

Avec courage, Emma se leva du banc où elle était assise, tendit la main et d'une voix haute et forte, mais qui ne faisait penser ni à un ordre, ni à une prière, ni à un accès de colère, elle prononça : « Qui êtes-vous ? Que recherchez-vous ici ? »

Quelle action incompréhensible eurent sur le dément ces mots, cette voix ! Ils semblaient traversés par du feu, ils paraissaient l'avoir frappé en pleine poitrine et lui avoir causé une douleur insoutenable. L'expression sauvage qui était sur son visage disparut et fut remplacée par un air maladif. Ses yeux troubles furent presque recouverts par ses paupières, comme s'il ne se trouvait pas en état de les poser sur Emma, ayant auparavant, dans sa folie, regardé le soleil en face. Il enserra sa poitrine dans ses deux bras et prononça un « Ah ! » sonore.

Il n'était plus désormais le terrible inconnu qui avait arraché au mur ses lourdes chaînes et, à l'aide d'un bâton qu'il agitait d'une main, tué son gardien. C'était un jeune homme malheureux, malade, faible, privé de l'unique don de Dieu qui distingue l'homme de l'animal ; il est moins encore qu'une bête : il est *fou* !

Emma voit le changement de son visage ; un inextinguible sentiment de compassion remplace en elle la peur et la terreur, et ce malgré elle, sans avertissement. Il y a plus : il lui semble que ce pauvre fou lui est en quelque sorte familier, qu'elle l'a déjà rencontré autrefois, que ses hurlements qu'elle entendait au loin étaient des appels au secours : « Emma ! Sauve-moi ! ». Il se tient à peine sur ses jambes et Emma se

25 Personnage de magicien dans *La Tempête* (1610-1611) de Shakespeare.

jette vers lui pour le soutenir en lui disant : « Que vous est-il arrivé ? ». Mais à peine sa main a-t-elle touché l'inconnu que ses genoux se mettent à trembler, il tombe aux pieds d'Emma et, se couvrant les yeux de ses mains, il dit d'une voix plaintive : « Aie pitié de moi, ne me tourmente pas – je ne suis pas coupable ! Ils me tourmentaient si durement ! ».

Emma ne comprenait pas ce qu'elle devait faire. Elle décida de s'éloigner, de tout dire à son grand-père, d'appeler les gens, car elle ne savait absolument pas comment s'y prendre avec les fous. Quant au fait qu'elle se trouvait à présent seule au jardin avec un homme qui lui était inconnu, la pensée ne l'en effleurait même pas : elle ne voyait pas en lui un homme, mais un être humain pathétique, qui lui était soumis, qui lui avait demandé de le prendre en pitié. La seule pensée qui occupait son âme était de savoir comment être utile au pauvre malade. Elle décida pourtant de quitter le jardin. Mais à peine Emma avait-elle fait un pas que le dément se jeta à genoux devant elle, croisa les bras sur sa poitrine, prononça doucement : « Ne pars pas, ne pars pas : reste un peu ici ! »... et il tomba sans force sur le gazon.

Emma prit peur, s'approcha à nouveau de lui, se pencha et demanda d'un air inquiet :

« Qu'avez-vous donc ? Dites-moi, que vous est-il arrivé ?

– J'ai mal... ici (il montra sa poitrine)... et ici aussi (il montra sa tête). Ne t'en va pas... si tu n'es pas là, ils vont venir et m'emmener...

– Non ! Ils ne vont pas venir ; dites-moi, que vous faut-il ?

– Rien, rien ! Pose ta main sur ma tête ; tu entends comme elle me fait mal ? »

Emma posa la main sur la tête du dément. Il respirait avec peine, mais soudain il ouvrit les yeux et un sourire (qu'on ne lui avait sans doute plus vu depuis longtemps) illumina son visage. Soudain il se redressa, s'assit sur l'herbe et se frotta les yeux de ses mains en disant :

« Des mouches, des mouches ! Elles vont me rentrer dans les yeux, chasse-les ! »

Emma se tenait au-dessus de lui et elle se mit à agiter son mouchoir, de crainte d'énerver le dément si elle n'obéissait pas.

« Non ! Ta main, ta main, dit-il, sois gentille, chasse-les de ta main et pas avec ce chiffon : il me refroidit, alors que maintenant tout est chaud, si chaud... et clair, si clair... ah, comme c'est bien : les mouches sont parties ! »

Pendant ce temps, le bruit de plusieurs voix se fit entendre près de la clôture du jardin. Emma tourna la tête et vit son grand-père. Vêtu de son bonnet et de sa robe de chambre, le vieillard s'était précipité dans le jardin et il courait dans l'allée. Trois ou quatre inconnus le suivaient et l'un d'eux portait la livrée du prince. Emma comprit que les serviteurs du prince étaient venus chercher le malade et que son grand-père venait tout effrayé lui porter secours après avoir entendu quel péril la menaçait. La pensée de son propre salut et la terreur s'emparèrent de nouveau de l'âme d'Emma, elle vit à peine son grand-père et les gens du prince : en un instant elle sentit à la fois comme il était inconvenant pour elle de se trouver seule au jardin avec un homme inconnu et comme il était dangereux d'être avec un fou.

À cet instant, elle se rejeta, comme un éclair, loin du pauvre dément, courut à son grand-père et se blottit en tremblant contre sa poitrine.

« Oh ! Ma chère enfant !, dit le vieillard, hors d'haleine et étreignant Emma, comme j'ai eu peur ! T'a-t-il effrayée ? Quel malheur ! Aurait-on pu prévoir cela !

– Ne craignez rien, mon cher grand-père ! J'ai eu un peu peur, mais il est tout à fait paisible, il ne m'a rien fait.

– Dieu merci ! Les gens du prince vont l'attraper dans un instant ! Allons plutôt à l'intérieur. Comme ils m'ont épouvanté avec leurs récits : ils sont arrivés en toute hâte, en disant qu'un fou s'était enfui dans notre jardin, que jamais il n'était entré dans une telle furie, il avait arraché ses chaînes, frappé son gardien…

– Mais il ne l'a pas tué, grand-père ?

– Nous, il n'a fait que le blesser grièvement : il lui a jeté un bâton avec toute sa force, il n'y avait personne auprès de lui à ce moment… »

Le vieillard se hâtait d'emmener Emma, mais un cri terrible les arrêta et les força à se retourner.

Emma s'était à peine éloignée du fou qu'il se mit à hurler : « Où est la Créature qui était là avec moi ? ». Lui qui avait auparavant l'air faible, épuisé, il avait, semblait-il, retrouvé soudain toute sa force frénétique ; ses yeux se troublèrent, ses cheveux se dressèrent sur sa tête ; il bondit et, voyant les serviteurs de son père qui s'approchaient de lui, il se mit à grincer affreusement des dents.

« Votre Éminence, dit l'un des serviteurs, veuillez nous suivre à la maison.

Le dément le regarda sans rien dire.

– Veuillez ne pas résister, dit un autre serviteur. Leurs Excellences ont ordonné de vous prier de revenir à la maison. »

Le fou éclata de rire. Sur un signe que leur fit le plus vieux des serviteurs, trois d'entre eux se jetèrent soudain sur lui et le saisirent. Il cria d'une voix à fendre l'âme, et avant même qu'ils n'aient eu le temps de se rendre compte de quoi que ce fût, le jeune homme donna à deux d'entre eux un grand coup de pied qui les envoya au loin, puis attrapa le troisième à la gorge, le renversa, le maintint au sol et commença à l'étrangler. Le gardien le plus âgé se mit à vociférer avec désespoir :

« Vanioucha, Vanioucha ! Il va l'étrangler ! À l'aide, à l'aide, au nom de Dieu, aidez-nous !

Le vieillard n'osait pas s'interposer lui-même, il ne faisait que crier :

– Des gens, des gens ! » et il perdait complètement la tête.

Les deux autres serviteurs pouvaient à peine se relever et ils ne se trouvaient pas en état de porter secours à leur camarade. Le grand-père d'Emma récitait à très haute forte un *Vater unser*[26] et ne savait pas ce qu'il devait entreprendre : fuir, aider ?

Et Emma ? Toute la crainte, toute la timidité qu'elle avait pu ressentir disparurent à nouveau en un instant. Elle s'arracha à l'étreinte de son grand-père, se précipita violemment vers le dément et s'écria : « Que faites-vous, prince ? »

Incompréhensible métamorphose ! Le dément laissa le serviteur qu'il était en train d'étrangler de ses mains et se releva d'un air humble, les yeux baissés, les mains jointes. Emma ressemblait à une divinité devant laquelle sa méchanceté et sa force s'anéantissaient. Le grand-père, encore étourdi par cet acte inattendu, admit plus tard qu'à ce moment il n'avait pu reconnaître sa douce, sa paisible Emma, que son visage s'était éclairé de quelque chose de surnaturel : transfigurée par une force inconnue, avec son visage modeste, tendre, sa taille fine, et au moment où le vent venait d'arracher dans une bourrasque son léger mouchoir de sa poitrine, elle ressemblait à un des esprits immortels de Klopstock[27]. Le vieillard aimait à lire la *Messiade* et aimait beaucoup son Emma : ne vous étonnez donc pas de cette comparaison.

---

26 Un « Notre Père ».

27 Friedrich Gottlieb Klopstock (1724-1803), poète élégiaque allemand dont l'œuvre annonce le *Sturm und Drang* et le romantisme. Il est l'auteur d'un grand poème épique, *La Messiade*, paru en 1748 : cette lecture témoigne de l'âge avancé du grand-père d'Emma et du fait qu'il appartient à une toute autre génération.

« Asseyez-vous là et soyez calme ! continuait Emma, sans comprendre elle-même de quoi elle parlait, mais montrant d'un air d'autorité le petit banc au fou. Il obéit sans mot dire.

– Est-il possible de se comporter de manière si inhumaine ! Vous auriez pu tuer ce pauvre homme !

– Tuer ? Mais qu'est-ce que "tuer" ? Ils m'ont battu, ils m'ont maltraité !

Le fou pleurait comme un enfant.

– Je ne me battrai plus, continua-t-il en regardant Emma, si tu ne veux pas que je le fasse, mais ne te fâche pas contre moi.

– Comment peut-on vouloir tuer quelqu'un ! Mais restez donc assis sagement.

– Oui, mais ne t'éloigne pas de moi, dit le fou en tendant les mains vers elle, et ne leur demande pas de me toucher.

– Contentez-vous de rester tranquille.

– Ma tête me faisait beaucoup souffrir. Donne-moi ta main – voilà où j'ai mal !

Quand il avait tendu la main vers Emma, elle l'avait prise sans trembler et il l'avait appliquée sur sa tête.

– Vous sentez-vous mieux maintenant ?

– Oui. »

Il ôta la main d'Emma de sa tête et avec un grand sourire il contempla attentivement sa petite main mignonne.

Le grand-père et les serviteurs étaient pétrifiés d'étonnement devant ce qui venait de se produire. Le grand-père s'approcha doucement d'Emma et la tira par la robe. Emma reprit ses esprits.

« Emma ! Qu'est-ce que tu fais ! Éloigne-toi de lui, rentrons ! dit le grand-père.

– Mais comment le laisser ? répondit doucement Emma avec un sourire triste. Vous voyez qu'il n'y a qu'à moi qu'il obéisse.

– Il parle allemand ! dit le fou en souriant et en désignant du doigt le vieillard.

Emma lui reprit la main, le gardien et les serviteurs osèrent s'approcher de lui à nouveau. Emma s'arrêta.

– Votre Éminence…, prononça le gardien.

D'une main, le fou saisit la tonnelle, qui se mit à trembler sous les efforts du jeune prince pour en arracher une planche. Les serviteurs du prince, épouvantés, prirent la fuite. Emma prononça à nouveau :

– Vous aviez promis de rester tranquille, et le fou s'assit sur le banc comme un enfant obéissant.

– Comment puis-je partir d'ici ? » demanda Emma à son grand-père.

Les serviteurs s'approchèrent du vieillard.

« Votre Noblesse ! lui dit doucement le gardien, permettez-moi d'en référer à leurs Excellences. Je ne comprends rien à tout ceci, Votre Noblesse. Il faut appeler notre médecin. »

Mais le médecin était déjà en train de s'avancer sur l'allée du jardin. L'un des serviteurs s'empressa d'aller l'informer de tout ce qui s'était produit. Le docteur était un vieil homme vêtu d'un frac bleu démodé. Il se présenta au grand-père d'Emma comme l'aurait fait un excentrique Allemand du siècle précédent.

« Pardonnez-moi, cher voisin, dit le docteur, mais peut-être, lorsque nous nous connaîtrons mieux, mon cher ami, vous nous excuserez de ce que ce méchant malade vous a dérangé ! Vous ne croiriez pas à quel point l'homme est rusé, lorsqu'il est privé de l'usage de sa raison. Il y a deux heures, je le laissai dans un état de complète quiétude ; il avait pris ses médicaments et m'obéissait en tout – et pourtant, voyons donc les farces qu'il nous a faites après cela !

– Expliquez-moi, monsieur le docteur, ce que cela signifie », dit le grand-père en désignant Emma, qui se tenait près du prince, et le prince, qui la regardait, souriant, était calme, tranquille et, semblait-il, avalait avec avidité l'air que la présence d'Emma lui rendait maintenant salubre.

Le grand-père rapporta brièvement tout ce qui s'était passé au docteur. Ce dernier se mit à réfléchir d'un air morose, hocha longtemps la tête, traça longtemps des cercles dans le sable avec sa canne, puis enfin il leva la tête et répondit d'un air languissant :

« Mon cher voisin, je ne refuse pas de vous donner des éclaircissements, mais permettez-moi, avant toute chose, de vous assurer que, en tant qu'honnête homme, je ne ferai pas un usage indigne de votre confiance et, ensuite, de vous poser une question : quel âge a votre petite-fille ?

– Sur le chemin qui me menait hors de Saint-Pétersbourg, ou bien à Saint-Pétersbourg même, j'ai perdu quelque part le calendrier où j'avais noté le jour de sa naissance.

– Je ne parle pas du jour, mais de l'année de sa naissance.

– Bon, bon, quant à l'année, je ne la connais pas non plus très bien. Disons, dix-huit ou dix-neuf ans.

– Quel est son caractère ?

– C'est un ange.

– Voilà qui est bien imprécis. Si j'en juge par son apparence, on peut penser qu'elle est du type cholérique-mélancolique.

– Elle est notre seul réconfort, à ma femme et à moi.

– Hum ! Un réconfort ! Vous n'avez pas d'autres petits-enfants ?

– Elle a aussi des frères, encore petits, les plus gentils petits vauriens qui existent.

– Hum ! répéta le docteur. Elle doit être pieuse et, sans doute, elle n'aime pas la compagnie des hommes ?

– J'ignore où vous voulez en venir avec vos questions étranges, monsieur le docteur… Nous nous connaissons à peine.

– Où je veux en venir, monsieur, où je veux en venir : allez donc au diable ! Pourquoi n'avez-vous pas marié votre petite-fille depuis longtemps ? *Zum Teufel* ! À quoi bon garder à la maison cette marchandise avariée !

– Monsieur le docteur ! Mon Emma est un ange de modestie, de bonté et d'innocence.

– Tout ceci, je peux vous le dire moi-même mieux que vous ne le diriez, monsieur, je suis l'élève et l'ami du grand Mesmer[28] ! (Le médecin souleva son chapeau) Vous n'y comprenez rien, mais moi si. (Le médecin écrasa une larme qui s'était échappée de ses yeux.) Le diable vous emporte ! Vous désirez donc le bonheur de votre petite-fille ? Pourquoi donc alors ne l'avez-vous pas mariée depuis longtemps ?

– Monsieur le docteur !

– Monsieur le voisin ! Parce que vous auriez dû la convaincre de se marier. Ce n'est pas la peine de mélanger le ciel à la terre. Sur terre, il faut penser aux choses terrestres, et si quelque chose de plus haut s'en mêle alors qu'on ne lui a rien demandé, cela donne des immondices. Vous ne le comprenez pas, mais moi je le comprends. On peut guérir toute sorte de choses : j'ai soigné la consomption d'amour avec des gélules d'ipécacuanha[29] ; la *tinctura regia*[30], le baumier du Pérou[31] et le sucre de Boerhaave[32] auraient sauvé cet

28 Franz Anton Mesmer (1734-1815), qui expose la théorie du magnétisme animal.

29 Nom scientifique de l'ipéca, plante tropicale utilisée contre les troubles digestifs et les nausées.

30 Ou teinture royale.

31 Plante aux propriétés cicatrisantes.

32 Herman Boerhaave (1668-1738), médecin et botaniste hollandais qui a développé une méthode de purification à base de poudre (le sucre de Boerhaave). Il est également connu pour avoir développé l'idée selon laquelle il faut entrer dans le délire du fou pour le

imbécile de Werther[33], et j'aurais guéri ce dément, et maintenant tout est perdu ! Car maintenant on ne pourra plus les séparer – il en mourra ! Eh, voisin, voisin ! Comment peut-on autoriser les petites filles à se promener dans les jardins près desquels les fous sont enfermés ! »

Le médecin donna dans la terre un coup de canne plein de dépit et s'approcha du fou. Il se mit à regarder fixement le jeune homme et Emma. Cette dernière baissa les yeux et elle aurait rougi si ses joues, échauffées par le soleil, les événements qui venaient de se produire et un intense mouvement intérieur, n'avaient pas déjà été comme de la braise.

« Eh bien ! Voilà ! C'est exactement cela… », prononça le médecin d'un ton courroucé.

Le fou remarqua le médecin. Emma s'était éloignée de lui au même instant. Le regard du dément s'assombrit et devint mauvais.

« Vous avez encore voulu faire l'imbécile, dit le docteur au prince, vous devriez avoir honte, prince, vraiment honte !

Le fou donna des coups de poing dans l'air.

– Cessez vos coups de poing, cria le médecin. Je vais donner l'ordre de vous mettre la camisole et de vous verser de l'eau sur la tête !

Le fou était prêt à bondir du banc.

– Est-il possible de le traiter si cruellement ? dit Emma, en tournant vers le médecin un regard suppliant.

– Comment cela, si cruellement ? Faites-lui donc des caresses, allez-y : vous n'avez aucune idée de ce que veut dire être fou, et vous ne savez

---

guérir et ses différentes pratiques sont citées, par exemple, par Vassili Narejni dans sa nouvelle « La Fiancée sous clé » [Невеста под замком] (1824) ou par le prolixe Alexandre Bestoujev-Marlinski dans « La Frégate *Espérance* [Фрегат "Надежда"] » (1832). Il a aussi fait l'apologie des châtiments corporels pour guérir la folie, idée appliquée ici par le médecin berlinois. Son livre *Aphorismi de cognoscendis et curandis morbis*, paru à Leyde en 1709, avait paru au milieu du XVIIIe siècle en russe et faisait partie de la formation traditionnelle des médecins des hôpitaux : Vladimir Odoïevski évoque d'ailleurs dans son conte « L'Histoire du coq, du chat et de la grenouille [История о петухе, кошке и лягушке] » (1834) un vieux médecin qui a fait sa formation au XVIIIe siècle et conserve encore un exemplaire des *Aphorismes* de Boerhaave (bien emballé dans du papier pour ne pas l'abîmer). Il est si renommé en Russie que le tsar Paul Ier fit acheter toutes ses archives en 1799 : elles sont encore aujourd'hui conservées à l'Académie de Médecine Militaire de Saint-Pétersbourg (*cf.* Рослик Г. М. *О науке и ученых. Архив Бургаве в Военно-медицинской академии : Биография и описание архива Г. Бургаве*, СПб, Военно-медицинская академия им. С. М. Кирова, Нидерландско-российский архивный центр, 2003).

33 Héros des *Souffrances du jeune Werther* (1774) de Goethe, qui se tue par amour et devient l'icône de la nouvelle sensibilité pré-romantique.

pas que ne pas l'être est encore pire, cent fois pire, je vous le dis ! Vous ne comprenez pas ce que je comprends.

Un rugissement sourd monta de la poitrine du fou.

– Maintenant, avec votre gentillesse, tout mon protocole thérapeutique va tomber à l'eau ! cria le docteur.

Emma avait remarqué que le dément désirait se jeter sur le médecin : elle se tourna vers lui et lui rappela sa promesse de rester calme.

– Laisse-moi tuer seulement celui-là, lui chuchota le fou en montrant d'un air timide le médecin. C'est lui qui me torture le plus. Je le tuerai de telle sorte que personne ne s'en apercevra et ensuite je serai aussi sage que tu le demandes. »

Serait-ce donc que seule la crainte du châtiment ou les convenances imaginées par l'homme contraignent les gens sains d'esprit à ne pas prononcer à haute voix ce que peut dire un homme qui n'a plus sa raison ? Ou bien est-ce qu'en perdant la tête, l'homme perd sa part divine, et alors seule lui reste l'autre part – la *bête* en lui – et alors c'est un tigre à la soif de sang inextinguible qui surgit en lui ? La colère n'est-elle pas une folie qui dure une minute ? Je l'ignore, mais comme il est fréquent que l'homme raisonnable pense ce que celui qui a perdu la raison dit tout haut ! Contemplez votre âme sans témoins et – vous tremblerez !

« Mademoiselle ! Ordonnez-lui de rester tranquille et dites que vous allez me convaincre de ne pas le tourmenter ; puis, si vous le voulez bien, venez par ici, vers moi. Sans cela, il me tuera sur l'heure, dit froidement le docteur.

Il parlait allemand ; le fou prêtait une attention aiguë à ses paroles, ne les comprenait pas et hochait la tête avec dépit.

« Soyez donc calme, restez assis ici ; je m'en vais le convaincre de faire la paix avec vous ; voyez donc comme il est contrarié, dit Emma au dément.

– Si tu pars, répondit-il, ils vont encore m'attraper. Ah ! Tu ne sais pas comme ils me tourmentent ! Et ils ne cessent de me dire que je suis fou ! (Il avait pris Emma par la main ; des larmes emplissaient ses yeux.) Mais je ne suis pas fou, pas le moins du monde. Tu vois bien que je suis bien quand tu es là ; je ferai tout ce que tu m'ordonnes, mais ne me laisse pas ! »

Il se mit à genoux en tenant toujours la main d'Emma.

Le cœur de la jeune fille défaillait à la pensée de tout ce qui lui restait inconnu et encore incompréhensible. Elle raisonna à nouveau le fou et il se tint immobile, à genoux, à sa place, les yeux fixés sur Emma qui s'éloignait. Il la regardait si intensément qu'on aurait dit que toute son existence, toute sa vie dépendaient d'elle.

« Mademoiselle, lui dit le médecin, il est inutile de vous détailler comment cela s'est produit, mais je vous dirai seulement la chose suivante : vous avez acquis une emprise totale sur ce malheureux jeune homme. Faites bon usage de ce pouvoir et vous le guérirez assurément. Mettez-vous dès maintenant à l'ouvrage.

– Monsieur le docteur ! Vous vous moquez de moi ! dit Emma. Quel médecin fais-je donc ?

– Voyons, voyons, s'écria le médecin avec agacement, je n'ai pas à m'expliquer devant vous et je ne compte pas vous dire « soyez son ange gardien ! » Il n'y a pas d'anges sur la terre, et puis en quoi seriez-vous un ange ? Vous êtes une femme, faite d'os, de sang et de chair…

– Monsieur le docteur !

– Vous êtes une dame, une femme, et pas du tout un ange ! Je vous prie de ne point vous fâcher ! Vous plairait-il de le guérir ?

– Si cela m'était possible, alors avec l'accord de mon grand-père…

– Votre grand-père pèse ici moins que le zéro lorsqu'il est à gauche du chiffre. C'est votre volonté qui compte.

– Je ne comprends pas.

– Vous n'en avez pas besoin ! Les hommes en feraient-ils autant s'ils comprenaient ce qu'ils font !

– Mais que dois-je donc faire ?

– Souhaitez-lui de guérir, souhaitez-le-lui comme vous souhaitez le royaume des cieux pour vous-même, comme vous aimez votre aïeul.

– Oh ! Plus encore, plus encore, s'il le faut… Emma se troubla lorsque ses mots furent prononcés malgré elle. Je prierai pour lui tous les jours, je penserai à lui à chaque heure !

– À la bonne heure ! dit le docteur en lui administrant une forte poignée de main. La volonté d'un homme n'a pas son pareil dans la prière. C'est… mais vous ne me comprendriez pas. Avez-vous lu la Bible ? Vous rappelez-vous les paroles de celui qui est venu sur terre pour souffrir : « *Aber ohne deinen Willen wollte ich nichts tun, auf daß deine Wohltat nicht wie gezwungen, sondern freiwillig sei*[34] » ?

---

34 « Mais je n'ai rien voulu faire sans ton accord, pour que tu accomplisses ce qui est bien, non par contrainte mais volontiers », Lettre de Saint Paul à Philémon, 1, 14.

– Ah ! Monsieur le docteur ! que pourrait donc ma volonté !

– Elle pourrait ce que personne ne peut accomplir au monde. Menez-moi à lui, posez vos mains sur sa tête et faites-les passer trois fois de la tête en direction du cœur – c'est-à-dire depuis le premier mal humain jusqu'au deuxième mal, qui est encore bien pis. Puis dites-lui que je ne veux que son bien, regardez-le bien droit dans les yeux, ordonnez-lui de rentrer et souhaitez-lui un bon rétablissement.

– Je le souhaiterai en effet et prierai pour qu'il advienne. »

Emma fit ce que le médecin lui demandait. Le fou était encore à genoux. Elle s'approcha de lui et lui posa les mains sur la tête.

S'il peut seulement exister en l'homme une aspiration pure, sainte à faire le bien, à cet instant, la prière à Dieu qu'Emma prononça dans son âme, une prière dans laquelle, s'oubliant elle-même, elle se transfigurait en un désir céleste d'accomplir le bien – cette prière aurait pu par la force de sa volonté spirituelle transporter des montagnes et les précipiter dans l'océan aussi facilement que du gravier ! Tel un ange innocent, pour la première fois de son existence Emma toucha le cœur d'un homme et en sentit sous sa main le battement ; mais elle n'avait pas honte, mais elle ne rougissait pas : elle ne regardait pas l'homme dont le cœur battait sous sa main ; ses regards étaient tournés vers le ciel, dont l'azur infini et clair lui paraissait le bleu d'un œil immense devant lequel les siècles passent comme une poussière agitée par le vent : l'univers est pour lui comme la plaque qui recouvre en partie les icônes, mais il reste toujours et immuablement fixé sur les siècles et sur l'univers.

« Tes mains me brûlent, prononça le fou. Ne me brûle pas, je t'en prie – je suis si bien ! »

Une lueur sauvage enflammait de plus en plus son regard ; il se releva et se passa les mains sur les yeux, comme s'il souhaitait en ôter quelque chose.

« Vous devez aimer cet homme et lui obéir, dit Emma en désignant le médecin.

Le dément jeta vers lui un regard soumis.

– Venez avec moi, lui dit le médecin d'un ton caressant, désormais, avec moi aussi vous serez bien.

Le dément regarda Emma, comme s'il lui posait la question : tu m'ordonnes donc de le suivre ?

– Oui, suivez-le, prononça doucement Emma.

Le médecin prit le fou par la main, se retourna et aperçut le mouchoir qui était tombé de la poitrine d'Emma. Il se pencha, ramassa le mouchoir et demanda à Emma :

– Il est à vous ?

– Ah oui ! C'est le mien !, cria Emma toute confuse.

– Prenez-le entre vos mains puis nouez-le à la main gauche du malade. Mais pas d'imbécillité : faites ce que je dis, je vous prie. Regretterez-vous ce pauvre chiffon, alors que vous n'avez pas été avare de votre volonté de rétablir sa santé ? Savez-vous seulement, mademoiselle, ce que vous sacrifiez pour lui ? »

Emma ne répondait rien et noua son mouchoir au poignet du fou. Le médecin le conduisit vers l'entrée du jardin. Le fou ne s'y opposa pas, mais il paraissait marcher avec d'immenses difficultés ; sa tête était lourde, ses yeux se fermaient d'eux-mêmes, il pouvait à peine remuer les jambes. La splendide voiture du prince se tenait déjà devant les grilles. On dut presque porter le fou à bout de bras pour l'y faire monter. Le médecin prit place à ses côtés et, en s'asseyant, il jeta un regard à Emma et son grand-père, qui restaient immobiles au milieu du jardin ; il eut un petit rire, leur fit un salut aimable. Les portes de la voiture se refermèrent d'un coup sec ; le laquais cria « À la maison ! » et la voiture s'élança dans un bruit de tonnerre et franchit bientôt les grilles.

Emma restait toujours immobile, pensive. À quoi pensait-elle ? Je l'ignore. Son grand-père vint à elle, la prit tendrement dans ses bras et lui demanda d'un air inquiet :

« Te voilà bien blême tout à coup, ma petite Emma, que t'est-il arrivé ? Viens donc, viens prendre un remède !

Emma se serra contre son grand-père, baissa la tête et se mit à pleurer.

– Emma, ma douce Emma ! lui dit son grand-père. Voilà notre bonne vieille qui revient de la ville. Allons la voir. »

Il emmena doucement Emma. Les boucles rousses de la jeune fille se mêlaient aux boucles grises du vieillard, et les larmes de la jeunesse lui tombaient sur la poitrine, qui au milieu de la tourmente avait pleinement conservé le sentiment du bien et de l'amour des êtres chers.

IV

La princesse S*** était installée sur un immense divan dans sa splendide demeure princière. La pièce était richement ornée et meublée avec un luxe exquis. Les murs en étaient recouverts d'étoffe rouge brodée d'or. Face à la princesse, près de la fenêtre, son époux, le prince S*** était assis à observer par la vitre la gigantesque Moscou. Il était vêtu d'une grande robe de chambre de soie. D'ailleurs, il était difficile de dire ce qui l'occupait plus : la vue de Moscou ou bien le couple de bichons qui sautaient, se mordillaient et jouaient dans la pièce ? Le prince les appelait, les grondait, les caressait, les prenait dans son giron, se disputait, puis se réconciliait avec eux. La princesse ne prenait pas part à ces activités, elle était assise près d'une petite table, chassait loin d'elle les chiots quand ils s'approchaient, et semblait tout à fait mécontente. Il y avait deux mains de cartes à jouer disposées sur la table devant elle ; la princesse ne les touchait pas. Elle finit par appeler ses gens à grand bruit. Le valet entra.

« Eh bien ? dit-elle au valet qui venait d'entrer.

– Ils se sont donné la peine de revenir, répondit le valet.

– Eh bien pourquoi ne le fais-tu venir auprès de moi ? cria la princesse d'un ton si furieux que son visage s'empourpra de dépit.

– Je suis allé leur demander de bien vouloir se rendre auprès de son excellence ; on m'a dit qu'on viendrait.

– Retournes-y donc, demande qu'on me l'envoie au plus vite, et parle un peu mieux que cela, espèce de bavard ! cria la princesse.

Le valet sortit.

– Ma chère, prononça doucement le prince en flattant le museau du petit chien qui s'était enfui en jappant pour échapper aux cris de la princesse, tu as fait peur à mon Coco !

– Il me semble, prince, que ce maudit Coco vous fait oublier qu'il existe quelque chose d'autre que lui sur cette terre.

– Et qui a-t-il d'autre sur cette terre ? demanda le prince en levant la tête avec surprise.

– Vous avez notamment un fils unique, et ce fils va mener votre femme au tombeau avec sa maladie.

– Vous savez, princesse, que je n'aime pas parler de sujets qui me contrarient.

– C'est parce que vous être un égoïste, et si votre fils venait à mourir bientôt, vous vous réjouiriez d'être ainsi débarrassé d'un motif d'ennui !

– Mieux vaut être mort que fou, princesse.

– Il y a pourtant des exemples de gens qui ont un rang et une fortune et à qui l'esprit fait défaut.

La princesse regardait le prince d'un air moqueur.

– Vous voulez dire, des gens qui n'ont que peu d'esprit ? répondit le prince comme s'il ne saisissait pas l'allusion de la princesse. Il ne s'agit pourtant pas de fous. Avoir trop d'esprit est un malheur et un bien grand malheur, même. Savez-vous que je l'ai appris d'expérience ?

– Pas de première main, j'imagine ?

– Non ! Je le tiens de fonctionnaires et de gens avec lesquels j'ai eu affaire dans ma vie. Croyez-moi…

– Taisez-vous, de grâce ! l'interrompit la princesse avec dépit.

Le prince prit peur, se tut une minute et ensuite essaya de relancer la conversation.

– Tu ne m'as pas compris, *mon amie*, commença-t-il d'une voix douce et caressante, j'ai dit que je souhaitais plutôt la mort à mon cher Paul, plutôt que de le voir fou pour toujours.

– Et vous parlez de cela avec un tel sang-froid qu'on dirait qu'il s'agit de votre chien de chasse ! s'écria la princesse.

– Il faut regarder les choses avec philosophie. Vous connaissez les principes d'Helvétius…

– Je sais uniquement que seul le cœur d'une mère est capable de ressentir à sa juste valeur la perte d'un fils.

– Mais n'avons-nous pas pris des mesures, *mon amie* ? Notre médecin…

– Votre médecin est un fanfaron !

– Pardonnez-moi, mais sa renommée européenne, les lettres de Hufeland, la recommandation de Frank et d'Abercrombie[35]…

35 Christoph Hufeland (1762-1836), célèbre médecin de l'époque qui avait notamment travaillé sur la prévention du vieillissement, avait publié en 1811 un ouvrage sur le magnétisme intitulé *Über Sympathie*. Hufeland est une figure connue en Russie : Nikolaï Tchernychevski dans *Que faire ?* [Что делать?, 1863] et Nikolaï Leskov dans *Vers nulle part* [Некуда, 1864] le mentionnent encore comme une figure de référence. – Johann Peter Frank (1745-1821), médecin allemand dont le *System einer vollsttindigen medizinischen Polizei* (1779-1827) est considéré comme un traité d'hygiène majeur. Il

– Toute votre Europe ne vaut pas un sou !
– Mais j'ai moi-même parlé avec lui…
– Vous, monsieur, vous n'avez pas de cœur !
– Et pourtant vous-même, princesse…
– Et qu'est-ce que j'y comprends, à cette science absurde, à cette médecine ? Je vois seulement que tous les médecins sont des charlatans et qu'on nous roule dans la farine. »

Le prince ne répondait rien, comme si le ton déterminé de la princesse l'avait convaincu de la profonde vérité de tout ce qu'elle avait énoncé. Il se mit à regarder par la fenêtre et entonna à mi-voix :

> Dans ma cabane obscure
> Toujours soucis nouveaux ;
> Vent, soleil, ou froidure,
> Toujours peine et travaux[36] !*

Au même moment, on entendit dans la pièce voisine les pas lourds du médecin. Son approche produisit un effet remarquable sur la princesse : elle remit son châle en place, s'assit nonchalamment sur le divan, un sourire parut soudain sur ses lèvres et, comme un masque joyeux, il recouvrit toute la contrariété qu'elle avait pu exprimer. Personne n'aurait pu reconnaître à présent dans cette femme altière, mondaine, affable la dame courroucée qui venait une minute plus tôt de s'emporter contre son époux, le médecin et toute l'Europe.

« Très cher Monsieur le docteur, dit la princesse, je vous attendais avec impatience.
– Je suis à votre service, princesse, répondit le docteur d'un air maussade. En quoi puis-je vous être utile ?
– Puis-je penser à autre chose qu'à ce que vous imaginez !
– En vérité, princesse, voici venue l'heure de prouver la véracité de ces paroles : pensez-vous vraiment à cette unique chose, à savoir à la vie de votre fils ?

---

a été le médecin personnel du tsar Alexandre Ier. – John Abercrombie (1780-1844), médecin écossais dont le texte *Pathological and Practical Researches on Diseases of the Brain and Spinal Cord* (1828) est considéré comme le début de la neurologie comme discipline scientifique.

36 Citation du *Devin du village* (1752) de Jean-Jacques Rousseau, opéra composé par le grand précurseur du romantisme.

– À sa vie ? Grands dieux ! Vous m'épouvantez !

– Je ne pensais pas le faire : vous pouvez absolument le sauver, ou bien le perdre de manière tout aussi absolue.

– Le sauver ! Parlez, docteur, parlez, au nom du Ciel.

– Oui ! C'est en votre pouvoir. Il n'y a rien de plus à dire.

Le médecin s'assit tranquillement sur le divan et commença à priser du tabac qu'il prélevait dans sa gigantesque tabatière d'or.

– Prenez pitié d'une mère inquiète, dites m'en plus !

– Mais je n'ai pas eu l'honneur d'entendre votre réponse aux paroles que j'ai d'abord prononcées.

– Que ne ferions-nous pas pour notre Paul ! De l'argent, tout ce que vous voudrez !

– Et si jamais cela vous coûtait la moitié de vos propriétés ?

– Monsieur le docteur ! Je ne comprends pas…

– Et pourtant cela me semble très clair : si jamais cela vous coûtait la moitié de vos propriétés, voilà ce que j'ai dit. Il n'est pas ici question d'un remède pour lequel on parle seulement d'une *possibilité de guérison* – non ! Dans six mois, je vous l'assure, votre fils sera en aussi bonne santé que le premier mangeur de bifteck londonien et le premier boxer du marché de Smithfield[37], ou bien vous pourrez me dire droit dans les yeux que je suis une affreuse crapule et ordonner à vos laquais de me mettre dehors par la peau du cou !

– Vous recevrez pour vos services la gratification que vous souhaiterez.

– J'ai déjà reçu de vous la promesse d'une gratification et vous me la verserez. Je n'ai besoin de rien de plus. Comprenez-moi, princesse : pas un thaler de plus ! Ce n'est pas de moi qu'il est question. Et pourrais-je dire de moi que je guérirais assurément non seulement votre fils fou, mais aussi un chat fasciné ?

– Je ne vous comprends pas. Et par ailleurs je voulais déjà vous demander ce que signifie l'événement absurde que m'a rapporté l'intendant ? Qu'est-ce que cette Allemande ? Que s'est-il passé dans le jardin de notre voisin ? Cette histoire à laquelle notre nom peut se retrouver mêlé me déplaît au plus haut point.

Le médecin restait silencieux.

---

37 Quartier de Londres où se trouve un grand marché de viande.

– Je voulais voir mon fils, je suis allée lui rendre visite et je l'ai vu endormi et couvert d'une espèce de mouchoir de femme. On m'a dit qu'il dormait depuis déjà douze heures d'affilée et que vous aviez ordonné qu'on ne le touchât pas.

– Mais, mon amie, dit le prince, tu n'as pas craint d'aller le voir dans son pavillon ?

– Vous ne savez rien : on l'a transporté dans ses appartements.

– Quoi ? Il est ici, dans sa chambre ? Mais alors, ses crises de folie furieuse ?

Le médecin regarda le prince en silence.

– Je vous parle du danger de ses crises, dit le prince avec nervosité. Vous considérez que son séjour ici ne comporte pas de danger ? ajouta timidement le prince.

Le médecin ne voulait rien lui répondre, il se tourna vers la princesse et la regarda fixement.

– Si ce n'était pas un remède qui était apparu, mais un miracle, et qu'un ange céleste était descendu sur terre pour sauver votre fils, seriez-vous d'accord pour lui accorder tout ce qu'il demande ?

– Quels propos étranges, monsieur le docteur ! Vous vous moquez, quand je ne suis pas le moins du monde disposée à la plaisanterie.

– Avez-vous lu, monsieur le docteur, l'œuvre de ce farceur d'Arouet[38] ? « Examen important de Milord Bolingbroke, ou le tombeau du Fanatisme » ? demanda le prince avec un sourire narquois.

– Je l'ai lu : c'est une abomination qui ne vaut même pas la peine qu'on en parle. Répondrez-vous à ma question, princesse ?

– À notre époque, cher docteur, on ne croit guère aux miracles de l'ancien temps, et on ne compte guère les voir à nouveau, articula la princesse avec un sourire forcé.

– Mais si un miracle avait lieu avec votre fils ? objecta le médecin avec fougue. Vous vous taisez encore ? Car il s'est déjà produit ! s'écria le médecin qui s'était levé du canapé avec un air de dépit. Il s'est produit : un ange est descendu du ciel. Soyez capable de le reconnaître, hommes, qui que vous soyez, princes ou paysans ! Grand Mesmer ! Mes amis, vous, Jussieu, Beckmann ! Pourquoi n'êtes-vous pas ici !

38 Il s'agit de l'écrivain et philosophe français Voltaire (1694-1778), représentant de l'esprit des Lumières et de la lutte contre les superstitions.

– Ah ! Je suis allé voir Deslon lors de mon séjour à Paris et j'ai vu ses baquets magnétiques et ses conducteurs de courant galvanique – c'est fort curieux ! dit le prince[39].

– Vous avez vu cela sans y croire ; or, ce qu'il faut, ce n'est pas voir, c'est croire : autrement, il n'y a pas de merveille dans ce monde ! Pour l'amour du Ciel, dispensez-moi de votre Voltaire, prince : il vous suffit de savoir que votre fils va se rétablir. Quant à vous, princesse, en tant que mère, et à moi, en tant qu'homme intègre, il nous en faut plus. C'est de vous que dépend le salut de votre fils et de cet ange qui a volé jusqu'à lui pour le sauver !

– Suis-je le genre de personne à ne pas mettre les moyens...

– Ce n'est pas d'argent qu'il s'agit, ce n'est pas de cela dont on a besoin ! Un guérisseur est venu, qui va soigner votre fils avec son âme, avec son être. Sa vie et sa mort dépendent de votre décision. Si vous ne nous accordez pas votre entière et totale confiance, si vous vous opposez ne serait-ce qu'en pensée à ce qui nous est inaccessible, à ce que notre intelligence ne peut comprendre – votre fils est perdu ! La mort – il n'y a pas de juste milieu ! Mais son salut est tout aussi sûr et certain si nous disposons de votre accord et de votre confiance.

– Ah, monsieur le docteur ! De grâce, agissez comme bon vous semble ! Mais qui est donc le sauveur de mon pauvre Paul ?

– C'est cette Allemande dont le régisseur vous a parlé.

Le médecin se rassit tranquillement sur le canapé.

– C'est une guérisseuse ?

– Une guérisseuse ? Oui, une guérisseuse, si cela vous convient.

– *C'est quelque chose d'empirique**, marmonna le prince d'un air distrait. De toute façon, il faut tout essayer. Mais cette cure ne comporte-t-elle pas des dangers ?

– Bien plus que cela : elle est le poison le plus puissant qui existe au monde ! La guérisseuse elle-même court le risque de mourir et de tuer le malade en un instant.

– Et vous voulez confier mon fils à cette fille qui sent la charlatanerie ? dit la princesse avec mécontentement. C'est *vous* qui avez entrepris de le soigner et votre science parlait en votre faveur...

---

39 Le passage cite, outre Franz Mesmer, de grands médecins magnétiseurs de l'époque : Antoine-Laurent de Jussieu (1748-1836), représentant des psychofluidistes, et le médecin Charles Deslon (1750-1786), qui subit les investigations des deux commissions royales mandatées par Louis XVI, ainsi que le physicien allemand Johann Beckmann (1739-1811).

– J'ai entrepris *d'œuvrer à sa guérison*, non de le *guérir*. Ma science, ce n'est que balivernes, fadaises, âneries ! Et elle, c'est par sa vie qu'elle se recommande à vous… Et comment vous expliquer cela ? Croyez-vous à quoi que ce soit, princesse ?

– Mon Dieu !

– Croyez donc en cette émissaire des cieux : elle sauvera votre fils !

– Mais éclaircissez donc toutes ces énigmes !

– Comme si je le pouvais ! Élucidez d'abord l'énigme de l'âme humaine, élucidez le secret de notre vie, élucidez les mystères de notre existence terrestre. Élucider, quand Mesmer lui-même n'a rien élucidé !

– C'est donc qu'elle sait magnétiser ? Mais d'après ce que j'ai entendu, le magnétisme n'est pas dangereux ?

– Vous pouvez appeler cela du magnétisme si cela vous chante !

– Mais qu'est-ce donc ?

– C'est une guérison de l'âme par l'âme ; c'est un mélange d'être, de pansement fait avec le cœur, de poudre faite avec la vie, la mort ! Il y aurait beaucoup à en dire ! Mais allez voir votre fils. Vous verrez tout vous-même et, alors, réfutez si vous voulez.

– Maintenant ? Mais son état…

– Avez-vous donc peur de lui ? »

La princesse rajusta son châle sur ses épaules et se leva du divan. Le médecin avança devant elle sans un mot. Ils entrèrent dans la chambre à coucher du jeune prince. Le malade dormait, recouvert du mouchoir d'Emma. La princesse s'approcha craintivement de son lit. À cet instant, debout près de la couche d'infamie de son malheureux fils, la femme du monde en elle disparut : elle était mère ; les larmes lui coulèrent des yeux.

Le médecin prit le mouchoir, posa la main sur les yeux du malade, la lui passa sur les yeux – le malade les ouvrit.

« Levez-vous, on vous a ordonné de vous lever, si vous souhaitez *la* voir, dit le médecin.

Le malade se leva en toute hâte.

– Je la vois, dit-il, comme s'il fixait quelque chose avec beaucoup d'effort, elle prie à présent et elle pense à moi. »

La voix paisible, la douceur que la princesse n'avait plus remarquées chez son fils depuis le début de sa folie la frappèrent tant qu'elle s'écria malgré elle :

« Ah, je le vois, je le vois, il va mieux – mon Dieu ! Il va bien mieux !

Le malade frémit et regarda sa mère avec un air si sauvage qu'elle frémit à l'unisson et fit malgré elle un pas en arrière.

– Quelle imprudence ! lui chuchota le médecin. Il se tourna vers le malade et lui dit d'une voix caressante : Vous ne devez pas vous fâcher.

– Qui t'a dit cela ? répondit le malade d'un ton maussade.

– C'est *elle* qui l'ordonne.

Le malade se calma instantanément.

– Oui, dit-il. Mais quand reviendra-t-*elle* ? continua-t-il en portant la main à son front. Je la vois à peine ; tout est sombre, si sombre en moi !

– On vous a dit de rester couché et de vous calmer. »

Le malade ne montra aucun signe de résistance, s'allongea et ferma les yeux. Le médecin le couvrit à nouveau avec le mouchoir d'Emma.

La princesse était en larmes.

« Avez-vous vu cela, princesse ? dit alors le médecin d'une voix forte.

– Ah ! Plus bas ! Ne l'effrayez pas !

– N'ayez crainte. À présent le tonnerre peut retentir que cela ne le réveillerait pas : il est plongé dans un sommeil surnaturel, pendant que sa nature et une force plus grande que sa nature se le disputent. Voyez-vous ? Croyez-vous ? Vous faut-il encore des explications ?

– Je crois, bien que tout cela me dépasse. Mais que dois-je faire ? Donnez-moi des instructions, monsieur le docteur.

– Vous voyez ce que personne ne comprend encore. Les gens ont appelé cela le *magnétisme animal*. C'est le grand Mesmer qui le premier a deviné le secret de l'être universel. Il y a douze heures de cela, votre fils se trouvait au plus haut degré de la folie, mais à présent, le processus secret du magnétisme agit sur lui, et il se trouve dans une situation dangereuse. À cet instant je vous garantis sur ma tête qu'il guérira. Asseyez-vous, princesse, et écoutez-moi jusqu'au bout.

Comment vous dire ceci ? L'esprit humain le plus aiguisé est une taupe qui regarde l'univers depuis son trou. Mais là où l'homme se rapproche de la vie *universelle*, là il devient *le monde entier, l'univers entier* ; en tant que partie d'un tout, la taupe est le microcosme du macrocosme. Peut-être pour le contenu dans le contenant le temps et l'espace disparaissent, car depuis le « non-moi » ils se transforment en son « moi » à lui, c'est pourquoi notre regard voit à travers la mer, vit dans le passé, et que la *volonté* humaine est invincible, pourvu que l'homme tourne sa force et sa volonté vers l'action, intérieure ou extérieure, peu importe, car alors la nature deviendra une part de lui-même, le *sujet* de son *objet*... Je sens bien que je parle de façon obscure ; mais permettez {Peut-être que nos lecteurs sont tentés de dire la même chose ; mais nous les prions de nous excuser, car nous répétons mot pour mot le discours du médecin et nous n'oserons pas éclaircir ce qui lui paraît obscur *pour d'autres*. Mais que *lui* comprenne parfaitement tout ce qu'il dise, nous en sommes convaincus et nous l'assurons à nos lecteurs}... Avez-vous déjà aimé, princesse ? Vous vous taisez : assurément, cela ne s'est jamais produit, vous ne connaissez pas l'amour, cet anéantissement absolu de la volonté, vous ne connaissez pas la vie assujettie à une autre vie. Quel dommage, quel dommage qu'il soit pour cette raison absolument impossible de vous expliquer la loi qui veut que l'homme est corps et esprit, ange et terre, grand et ridicule, Kant et moi, tout et rien. Imaginez malgré tout que l'homme peut tout entier passer dans la vie universelle ; que toute sa volonté peut se concentrer sur un seul objet – et alors, qu'est-ce qui lui résistera ? Est-ce qu'il sera alors anéanti par une maladie quelconque ! Quel doute ! Qu'est-ce que la maladie ? C'est une victoire du *corps* sur l'esprit dont le vainqueur meurt aussi. L'esprit d'un autre interfère alors avec ce vainqueur, entre en lui, vit d'une seule vie avec lui et lui donne sa propre vie. Le corps peut-il se battre avec cet ennemi terrible, pour lequel il n'existe ni temps, ni espace, ni petit, ni grand et qui est immortel d'une vie après le tombeau – et par conséquent, il est immortel à jamais, et pas seulement *là-bas*, mais *ici* : l'esprit de Socrate vit en nous, bien que la chair de Socrate soit morte et se soit dissoute il y a longtemps ! Vous ne comprenez pas ceci parce que, pardonnez-moi, princesse, vous n'avez pas vécu la vie de l'esprit, car vous *n'avez pas aimé*, et sans amour, la femme ne peut en aucune manière se rapprocher de la vie universelle – pour elle, le processus d'universalité se réalise objectivement dans l'amour seulement ; et dans tous les autres cas elle vit subjectivement...

Il était visible que le médecin éprouvait les plus grandes difficultés à expliquer ce qu'il pensait expliquer. Il essuya son visage en sueur d'un air courroucé.

– Monsieur le docteur, dit la princesse, à Paris, nous avions parmi nos connaissances certains disciples de Mesmer. Ils faisaient grand bruit à l'époque. Deslon déjeunait souvent chez nous. Il parlait comme vous venez de le faire, mais, je dois vous l'avouer, nous nous moquions de lui !

– Et de moi, vous allez vous moquez maintenant ou bien vous n'oserez seulement sourire ? Mais quand la foule ignorante n'a-t-elle pas hué la sagesse ? quand la poésie n'a-t-elle pas été prise pour de la folie ? quand l'amour n'a-t-il pas été considéré comme la transgression de toutes les convenances ? D'ailleurs, il est déjà trop tard pour y réfléchir : votre fils ne s'appartient plus ni à lui-même, ni à vous – il appartient à cet être qui a pris le contrôle sur son existence. C'est à lui qu'il appartient de lui rendre la raison, d'en refaire un homme. Si vous, si moi nous en mêlions, nous le tuerions. Vous n'avez qu'à vous soumettre à cet être, au nom de votre fils, et quoi qu'il vous en semble. La moindre résistance, et ce sera la mort !

– Grands dieux ! Mon cher docteur ! Je m'en remets entièrement à vous.

– Et quand il sera guéri, quand vous aurez à nouveau un fils, et non un animal dément, quand l'être qui le contrôle vivra *d'une seule âme* avec votre fils, alors, princesse, que se passera-t-il ?

– Ferais-je donc preuve d'ingratitude au moment de la récompenser ? Je suis prête à la couvrir d'or !

– Mais pourquoi donc tenez-vous tant à votre or ? lui objecta le médecin. S'il faut plus ici que de l'or, s'il faut que vous sacrifiiez vos préjugés, votre haute naissance, si… Attendez, princesse : je le jure devant Dieu, si vous me disiez maintenant "non", si vous réfléchissiez seulement un instant, j'arracherais ce mouchoir du corps de votre fils : il se lèverait en rage et vous seriez la première victime de sa furie, que rien ne pourrait étancher… Il mourrait !

Le jour qui tombait jetait une lumière triste au travers des rideaux de soie. À l'instar d'un cadavre, le jeune prince était allongé sur son lit, immobile, respirant à peine. La princesse croisa les bras et dit au médecin du ton d'une mère au désespoir :

– Sauvez-le ! Quoi qu'il en coûte, sauvez-le !

– Votre main, princesse !

– La voici !

– Oh ma conscience ! Es-tu satisfaite ? » marmonna le médecin pour lui-même.

V

Emma était assise de bon matin dans la salle d'étude : on était au lendemain de la conversation entre la princesse et le médecin ; silencieuse, pensive, elle était occupée à coudre. Son grand-père était installé dans son fauteuil. Soudain, une voiture à la dernière mode s'arrêta devant les portes de la modeste maison.

« Mon enfant, dit à Emma sa grand-mère en entrant dans la pièce en courant, mon enfant ! Le valet du prince est venu en toute hâte te demander si tu pouvais recevoir la princesse qui désire te voir ?

Les joues d'Emma s'enflammèrent ; le grand-père bondit de son fauteuil avec inquiétude et jeta sa pipe.

– La princesse ? Dis que nous sommes honorés... où est-elle ? Donnez-moi ma redingote, courez donc tous au salon !

Emma replaça en toute hâte la petite table contre le mur, prit les livres qui y étaient disposés, les posa ailleurs, sans savoir ce qu'elle devait faire.

– Que dire au valet ?

– De faire entrer, bien sûr ! »

La voiture entra dans la cour et, pendant que le grand-père enfilait sa redingote, la grand-mère d'Emma accueillait la princesse à la porte.

La princesse, vêtue modestement, un sourire aimable sur les lèvres, répondait avec simplicité aux salutations embarrassées de la vieille femme.

Le grand-père apparut et s'inclina profondément. La grand-mère proposa une tasse de café. Toute pantelante, Emma restait assise et tremblait involontairement, sans oser regarder la princesse.

« N'ayez aucune inquiétude, mon cher voisin, ni vous, ma chère voisine, dit la princesse. Je vous en prie, usez-en avec moi sans cérémonie, et je vous prie de me considérer comme une amie, comme une personne familière.

C'est une chose étonnante que l'opulence et la noblesse : tout leur sied, tout leur va, comme à une jolie jeune fille ! La princesse parvint à charmer le vieil homme et sa femme par son entrée et le peu de mots qu'elle avait prononcés. Sa civilité mondaine, son aisance, sa tenue, son équipage, sa retenue, son affabilité – oh ! ils n'étaient plus qu'obéissance envers elle.

– Mais où est donc votre charmante petite-fille ? Au nom du ciel, laissez-moi l'embrasser et l'étreindre ! Faisons donc connaissance. C'est donc vous, ma toute belle ? demanda la princesse en embrassant tendrement Emma.

Elle l'assit à ses côtés sur le divan. Toute timide, toute tremblante, les joues empourprées, Emma respirait à peine. Comme pour la sortir de son embarras, la princesse s'adressa au grand-père et, sans lâcher les mains d'Emma qu'elle tenait dans les siennes, elle exprima ses regrets de ne pas encore avoir eu le plaisir de faire la connaissance de ses honorables voisins.

– Votre excellence, répondit le grand-père, aurions-nous pu attendre un tel honneur, une telle bienveillance ! Je suis également l'obligé de votre frère, sa très haute éminence (le vieillard prononça le rang[40], le prénom et le nom) ; il était le directeur de notre département et j'ai eu l'honneur de servir sous ses ordres cléments.

– Quand était-ce ? » demanda avec intérêt la princesse, désireuse de nouer conversation.

Le vieillard commença à raconter tout en détail, tandis que la princesse observait attentivement Emma. En dépit de sa faculté de dissimuler ce qu'elle ressentait, elle avait l'air émerveillée par cette jeune fille qu'elle contemplait. Quelle était la cause de cet étonnement ? Était-ce qu'elle voyait une espèce de créature humble, bonne, timide, farouche, une jeune fille de la *bourgeoisie* ? Et cette jeune fille d'une classe inférieure à la sienne était celle qui avait sauvé son fils ? Et cette créature était l'énigme que ne pouvait lui expliquer son savant docteur allemand ? De cette jeune fille dépendait donc la vie de son fils ? Mais y avait-il là un motif d'étonnement ? – Mais qui parmi vous ne s'est jamais étonné en voyant un poète inspiré dans la compagnie de gens ordinaires, en voyant que ce poète n'est qu'une créature humble, farouche, maladroite ? Enfants, enfants ! Qui parmi nous ne s'est jamais représenté que les personnes éminentes devaient être des titans, qui parmi nous ne mesure pas la grandeur de l'âme humaine en sajènes[41] ? À quel titre nous moquons-nous des enfants lorsqu'ils se figurent que chaque preux qu'ils rencontrent dans les contes est aussi grand que le clocher d'Ivan le Grand[42] ?

---

40 La Russie de l'époque obéit encore à la « table des rangs » fondée au XVIIIe siècle par Pierre le Grand : ayant longtemps contraint les nobles à servir dans l'administration, elle leur confère un rang administratif qui témoigne de leur place dans la société.

41 Mesure de l'ancien système métrique russe.

42 Il s'agit du plus haut clocher du Kremlin.

« Ne puis-je pas vous être utile en quoi que ce soit ? demanda la princesse d'un air caressant. Je vous en prie, n'hésitez pas.

– Votre Excellence !..

– Laissez donc mon excellence tranquille, cher voisin. Vous voyez devant vous une mère malheureuse et c'est de vous désormais que dépendent mon bonheur, ma vie, la vie de mon pauvre fils.

La princesse fondit en larmes. La grand-mère fit de même. Emma pâlit et s'apprêtait à les imiter.

– Votre Excellence, dit le grand-père en bredouillant et sans savoir quoi répondre… Si seulement… alors je… pardonnez-moi…

– Je ne peux en aucun cas vous dédommager, cher voisin : votre récompense est aux cieux, et non sur la terre – pourvu que les larmes de joie d'une mère vous soient plus chères que toutes les gratifications terrestres.

– Votre noblesse, votre bienveillance…

– Vous contemplez toute la pauvreté d'une haute naissance, toute la vanité des richesses, cher voisin ! C'est de vous désormais que dépend le sort de toute notre famille.

– Est-ce possible, votre Grandeur ? Permettez…

– Il n'y a pas là matière à débattre, cher voisin, dit le docteur en interrompant le vieillard.

Il était venu avec la princesse, mais était resté assis sans rien dire et avait écouté, le pommeau d'or de sa canne fermement posé sur ses lèvres.

– Il n'y a pas à discuter. Vous devez accepter que votre petite-fille guérisse le jeune prince, vous le devez, pour peu que vous soyez un homme, pour peu que vous soyez un chrétien, pour peu que vous souhaitiez entrer au royaume des cieux.

– Ah, monsieur le docteur, votre excellence ! Vous faut-il donc m'adjurer de la sorte ? Si ma bonne Emma peut être utile en quoi que ce soit à votre fils…

– Si elle le *veut*, plus exactement, objecta le docteur.

– Vous le sauverez ? Vous voudrez le sauver ? s'écria la princesse, enlaçant tendrement les épaules d'Emma et la regardant dans les yeux à travers ses larmes. Adorable créature ! Dites-le-moi !

De grosses larmes coulaient des yeux d'Emma. Elle inclina la tête sur la poitrine de la princesse et pouvait à peine dire un mot.

– Vous pouvez vous en remettre à moi, votre Excellence.

L'étreinte de la princesse se fit plus forte. La grand-mère avait un sourire joyeux en regardant la princesse embrasser ainsi Emma ; le grand-père s'essuyait les yeux ; le médecin regardait attentivement son Excellence et il semblait qu'il voulait lire dans son âme ses sentiments secrets.

– Monsieur le docteur, dit finalement Emma, s'arrachant à l'étreinte de la princesse, vous ne vous trompez pas ? Je vous le jure devant Dieu, je ne sais absolument pas en quoi je peux être utile à la guérison du fils de son Excellence !

– Jeune fille ! s'écria le médecin en s'emparant du bras d'Emma, naguère encore, une autre jeune fille, pareille à toi, parlait avec cette même modestie, alors qu'un puissant secret s'accomplissait dans le monde. L'âme de l'innocence est un paradis de miracles inimaginables et somptueux. Malheur à celui qui a goûté le fruit de l'arbre de la connaissance ! Non, pas à lui ! Ce n'est pas dans son âme que tombera la lumière céleste. Seul un être innocent et pur comme le nouveau-né est destiné à anéantir les prévisions des sages, et c'est seulement dans une âme ignorante que descend la grâce ! Ô, grand Mesmer ! À quel secret suis-je désormais initié !

Il bénit Emma, leva les yeux au ciel et se détourna pour écraser une larme.

– Ma douce Emma ! dit la princesse, désormais vous serez ma fille !

À ce mot, les joues d'Emma s'enflammèrent de nouveau. Elle couvrit son visage de ses mains et prononça tout doucement :

– Ayez pitié de moi, votre Excellence !

Il semblait que la princesse regardait désormais Emma avec adoration. Et comme Emma était belle, comme elle était charmante à cette minute : aussi énigmatique qu'un instant d'enthousiasme, aussi simple qu'une chanson suisse, aussi gaie qu'est gaie l'annonce de la liberté faite à un prisonnier.

– Aimable voisin ! dit la princesse au grand-père. Désormais, vous me permettrez de partager les droits que vous avez sur votre Emma. Je jure devant la face de Dieu d'être une mère pour elle ! Écoutez donc maintenant, après ma promesse, après mon serment, et n'ayez aucune crainte : vous devez laisser partir avec moi ma douce Emma.

Un « Ah » involontaire s'échappa soudain de la poitrine d'Emma et des lèvres de sa grand-mère. Le grand-père lui-même semblait pétrifié. La proposition était des plus inattendues. Il semblait à Emma qu'on lui arrachait le cœur ; elle pâlit.

– Nous partirons demain pour notre domaine près de Moscou. Emma viendra avec moi.

– Dans votre domaine ?

– Mais vas-tu donc accepter qu'on nous sépare d'Emma ? s'empressa de dire la grand-mère.

Sans dire un mot, mais avec un regard suppliant, la princesse se tourna vers elle.

– Pardonnez-moi, votre excellence, continua la grand-mère toute confuse, nous sommes si habitués à notre Emma… Mais de toute façon, il en sera comme le veut mon mari…

– Nous pouvons aplanir toutes les difficultés, objecta la princesse. Allons-y tous ensemble, cher voisin ! Il y aura de la place pour tout le monde ; notre domaine est adorable, nous n'y sommes pas nombreux : à peine cinq cents âmes, mais la maison est immense, le jardin gigantesque – il y aura de quoi s'installer confortablement.

La pensée d'aller chez le prince, chez ce noble puissant et riche, d'être dans sa société, mondaine, brillante, à la mode, de quitter sa petite maison, de rompre l'ordre de son ménage, toutes ses habitudes, tout le confort dont se régale la vieillesse ? Et pourquoi Emma n'irait-elle pas seule ? Tout ceci traversa l'esprit du vieillard en un instant.

– Mais que ferais-je donc chez vous ? demanda Emma timidement. Pardonnez-moi, votre Excellence, je ne connais absolument aucun des usages du grand monde, je n'ai même jamais vécu dans une maison étrangère.

– Étrangère, ma chère ! Mais serez-vous dans une maison étrangère ? Ne serais-je pas pour vous une mère ?

– Ah, votre excellence ! dit Emma, baisant la main de la princesse, je vous aime déjà comme une mère…

– En vérité, votre Excellence, notre Emma ne connaît pas du tout le grand monde, commença la grand-mère d'un ton important, pensant qu'elle avait trouvé le moyen incontestable de contrer les exigences de la princesse.

– Laissez donc votre grand monde, dit la princesse avec un air de léger reproche. Pouvez-vous donc vous représenter ma demeure comme une société brillante, noble, ma maison qui n'est que chagrin et douleur, et où votre Emma sera une étoile de bonheur et de joie ! Ô, mon Dieu ! Est-ce donc que le nom de princesse, le titre de mon mari vous effraient ?

– Mais le séjour d'Emma chez vous est-il indispensable ?

– Oui, cher voisin ! dit le médecin. Il est impératif que notre malade soit en permanence avec elle, qu'il respire le même air, voie par ses yeux, dise ses pensées, pense par son esprit.

Le grand-père sourit involontairement. « Que sortira-t-il de cela ? » pensa-t-il en lui-même.

Emma ne voyait pas son sourire. Les paroles du médecin avaient suscité chez elle une pensée toute différente : « Mon rêve ! Serais-tu en train de te réaliser ? »

La princesse remarqua le sourire du vieillard. Peut-être comprit-elle sa pensée ; en tout cas, elle sourit, comme si elle lui disait à son tour : « Laissons le reste au destin, cher voisin ! ».

Mais le médecin prit le mouvement du vieillard pour un signe de méfiance envers ses paroles.

– Voisin ! dit-il. N'avez-vous donc rien entendu et rien lu à ce sujet ? En tant qu'Allemand, vous devriez rougir de cette ignorance. Demain je vous ferai envoyer les œuvres de Gmelin[43] et Beckmann.

– Mais vous m'avez dit, docteur, objecta la princesse avec un sourire fourbe, que ni Mesmer, ni Gmelin, ni personne ne comprenait ceci.

– Vous avez beau jeu de me prendre au mot, princesse. Mais entre deux choses qui portent le même nom, il peut exister une différence immense. L'homme simple dit « je ne sais rien », et Socrate, que les oracles proclament le plus sage des hommes, ne dit pas autre chose. Comment le comprendre ? L'homme simple ne sait effectivement rien, mais Socrate sait qu'il ne sait rien… Comment puis-je expliquer cela… *Er weisst alles, was er nicht kennt*[44]…, le médecin dit ces quelques mots en allemand au grand-père d'Emma.

– Ne souhaiteriez-vous pas, votre Excellence, une tasse de café, dit la grand-mère. Je vous en prie, asseyez-vous, reposez-vous, tranquillisez-vous, votre Excellence !

– Volontiers, chère voisine. Permettez-moi de faire plus ample connaissance avec vous. Je vous assure que vous trouverez en moi une femme simple et bonne.

– Emma ! Va donc bien vite nous préparer du café, ma bonne.

Emma y courut joyeusement.

---

43 Leopold Gmelin (1788-1853), chimiste allemand.

44 « Il sait tout, celui qui ne sait rien ».

– Quant à nous, parlons seuls à seuls d'Emma. », dit la princesse en s'asseyant près de la grand-mère.

Pendant ce temps, le médecin avait noué avec le grand-père une conversation enflammée sur le somnambulisme et le mesmérisme, l'art de la magnétisation, la polarisation naturelle et l'excentration de l'esprit. Cette petite société paraissait tout à fait amicale, gaie, joyeuse. La princesse embrassait les frères d'Emma, envoyait son valet chercher des fruits dans sa riche orangerie. Les pauvres enfants n'avaient jamais vu de leur vie de telles pêches, de telles pommes ; on leur coupait des ananas entiers, et la grand-mère eut toutes les peines du monde à les convaincre de les remettre à leur sœur pour qu'elle les range, au lieu de les manger d'un coup. Les voisins se séparèrent enfin en amis.

« Êtes-vous satisfait de moi, docteur ? dit la princesse lorsqu'elle eut pris place avec lui dans le carrosse. Me direz-vous encore que celui qui n'aime pas ne sait rien d'universel ?

– Vous êtes une *mère*, je l'avais oublié. », dit le médecin avec un sourire de joie.

Il avait abreuvé le grand-père d'Emma de grands discours sur Mesmer et il était désormais extrêmement satisfait et content.

« Mon Dieu ! s'exclama la vieille, la grand-mère d'Emma, une fois qu'elle eut raccompagné la princesse et qu'elle fut retournée dans son foyer. Oui, quelle bonne dame est cette princesse ! On ne remarque même pas qu'elle est noble, qu'elle fait partie du grand monde, qu'elle est riche. »

Le vieillard était assis dans son fauteuil et fumait sa pipe avec un solide contentement, qui était peut-être lié au fait qu'il s'était retenu de le faire, considérant inconvenant de fumer devant la princesse et n'ayant pas touché sa pipe de tout le temps qu'ils avaient accueilli leur brillante invitée. Sa physionomie exprimait la satisfaction de l'homme simple, qui se dit après une entrevue avec un puissant : « J'espère que je ne me suis pas ridiculisé devant lui ! ». Il répondait à tous les propos que lui tenait sa vieille seulement par des « *Ja, ja* ! » et faisait avec la fumée tantôt de pittoresques ronds, tantôt un filet épais et brusque, tantôt un long serpentin tout fin et tout mince… Emma ne se trouvait pas dans la pièce. « Où est notre Emchen[45] ? », demanda enfin la grand-

45 Ce nom rappelle celui de la « jeune fille d'Orlach », Madeleine Gronbach, surnommée Enchen, qui fut la victime de transes magnétiques en 1832 et 1833 et sur le cas de laquelle se penchèrent de nombreux médecins de l'époque.

mère, lorsqu'elle ne trouva plus de mots pour tresser des louanges à la princesse. Elle s'approcha de la chambre d'Emma et vit à travers la porte vitrée sa petite-fille à genoux, perdue dans une fervente prière. La vieille contemplait Emma d'un air ravi et pensait en la voyant : « Destin impénétrable ! C'est peut-être la future princesse S*** ? » Les paroles secrètes de la vieille dévoilaient tout ce qu'elle comprenait et imaginait à partir de ce qu'elle avait vu et entendu. Quant au vieux grand-père, il avait la tête farcie de magnétisme et de somnambulisme, de polarisation et d'excentration. Et Emma ? Pensait-elle à son futur titre ? Ah, non : elle priait ; voilà quel était le premier mouvement d'Emma après avoir quitté la princesse. Mais pour *qui*, pour *quoi* priait-elle, et à *quoi* pensait-elle ?

VI

Comme les gens se ridiculisent dès lors qu'ils décident de rendre compte de manière systématique de leurs actions et de celles des autres ! Qu'ils sont comiques, tous ces philosophes et ces historiens qui veulent expliquer la moindre fraction de pensée ou d'acte des hommes ! Qu'est-ce donc que l'histoire universelle ? *L'homme* que décrit Rollin[46] dans un million de volumineux *in-quarto*. Et la vie humaine prise à part ? C'est le condensé de la même histoire universelle que fait Schröckh[47] pour les institutions d'éducation. Et en général, l'homme recourt-il au syllogisme logique dans sa vie ? Qu'est-ce donc que les infimes fractions de la pensée et de l'entendement ? Y a-t-il là un système ? Pauvres gens !

Mais les pensées, les réflexions, et toute la vie d'une jeune fille, de cette création accomplie dans une minute d'enthousiasme par la vie poétique et primitive de l'univers, de cette création charmée et charmante, mais inexplicable comme les vers d'un jeune poète, – faut-il aller chercher en eux un système logique ? Comme les nuages, les pensées et les réflexions volent en liberté dans le ciel d'une âme virginale,

46 Charles Rollin (1661-1741), historien français.

47 Johann Matthias Schröckh (1733-1808), auteur d'une *Histoire universelle pour les enfants* traduite en russe.

elles s'éclairent d'un sourire, elles s'assombrissent par des larmes, elles s'illuminent dans les sentiments…

Nous avons fait connaissance de l'ancienne Emma avant sa rencontre au jardin avec son voisin fou. Elle nous a livré toute son âme dans sa conversation avec Fanny, et nous avons subrepticement écouté cette conversation. Une fois que, de retour du jardin avec son grand-père, le carrosse de la princesse eut précipitamment emporté le dément, que tous les événements du jardin eurent semblé à Emma être une sorte de rêve que la réalité avait entièrement dissipé, qu'Emma eut entendu le vieux conter longuement à sa vieille ce qu'il avait vu au jardin, qu'on l'eut elle-même forcée par deux fois de raconter à nouveau le tout, qu'on se fut perdu en considérations et en longs discours… Emma ne comprenait plus rien à ce qui s'était produit. Et pire encore : elle ne se posait même pas la question ! Ses sentiments étaient pareils aux sentiments d'un homme qu'une force invisible aurait soudain élevé très haut, tout près du soleil ; et tout d'un coup, sa tête en aurait été tournée, il serait tombé dans une sorte d'abîme pleine d'un brouillard impénétrable. Il ne sait pas *où* il se trouve, au ciel, ou sur la terre, dans un précipice ou non, il craint s'il se met debout de s'enfoncer plus avant dans les profondeurs, il craint en tâtant ce qui l'entoure de se heurter à la tête d'un dragon, de tendre la main vers la cachette d'un monstre invisible, il craint de regarder vers le haut : et si au-dessus de sa tête se trouvait une ténèbre impénétrable, si une décision fatale du destin pendait au-dessus de lui comme une nuée noire ? Comme il me paraît naturel que, la nuit, les enfants se pelotonnent sous leur édredon et se cachent les yeux de leurs mains, pensant qu'ils se sauvent des visions si celles-ci ne les voient pas ! Ne faisons-nous pas tous la même chose, nous les adultes ?

Mais quand, après le repas, les frères se dispersèrent dans la maison et se mirent à l'étude, tandis que les grands-parents allaient se reposer, Emma s'assit à la fenêtre avec son ouvrage. Elle regarda quelques minutes le ciel, la rue, encore le ciel… En définitive, elle ne regardait plus nulle part et se mit à réfléchir, à réfléchir malgré elle, dans le silence profond qui l'entourait. Le brouillard se dissipait devant elle, le précipice disparaissait, l'image du jeune infortuné allongé à ses pieds dans le jardin se représenta devant elle à travers l'obscurité et le brouillard. Notre éternel ennemi, l'imagination, se mit à le parer de toutes ses couleurs enchantées. Qu'elles me semblent drôles, les vieilles, les mamans et les grands-mères : elles ne donnent pas à leurs filles et petites-filles de romans à lire, oubliant que l'âme d'une jeune fille est en elle-même le chapitre d'un roman, sous lequel le destin signe, comme un journaliste : « à suivre ! » De tout ce qui s'était produit dans le jardin, Emma se rappelait vivement seulement cette minute où au travers de la maladie blême qui le défigurait, le jeune prince lui était apparu sous des traits jeunes et tendres – et avec quel visage ? *Celui-là*, le même qu'Emma s'était représenté dans ses rêves indistincts, le visage auquel elle avait donné la vie et l'existence, le bonheur de la vie, les délices de l'existence ! Tout le reste avait disparu devant elle : l'épouvante des événements du jardin, la folie du prince, et le prince : Emma ne songeait même pas qu'il était *prince* – l'était-il encore ? Toute la nature et tous les gens avaient disparu : *lui* seul, inconnu mais familier à son âme, était à ses pieds et lui disait : « je suis si bien ! ». Des millions de gens, comme des grains de poussière et de brouillard, grouillaient autour d'Emma et lui, et tous ils *leur* étaient étrangers ; de ses millions, *un seul* appartenait à Emma, l'implorait de le sauver, de lui rendre la vie, de le ressusciter. Le cœur d'Emma battait si fort ! Soudain, un terrible coup de tonnerre retentit à ses oreilles – elle prit peur et jeta un regard par la fenêtre : une nuée noire obstruait l'horizon, et le noyau de tonnerre de cette nuée se déployait en un serpent de feu ; une forte pluie retentissait et la petite fenêtre entrouverte par Emma tremblait. Emma n'avait pas remarqué que des nuages avaient envahi le ciel, qu'un orage avait éclaté et que la tempête mugissait. Elle se hâta de fermer la fenêtre et de rassurer ses frères effrayés. Mais, mon Dieu ! Il lui semblait désormais que son rêve se mêlait d'une manière incompréhensible avec la réalité ; elle entendait, elle voyait l'orage et ne comprenait pas encore : ces coups de tonnerre retentissaient-ils pour de vrai ou bien résonnaient-ils seulement dans son âme ? « Emma ! Tu as oublié que tu avais promis de prier pour lui, de prier pour qu'il guérisse ! Et qu'as-tu fait, Emma… as-tu prié pour lui ? Tu as perdu la raison ; tu te l'es représenté dans une sorte de rêve étrange… Emma ! Tu as péché, et Dieu te rappelle ta faute par le tonnerre qui vient des cieux. » « Pardonne-moi, mon créateur ! »

Emma se mit à genoux, mais elle ne savait pas comment elle devait prier, comment elle devait par sa prière mener la barque de la tranquillité sur les flots déchaînés de son âme, qui pour la première fois de sa vie se soulevait en brisants menaçants et immenses…

« Tu as l'air d'avoir très peur de l'orage, Emma ! Avant, cela ne t'effrayait jamais », dit la grand-mère en entrant dans la chambre.

Les orages de l'âme étaient inconnus à la vieille, et pensait-elle à en voir dans l'âme d'Emma, de sa douce, de sa paisible Emma !

Pour la première fois de sa vie, Emma cachait sa pensée secrète à sa bonne grand-mère, encore tout abasourdie que l'orage fût déjà passé, et que le soleil scintillât de nouveau dans le ciel, et qu'elle n'eût même pas remarqué ce passage brusque de la tempête au ciel dégagé, comme naguère elle n'avait pas remarqué les nuées orageuses qui s'étaient accumulées dans le ciel clair. Pour la première fois, Emma n'alla pas le soir dans son petit jardin pour admirer ses fleurs. Elle avait maintenant envie de parler à Fanny et de ne plus rien dire à personne d'autre. Elle faisait la leçon à ses frères, si attentivement et si longuement qu'ils commencèrent à s'en plaindre à la grand-mère. Le soir vint : Emma s'assit pour jouer un concerto de Hummel[48] et joua à nouveau si longtemps que sa grand-mère fut obligée de lui rappeler par deux fois qu'il fallait préparer le dîner. Quand elle dut aller dans sa chambre, y rester seule... Emma fut épouvantée de l'aspect désert et solitaire des lieux ; il lui semblait que de chaque recoin sombre, des yeux déments la regardaient, qu'elle entendait derrière une porte une espèce de voix rauque : « Emma ! Je suis à toi, mais tu es à moi ! ».

Elle se jeta dans son lit dans la plus grande terreur. Un sommeil lourd de visions se mit à lui peser sur la poitrine et l'étouffait de cris, de bruits de chaînes, de chants funèbres. *Il* était mort, il gisait immobile ; devant lui, un cierge planté sur un haut chandelier mortuaire achevait de se consumer. « Emma ! dit-il, se levant soudain, quand ce cierge se sera consumé, tu mourras ! ». Le cierge brûle, brûle, il se consume, il se consume, il est presque terminé ; Emma se hâte de redresser la mèche, mais celle-ci est finie, finie – elle a brûlé jusqu'au bout – elle jette une dernière lueur, s'éteint – l'obscurité envahit tout – une voix entonne un chant funéraire, et les yeux du mort se sont ouverts, ils brillent, ses mains osseuses se sont tendues vers elle – il dit d'une voix moqueuse : « Par ici, Emma, par ici ! ».

Emma eut un haut-le-cœur et se réveilla... L'Orient brillait en une aurore matinale, et Emma sentait son corps tremblant et tout recouvert

48 Johann Nepomuk Hummel (1778-1837), compositeur autrichien, élève de Mozart et Haydn.

d'une sueur froide. « Ne m'abandonne pas, grand Dieu ! », chuchota-t-elle et, au lieu de sa prière matinale, elle lut : « *Du bist mein Vater, ich dein Kind : mein Heil ist, dich zu lieben*[49] ! »

Emma était assise, pâle et pensive, à son travail, lorsqu'apparurent devant elle non les rêves, mais la réalité de la vie, sous la figure de la princesse S***. Tout ce qu'avaient dit plus tard la princesse, le grand-père, la grand-mère, le médecin, tout ce qu'Emma elle-même avait dit repassa au travers de son âme. Et lorsque le médecin avait dit qu'il fallait que le jeune prince soit avec Emma, respirer le même air qu'elle, regarder par ses yeux, dire sa pensée, penser par son esprit... Emma s'était demandé involontairement, au plus profond d'elle : « Mon rêve ! Serais-tu en train de te réaliser ? ».

« Ainsi, ça ne serait plus un rêve ? Mais comment nous rencontrons-nous à nouveau, mon fou ? De quelle manière vas-tu revivifier ma vie, insensé ? », pensait Emma et elle n'osait demander comment et de quelle manière elle partirait avec la princesse, bien qu'elle sût que le grand-père et la grand-mère s'étaient mis d'accord pour qu'elle se rende dans leur domaine princier près de Moscou. Elle s'occupait avec zèle et jalousie des tâches ménagères, comme si elle ne devait pas du tout se mettre en route. La grand-mère lui cachait tous les menus préparatifs du voyage ; on empaquetait en secret son linge, on rangeait ses robes ; la vieille elle-même ne voulait pas parler à Emma de leur séparation avant que celle-ci n'advînt. L'homme ne se réjouit-il pas de voir l'exécution de sa peine reportée, même s'il ne pourra dans cette circonstance échapper à son sort déjà fixé ? Et qui d'entre nous ne serait pas heureux de voir qu'un être cher repousse son départ d'un jour ? Et qui d'entre nous lui rappellerait plus tard qu'il est l'heure de partir ? Le surlendemain matin, Emma vit avec stupéfaction l'équipage du prince s'arrêter sous l'auvent. Sans qu'Emma puisse s'y attendre, la grand-mère lui ordonna de s'habiller au plus vite. Seul le médecin entra dans la chambre. La princesse resta dans son carrosse.

« Douce Emma ! Tu pars pour ton plus grand bonheur ! » dit le grand-père et il pleura des larmes amères lorsqu'Emma fut prête en une minute, mit sa mantille et se jeta à son cou – *adieu* !

Mot terrible ! Qui a le premier remplacé par toi le doux « au revoir », qui a le premier avoué en te disant qu'il connaissait l'horreur de la

49 « Tu es mon père, je suis ton enfant. Mon salut est de t'aimer. » (chant luthérien).

séparation, de la séparation éternelle ! N'est-ce pas toi, notre aïeule, qui a prononcé pour la première fois ce mot au moment où à tes pieds gisait le corps sans vie d'Abel !

La grand-mère fit mettre les cartons et les malles d'Emma dans la petite calèche qui était entrée dans la cour avec le carrosse, et des larmes coulaient de ses yeux. La cuisinière et le portier se tenaient sur le perron.

« Adieu, mademoiselle ! » dirent-ils et ils pleurèrent en embrassant la main d'Emma.

Et ses frères ? Ô doux liens familiaux, sentiments simples de l'amour fraternel, silence d'une existence secrète ! Pourquoi l'homme vous échange-t-il contre des passions tempétueuses, des impressions furieuses, pour le monde bruyant, incompréhensible pour lui, enjôleur ? Quel cœur ne bat pas plus fort, même après vingt ans de chagrins, en se remémorant cette minute, lorsqu'un pas dans une voiture, un carrosse, un traîneau – peu importe – devait nous couper de notre vie d'avant, de ce dont nous vivions, de ce avec quoi nous ne formions qu'un seul cœur, et lorsque, pour nous accompagner, une bonne mère, cachant ses larmes, se tient sur le perron, et que près d'elle on voit la tête chenue d'un vieux père, et les visages simples et tristes des serviteurs, et les têtes blondes des frères, des sœurs, les yeux battus par les larmes… Ne te serre pas tant, mon cœur : c'était il y a longtemps… Cela fait tant de temps que cela est passé, que cela s'est enfui… Ceux qui m'ont accompagné sur le perron ne sont plus au monde depuis longtemps…

Les portes du carrosse s'ouvrirent tout grand. La princesse était assise sur la banquette à l'arrière de la voiture ; le jeune prince, son fils, se trouvait en face d'elle ; il était emmitouflé dans sa pelisse, et ses yeux brillants étincelaient sous son béret de voyage. Le carrosse était somptueux, il avait quatre places ; le cocher et le postillon retenaient à grand peine les six chevaux impétueux qui y étaient attelés.

Le médecin disait quelque chose au grand-père, pendant qu'Emma embrassait ses frères.

« En compatriote, honnête Allemand et honnête homme ! » dit pour finir le médecin en serrant avec force la main du vieillard. Il prit ensuite Emma par la main et la conduisit jusqu'au marchepied du carrosse, tandis que la princesse faisait un salut aimable à la grand-mère et au grand-père. Le vieillard et sa vieille cessèrent de pleurer et firent de profonds saluts en y mettant tout leur cœur. Emma ne pleurait pas, elle paraissait même joyeuse, mais lorsqu'elle monta sur la marche la plus basse du marchepied… elle fut soudain saisie d'un frisson, comme si on l'avait poussée en arrière, comme si quelqu'un la retenait et lui chuchotait : « Emma, arrête ! ». Son visage pâlit, elle faillit se sentir mal. Elle ressentait une inexplicable répugnance à la pensée de faire un pas de plus pour monter dans le carrosse.

« Venez, ma douce, ma bonne Emma ! dit la princesse, les yeux remplis de larmes, en lui tendant la main, venez, c'est l'heure de partir !

– Je vous en prie, mademoiselle, dit le médecin. »

Emma monta dans le carrosse. Le médecin s'assit en face d'elle, près du jeune prince. Emma jeta un ultime regard sur ces personnes si chères à son cœur et qu'elle n'avait jamais quittées jusqu'alors. Les portes claquèrent, le bruit de l'équipage couvrit les voix et le carrosse fila à toute vitesse dans les rues de Moscou.

Emma avait-elle soudain eu peur ? Non ! Elle n'avait pas reculé devant les yeux brillants du fou, fixés droit sur elle – et qu'est-ce qui aurait pu l'effrayer d'autre ? Ou bien ce qui lui avait serré le cœur en montant dans le carrosse était-il un sombre pressentiment de l'avenir ? Pourtant, qu'est-ce qu'Emma pouvait bien voir d'effrayant autour d'elle ? La princesse bonne et avenante, le médecin étrange et farceur. Le fou se tenait assis en silence, immobile, sans ouvrir sa pelisse, sans ôter son béret ; il ressemblait à une statue, tant qu'Emma n'avait pas posé les yeux sur lui : son regard se porta sur le prince, et il se hâta de rabattre le béret sur ses yeux, de se couvrir le visage avec sa pelisse. Emma regarda le médecin, comme si elle se demandait : qu'est-ce que cela signifie ?

« Ne faites pas attention à lui » lui dit le médecin en allemand et il entama une conversation d'ordre général avec la princesse.

La princesse paraissait touchée, elle enlaçait, elle embrassait Emma, prenait sa main, la tenait longuement dans la sienne, la serrant d'une façon amicale et tendre, tandis qu'elle faisait la conversation au médecin. Emma se taisait.

Elle avait désormais le loisir d'examiner les alentours et de regarder en elle-même. Mais son âme lui paraissait être une sorte de chaos de pensées désordonnées et insensées ; Emma ne voulut pas se contempler, comme l'homme riche qui est en train de se ruiner ne veut pas regarder les comptes que lui présente le majordome.

Elle regardait d'autant plus attentivement autour d'elle. Comment en es-tu arrivée là, Emma ? Quelle force incompréhensible t'a arrachée, si vite et si abruptement, à ta paisible famille et t'a jetée là, dans cette société bizarre, étrange, étrangère ? Vois ce luxe qui t'entoure : du velours, de l'or, ça scintille ! Et qui y a-t-il dans tout ce luxe ? La folie, une conversation forcée, une mère en peine, un mercenaire qui a entrepris de guérir son fils dément ! En était-il ainsi dans ta paisible famille, sans or et sans éclat, mais où règnent les paroles caressantes de ta grand-mère, le sourire de ton vieux grand-père, la gaieté vive de tes frères, la simplicité de tes amis ? Emma ! Comment en es-tu arrivée là ! Le courage abandonna Emma : elle se pelotonna dans un coin, sentant que tout l'anéantissait – oui, l'anéantissait ! Malgré les caresses de la princesse, ses efforts pour qu'Emma ne remarquât pas leur condition infiniment supérieure et leur appartenance au grand monde, Emma les voyait bien : même la tenue de la princesse, simple habit de voyage, mais riche, les diamants à sa main, la foule de babioles minuscules mais coûteuses dont la dame du monde s'entourait – tout ceci, Emma le voyait et le remarquait, contemplant sa propre tenue, sa mantille propre mais pauvre, son simple chapeau de paille, joli au demeurant. Emma sentait qu'elle n'avait rien à envier à personne en termes de force d'âme, de force de sentiment et, peut-être, d'esprit, mais l'aisance, le tour de la conversation de la princesse – ah, chacun de ses mots, et la désinvolture avec laquelle la princesse regardait tout ce luxe, la froideur avec laquelle elle parlait de choses chères, importantes, fortes, de tout ce qui naguère paraissait à Emma si hautes et si nobles... tout montrait à Emma le fossé immense qui séparait sa condition et son éducation de celles des gens que le destin avait mis si soudainement sur sa route !

Quelle philosophie, quelle force d'âme et quelle expérience il faut avoir, pour opposer sans crainte à l'éclat qui entoure les nobles son propre « moi », sa supériorité intérieure et pour regarder avec fermeté dans les yeux dénués de sentiments de ce monstre qu'on appelle le grand monde !

Lorsqu'après trois heures d'une course rapide, le carrosse franchit les énormes portes du vaste domaine princier et que se dévoilèrent aux yeux d'Emma la façade splendide de la maison de maître en pierre, son jardin, ses étangs, ses parcs sans limites ; lorsque plus tard, confuse, timide, elle monta l'escalier de marbre, passant près d'immenses candélabres et de statues ; lorsque les serviteurs s'agitèrent, ouvrirent les portes vers une enfilade sans fin de pièces ancienne, alors Emma fut totalement perdue. Ces murs couverts d'étoffe et de velours, le marbre, le bronze, les tapis, les tableaux, l'or, l'argent, les miroirs qui montaient jusqu'au plafond et les fenêtres qui descendaient jusqu'au sol, les mille inventions du luxe dont Emma ne savait absolument pas se servir ; enfin, l'apparition d'un vieillard acariâtre, le prince S***, et la foule des serviteurs et des servantes, et même le silence et le respect avec lesquels tous arpentaient les pièces et les chambres … tout ceci faisait d'Emma une espèce de jeune fille simple et pauvre que la princesse aurait prise avec elle par charité. Il suffisait de regarder, de contempler tout ce luxe pour entendre ces mots fatals : « Vois-tu, Emma, toute la différence entre nous et toi ? ». Mais il n'en fut pas question. La princesse étreignit Emma d'un geste amical et aimable, et Emma osa se serrer tendrement contre elle, et son cœur se calma lorsque la princesse l'emmena après cela visiter la demeure et lui montra quelques-unes des riches pièces en lui disant : « Voici votre appartement, chère Emma ! Faites ici comme chez vous. » La princesse se retira chez elle. Emma resta seule, regarda tout autour d'elle et, en contemplant l'immensité et la splendeur de ces pièces, elle était sur le point de s'écrier à la princesse qui s'éloignait : « Je suis ici seule, étrangère – ramenez-moi, ramenez-moi sous le toit familier et bien connu du doux refuge de mon enfance ! ».

Des servantes jolies et élégamment vêtues entourèrent Emma. Il lui semblait que chacune d'entre elles la contemplait avec surprise, que chacune regardait comme une habitude tout ce qui la remplissait d'étonnement. Ces servantes se tenaient respectueusement, attendant des ordres, mais Emma n'avait pas l'habitude d'en *donner*.

« Je n'ai besoin de rien, mes toutes bonnes », dit-elle, enlevant elle-même en toute hâte son chapeau.

Les servantes se regardèrent. Cela fit rougir Emma : « *Elles* voient ton manque d'aisance ; que voient-elles d'autre en toi ? »

La confusion d'Emma fut interrompue par l'arrivée d'un serviteur qui prononça d'un air important :

« Mademoiselle ! Son excellence vous prie de vous rendre chez elle. »

Emma se hâta de rejoindre la princesse.

VII

« Je vous ai promis, mon cher et honoré ami, de continuer à vous communiquer mes observations concernant les phénomènes magnétiques qui ont affecté la guérison du jeune prince S***, que l'on m'a confiée, ainsi que mes pensées à ce sujet. Il faut que j'ajoute que j'ai reçu une lettre de notre ami commun, le professeur et docteur Kopfbrenner, mais elle ne me convainc pas le moins du monde. Je joins à la présente une copie de la lettre susnommée de notre ami commun et je l'avoue : j'y vois seulement la preuve que ni les années, ni l'étude n'ont refroidi l'énergie de son âme et qu'il est toujours vif comme un enfant, quoiqu'il soit savant comme un vieillard. Pourtant, il a entièrement tort. J'en parlerai plus loin.

Vous avez déjà eu connaissance du premier phénomène, qui s'est produit dans le jardin de Monsieur ***, à Moscou, lorsque le malade s'est entièrement soumis à l'action forte et soudaine d'un objet parfaitement sain et qu'il n'avait jamais vu jusqu'alors. Vous savez également qu'à la suite de cela, j'ai effectué une polarisation du sujet avec l'objet et, afin que l'action du magnétisme se produise plus librement, j'ai décidé de priver le sujet de tout autre traitement fort, comme les châtiments à des fins d'apaisement, l'aspersion d'eau, etc. De plus, tirant parti du beau temps, je l'ai fait transporter aux alentours de Moscou, dans un village entouré de vastes forêts, où il est complètement éloigné des médicaments ordinairement prescrits, et je lui ai administré seulement des calmants. Puis j'ai soumis mon sujet à la même action forte de l'objet, en pleine liberté, alors qu'il faisait un temps constamment superbe et dans le calme extérieur le plus absolu.

J'avais prévu quelles en seraient les conséquences. Le rapprochement de l'état absolu animal du dément avec la face étrangère pour lui d'un esprit élevé a produit pour le *premier* un anéantissement complet de son « moi », tandis que le *second* s'est déployé à un haut degré spirituel. La jeune fille qui représente l'esprit combattant avec l'animalité, sans avoir recours à aucun des moyens mécaniques du magnétisme, a tant apaisé le malade, qu'au début il n'a plus pu même la regarder pendant quelques jours, il était auprès d'elle silencieux et immobile, comme une statue primitive.

Puis l'esprit vivifiant de la vie supérieure a commencé à passer en lui. Alors, son premier sentiment a été la timidité, une sorte de soumission totale et inconditionnelle, ou presque. Enfin, le malade a commencé à comprendre tout ce que lui disait l'objet, il a commencé à exercer sa capacité de penser, et le journal que j'ai tenu vous présentera le tableau frappant du développement progressif de cet individu sur le plan moral. Dans le même temps, l'aspect extérieur du malade s'est aussi transformé : la sauvagerie de ses yeux a disparu, une expression d'intelligence a pénétré ses traits, des notions de respect pour les parents, de décence et de convenance lui sont revenues. Le malade a progressivement perdu sa timidité envers l'objet, et un sentiment d'intimité et d'amitié envers l'objet se consolide en lui peu à peu, sans connaître aucun coup d'arrêt. Cela doit se terminer, comme je l'explique plus loin, par le fait que le sujet doit ressentir une amitié encore plus forte, c'est à l'amour le plus marqué. Alors l'objet perdra sa force et tombera dans la position douloureuse où se trouve dans le monde la femme, puissante quand devant elle il n'y a que faiblesse, mais inexistante quand elle se trouve en face de plus grand qu'elle. Les femmes aimées et aimantes doivent forcément avoir une existence passive, alors que celles qui ne font qu'aimer sans être aimées en retour vivent de manière active. Voilà d'où vient que le désespoir de l'amour peut chez la femme l'élever à un degré inouï de poésie, tandis que le bonheur amoureux ne sera jamais qu'une agréable prose. Voilà d'où vient que, par fierté instinctive, elles préfèrent en amour les idiots aux génies, et voilà pourquoi mon objet actuel a connu une étonnante élévation d'âme, car devant l'objet se trouvait un être parfaitement animal, un *dément.* Ici, je contredis résolument notre ami commun, Monsieur Kopfbrenner. Il considère que les éléments moraux, comme les éléments matériels, sont ainsi répartis dans l'univers que le plus important d'entre eux est l'amour, que chacun est le représentant d'un élément quelconque et que les individualités liées que sont l'homme et la femme, constitués du même élément, produisent les phénomènes magnétiques que j'observe aujourd'hui chez le prince S*** et son objet. Tout ceci n'est pas juste. Ici, à mon avis, c'est de tout autre chose qu'il est question : cette femme parfaite par la pureté de son âme, pieuse et isolée de tout autre être, a amené son élément terrestre au plus haut niveau de chagrin, d'empathie et, grâce au magnétisme corporel comme catégorie d'agrégation (*Zusammenkettung*), s'est transformée en être moral. *Le magnétisme* et *le pansophique* ne font qu'un. Nous en voyons leur part inférieure dans la manipulation magnétisante habituelle, et la supérieure dans le libre fanatisme qui engendre à l'Est tant d'étranges phénomènes d'omniscience (rappelez-vous ce que j'ai écrit dans ma thèse « *De spectrorum artificiosa exhibitione*[50] », dont, d'ailleurs, je suis moi-même insatisfait à l'heure actuelle). Notre ami commun déclare que pour que le prince S*** retrouve la raison, l'objet et lui doivent s'aimer passionnément et l'objet particulièrement aimer son sujet. Tout ceci est peu vraisemblable. Au contraire, le prince S*** doit principalement s'attacher à l'objet comme à une nécessité morale de la vie, tandis que, fatigué par l'élévation de son esprit, son objet doit soit s'anéantir, soit perdre la raison, s'il n'est pas pénétré par le sentiment d'attachement actif du sujet et n'est pas d'accord pour vivre passivement. Toute l'erreur de notre ami vient de ce qu'il considère l'amour, un sentiment humain inférieur, comme l'élément universel. Mais si on admet ceci, chaque femme aimée deviendrait le plus sublime des êtres, alors que c'est l'inverse qui se produit. Tout ceci, pourtant, ne constitue que du matériel pour ma gigantesque étude psycho-physiologique sur l'amour et sur les relations des passions aux nerfs et au cerveau. Je joins à cet envoi mes annotations météorologiques sur le climat de Moscou et mon article sur la toux frénétique que j'ai eu l'occasion d'observer ici à Moscou en mars de cette année. Veuillez transmettre mes salutations au conseiller d'État Bibiritch, à monsieur le docteur Schtulweiss », etc., etc.

VIII

*(Une chambre de jeune fille, dans le village du prince S***)*

ANIOUTKA

Vraiment, Stépan, tu vas t'attirer des ennuis à rester là. Retourne donc à l'office.

50 « De l'exhibition artificielle des spectres » (latin).

STEPAN (*un turban à la main, affalé sur un fauteuil, chante en s'accompagnant*)

Derrière le palais il y a des tentes de soie,
Hé, ah, oh, oh ! De soie, oui, de soie !

PARACHKA

On te dit pourtant en bon russe, Stépan, que tu dois filer d'ici.

STÉPAN

Oui, ce n'est pas en français que je t'entends, ma belle : je t'entends, mais je ne m'en irai pas.

DOUNIACHKA

Et si Artamon Panfilitch te voit, il va te le faire savoir.

STÉPAN

Je ne crois pas, Avdotia Stepanovna, ma chérie : ce vieux diable est parti à Perepelikhino, et il ne reviendra pas faire le coq ici avant la nuit.

MACHA

Mais tu sais, Stépan Illitch, que la maîtresse interdit formellement aux valets d'entrer dans l'aile des servantes. Si Miss Chart te voit, il va y avoir de l'orage...

STÉPAN

Elle est allée déjeuner. On lui a apporté son plat barbare et son jambon dans sa chambre. Et puis, si elle me voit, la belle affaire ! Hé ! La carotte ou le bâton, le bâton ou la carotte, à toute chose malheur est bon, on ne va pas se monter le bourrichon : ce qui est à toi est à toi ! Je ferais mieux de voler le bien du maître que de venir vous rendre visite, mes toutes belles, pour venir vous parler de tout, de rien, c'est-à-dire de tout et de rien ? Ou alors, pour donner un exemple, pour chanter une chanson... Tiens, Avdotia Stepanovna, qu'est-ce que tu daignes penser de cela :

Ah ! Toi, Stépan, Stépan le malheureux !
Pourquoi, Stépan, ne te maries-tu pas ?

ANIOUTKA

Mais je te dis que la maîtresse n'autorise pas les valets à venir rendre visite aux filles de la maison. Et en plus, tu viens faire la cour à ta Douniachka, mais nous avons autre chose à faire, tu nous gênes, maudit !

DOUNIACHKA

Alors tu deviens jalouse parce que n'est pas toi qu'on courtise ?

ANIOUTKA

Jalouse ! Comme s'il ne savait pas qu'il faut repasser et plier tout ce linge d'ici le dîner, et regarde donc : où est le soleil ?

STÉPAN

Bon, si c'est pour le dîner du maître, vous y arriverez : car le dîner est à cinq heures, ces bonnes gens, après s'être bien reposés, s'apprêtent à prendre une collation et à aller aux vêpres, tandis que nous resterons là pour dîner…

(Tous rient)

STÉPAN

Mais c'est vrai qu'avec les maîtres, y a rien à faire. Mais que dire de cela : ne viens pas ici parler avec les belles petites jeunes filles ! Et eux, que font-ils…

MACHA

Mais ils sont les maîtres.

STÉPAN

Les maîtres ? Alors ils doivent faire tout ce qu'ils veulent ? Il n'y a pas loin à chercher : ils ont amené cette petite Allemande au jeune maître…

ANIOUTKA

Mais elle le soigne.

STÉPAN

Elle le soigne ? Ces Allemands, ils sont devenus malins : chez eux, même une gosse de dix-huit ans sait soigner les gens. J'aimerais bien, Douniouchka, que tu soignes de la sorte !

DOUNIACHKA

Et de quel diable faut-il te guérir ?

STÉPAN

Du mal d'amour, ma toute belle. C'est de cela que la jeune Allemande soigne le maître.

ANIOUTKA

Arrête donc de mentir, Stépan.

STÉPAN

Je ne mens pas. Crois ces Allemands si tu veux, mais moi je sais ce que je sais.

MACHA

Ah ! Dis-nous !

STÉPAN

Tu as beau jeu de demander. Comme si vous ne deviniez pas vous-mêmes. Même que j'ai entendu Miss Chart en parler, et elle, elle sait de quoi elle parle, bien sûr.

DOUNIACHKA

Qu'y a-t-il là à deviner. Le fils de notre maître est devenu fou, et ça n'est pas étonnant : quand il était enfant, on le cajolait, quand c'est devenu un garçon, on le bichonnait, et voilà qu'il entre au service[51] et qu'il devient fou en six mois.

PARACHKA

On dit qu'il a lu trop de livres.

STÉPAN

Dis plutôt que sa caboche s'est déréglée juste au moment où on lui demandait de travailler. C'est pareil pour nous, les valets : il suffit qu'on nous regarde et la tête nous tourne tout d'un coup.

51 Pierre le Grand a imposé aux nobles russes l'obligation de servir dans l'administration au début du XVIIIe siècle. Si l'obligation a été levée par ses successeurs, il est habituel que les aristocrates servent quelques années avant de prendre leur retraite, à un âge souvent très précoce.

ANIOUTKA

N'importe quoi !

STÉPAN

Ce n'est pas n'importe quoi, c'est ce qu'on appelle la vérité. Miss Chart dit que le fils du maître a fait seulement semblant d'être fou. Elle dit qu'on en voit beaucoup d'exemples dans les livres, et aussi au théâtre. Mais en fait il a toute sa tête. Tu vois, cette Allemande lui a plu et il a convaincu le médecin de dire que c'était une guérisseuse.

PARACHKA

La maîtresse n'est pas du genre à se laisser embobiner.

ANIOUTKA

Oui mais en même temps, Paracha, comment elle est censée le soigner ? Elle ne fait pas de poudre ou de cataplasme, et il va mieux depuis qu'elle est auprès de lui.

STÉPAN

Hé ! Les yeux d'une jeune fille valent tous les médicaments ! Je l'ai remarqué moi-même : le fils du maître va à nouveau être triste, on va encore lui trouver quelque chose de grave, l'Allemande va le caresser gentiment, lui parler un peu, et tout aura disparu !

PARACHA

Tu penses que le fils du maître aime cette Allemande ? Je sais que ce n'est pas vrai. S'il a fait des roueries jusqu'ici, ce n'est pas le cas ici. Tu te souviens, Aniouta ?

ANIOUTA

Avec sa voisine, la jeune comtesse ? Oui.

TOUS

Et quoi ? et quoi ?

PARACHA

Nous savons tous quoi. Avant qu'il n'entre au service, ils s'écrivaient des lettres, et se voyaient en cachette – mais ce n'est pas notre affaire, c'est celle du maître !

MACHA

Mais qu'est-ce que ta comtesse : c'était une enfant et tout ceci était il y a trois ans.

ANIOUTKA

Mes amis ! Une enfant, c'est ce que tu crois ! Ça fait longtemps qu'elle est sortie des langes… Et l'hiver dernier tu aurais pu entendre comme on parlait d'elle dans tout Moscou : il paraît que c'est la première des beautés et des élégantes et qu'aux bals de charité personne ne sait mieux danser qu'elle.

MACHA

Et vous savez quoi : je soupçonne autre chose. Cette Allemande ne serait-elle pas une sorcière ? Est-ce qu'elle ne se serait pas attaché le fils du maître par quelque potion et est-ce qu'elle n'aurait pas ensorcelé toute la famille ?

PARACHA

Impossible. Elle est si bonne !

MACHA

Mais arrête avec tes « elle est si bonne » ! Être princesse, c'est une sacrée affaire ! Et songes-y toi-même : qu'est-ce qu'elle a de si extraordinaire, cette Allemande ? Si on examine un peu sa beauté, elle n'a pas une belle peau ni un beau visage ! Et elle est venue toute nue ! Quel linge elle possède ! Trois mantilles blanches, et voilà tout, et une demi-douzaine de chemises !

ANIOUTKA

Ils vont lui en donner, ne t'inquiète pas.

PARACHA

Et ses manières sont les mêmes que les nôtres, les gens de maison : elle ne dit pas un mot hautain, ne jette un regard fâché – elle n'a rien de la maîtresse de maison : elle s'habille seule, se brosse elle-même les cheveux.

ANIOUTKA

Oui, c'est ce que tu crois, qu'elle n'a rien de la maîtresse de maison, mais attends un peu, elle a de l'arrogance, ce n'est pas Miss Chart ! J'ai vécu avec des demoiselles, moi. Cela arrive que la plus arrogante devienne justement la favorite. Et si tu essaies de lui parler, elle se tait, tu continues, elle te dit : « Ma bonne ! Je n'ai besoin de rien, tu peux t'en aller » et tu t'en vas les mains vides, sans le moindre pourboire…

MACHA

Car elle traite le fils du maître de la même manière : s'il ne lui obéit pas, à cette fille fière, et c'est comme si elle voulait lui donner des ordres.

ANIOUTKA

Mais ils ne sont quand même pas fiancés, n'est-ce pas ?

MACHA

Tu es folle ? On ne plaisante pas avec la maîtresse !

PARACHA

Mais tu vois bien que la maîtresse aussi s'est entichée d'elle.

MACHA

Ah; c'est vrai, les filles, voilà une affaire étonnante : je n'en avais jamais entendu parler : je ne sais pas comment la prendre, cette Allemande. Elle ne fait pas partie des maîtres, elle ne fait pas partie des serviteurs, et elle n'est pas la femme du fils – et pourtant ils sont ensemble, ils font tout ensemble.

STÉPAN

Et alors, tu n'as pas remarqué, disons, quelque chose de spécial…

MACHA

Ah ! Non, non ! Absolument pas, pas le moindre péché à l'horizon, grâce à Dieu ! Non ! Rien, ils sont comme frère et sœur, ils ne font que rester là sans rien faire, ou alors ils se mettent au forte-piano ou alors ils lisent… Enfin ! Il ne lui a pas touché la main une seule fois !..

PARACHKA

Ah ! Malheur à vous ! J'ai trop parlé avec vous et j'ai brûlé la chemise préférée du maître avec mon fer…

TOUS

Ah ! Quel malheur ! Ah ! Ah ! Ah !

IX

« Il y a longtemps que je n'ai pas écrit, ma chère Fanny, et voilà que l'automne est presque là, alors que ma dernière lettre remonte à un temps où les roses étaient encore en fleurs. Chère amie ! Pardonne-moi : je suis coupable et je veux maintenir faire en sorte de t'écrire tous les jours et puis de t'envoyer tout de suite ce que j'aurai écrit. Sans cela, quand l'occasion se présente, rien ne me vient, sans compter que je ne trouve ni plume, ni papier…

Mon Dieu ! Je n'ai pas grand-chose à te raconter. Je t'ai écrit en détail au sujet de notre arrivée dans le domaine du prince, de la princesse, du lieu charmant où je me trouve. Comment dire *charmant* ? Peut-on appeler ainsi un lieu où la nature est soumise au luxe et à l'artifice, où l'on ne laisse pas le temps à la prairie de verdir avant de la recouvrir d'or, à la fleur le temps de fleurir avant que le jardinier ne la déclare rare ou à la mode ? Ici tout est mesuré, compté. Ce qui semble simple est en fait le résultat de l'artifice le plus dissimulé. Une multitude de gens prennent quotidiennement soin des immenses parcs du prince : chaque arbre est taillé, examiné, et ce qui paraît au début une forêt simple, charmante, sauvage, est en fait travaillé selon les lois de la plus savante perspective. Les alentours sont tout aussi charmants ; les panoramas sont incroyables. Mais sais-tu, ma chère, ce que je ressens à présent ?

Je t'ai déjà écrit qu'au début j'étais effrayée par la splendeur, la richesse, la noblesse que je voyais dans la princesse. Mais je m'y suis rapidement habituée, j'ai appris l'ordonnancement de la vie d'ici, je me suis faite aux gens et maintenant je n'ai plus peur. Il faut que tu saches que chaque jour je découvre à la bonne princesse de nouvelles qualités. Elle est si bonne, si simple, ouverte, caressante ! Elle m'a offert un si grand nombre de babioles que je ne sais pas plus où les fourrer. J'aurais honte de les refuser, mais les accepter me rend autant honteuse. Le prince est le plus gentil vieillard qui soit, et nous le voyons peu : seulement au déjeuner, dans l'ensemble. On lui apporte le matin sa collation dans son cabinet, et le soir il y a toujours une partie de whist chez lui. Lui, trois voisins âgés et parfois notre médecin passent tous les soirs à jouer dans un salon, tandis que nous formons une petite société à part. Ne t'imagine pas la princesse et sa maison comme nous nous sommes toujours imaginé les nobles, avec une foule d'invités et de monde autour d'eux. On nous visite rarement, toujours en passant, et la princesse fait parfois des visites. Mais outre le fait que le prince et la princesse n'ont pas beaucoup de connaissances ici, ils ont tout à fait renoncé à recevoir en raison de la maladie de leur fils. Je pense que s'il y avait eu des visites, des invités, des bals, j'aurais été complètement perdue, sans savoir comment me comporter. Mais il n'en est rien et je suis parfaitement installée chez ma chère princesse. Et voilà ce que je ressens maintenant : une sorte de langueur, de vide au milieu de la splendeur et de la richesse ! Ce luxe m'a tout d'abord éblouie, mais maintenant il ne m'étonne plus le moins du monde. Au début, je ne pouvais passer près des grands miroirs qui ornent ici toutes les pièces sans me regarder dans chacun d'entre eux. Maintenant je passe à côté sans même penser à jeter un regard. Au début, je touchais tout doucement la malachite, le bronze, le marbre : c'est si lisse, c'est si agréable de caresser ces tables et ces vases. Maintenant plus rien n'attire mon œil et il me vient parfois la pensée suivante : pourquoi donc toutes coupes et tous ces vases de marbre complètement vides, et peut-on vraiment dépenser des milliers de roubles pour eux alors qu'ils ne servent à rien, à part à occuper l'espace dans les coins et le long des murs ? Le prince possède tant de tableaux qu'une partie en est remisée dans le garde-manger. Ils sont disposés sur les murs avec une parfaite symétrie, le mieux du monde. Beaucoup les estiment parce qu'ils valent cher. Dans le salon il y a un immense tableau : des sauvages des Amériques mangent un prisonnier – c'est une scène absolument répugnante, et il ne me viendrait pas à l'esprit de lui accorder du prix, mais elle a été achetée au prix fort, peinte par une espèce de peintre à la mode et pour toutes ces raisons elle est exposée en bonne place. Tu n'as pas idée de la dépense et de la grandeur avec lesquelles tout se fait dans une maison noble. Il n'y a là aucun endroit où l'on puisse être seul ou faire ce que l'on veut : il y a partout des horaires, des contraintes, et cent personnes ne font que s'assurer de ce que tu pourrais désirer. Ici, il y a toujours quelqu'un pour obéir en silence et pour servir – même les carpes du parc obéissent au son de la cloche, et tu n'as pas idée comment cela devient vite insupportable. Il y a déjà tant de choses ici qu'il ne reste absolument rien à désirer, et puis le désir même ennuie, parce qu'on sait par avance que, quoi que l'on souhaite, cela sera immédiatement comblé. C'est pour cela, je pense, que ma bonne princesse regarde tout avec indifférence, avec froideur, que rien ne l'étonne, que rien ne la réjouit. Te souviens-tu quand, avec de l'argent gagné en secret, nous nous faisions l'une à l'autre une surprise quelconque ? Maintenant je comprends : la joie ne vient pas du cadeau que l'on fait, mais du temps qu'on a passé à y penser, encore et encore, à se soucier de comment faire et comment y arriver ! Et quand mon grand-père louait une voiture et que nous allions à Tsaritsyno[52] : comme elle nous mettait en joie, cette voiture, comme nous exultions à l'idée de faire ce petit voyage ! À présent, ma chère amie, j'ai cinq carrosses, un cabriolet, une calèche – il suffit d'en émettre le souhait et voilà que l'on monte en voiture ou en ce qu'on veut et… il n'y a pas eu un jour où j'en aie eu envie : en vérité, je ne sais pourquoi. Je ne sais même comment la princesse a réussi à connaître le jour de ma fête, pour laquelle elle m'a offert un riche collier d'émeraude. Mais il ne m'a pas causé la même joie que le petit bracelet que tu m'as offert il y a un an. Ne va pas penser que je n'aime pas la princesse ! Oh, c'est impossible… on ne peut pas ne pas l'aimer ; mais pour ce petit bracelet tu avais économisé pendant un an, tandis que la princesse a pris le collier dans une boîte qui regorge de diamants et de bijoux de toutes sortes ; elle me l'a donné comme s'il s'agissait d'une babiole sans importance… je savais qu'il ne signifiait rien pour elle, et il a perdu pour moi tout son prix. Il y a trois jours, nous sommes allés visiter la ferme du prince. J'y ai vu une douzaine de vaches superbes, du Tyrol, d'Angleterre, elles étaient si jolies ! « Ah, si ma grand-mère avait une seule de ces vaches ! » J'étais en train de donner un morceau de pain à une charmante vache anglaise, blanche comme la neige, et elle me léchait gentiment la main. La princesse a remarqué que j'étais songeuse et s'est mise à m'interroger sur l'objet de ma rêverie. Je le lui ai avoué en toute honnêteté. « *Chère enfant* ! », a-t-elle dit, avec un sourire triste, et elle m'a embrassée. Le jour suivant, j'ai appris qu'on avait mené la vache à Moscou, chez mon grand-père. Cela m'a touchée aux larmes. J'ai couru retrouver la princesse et lui ai embrassé la main. S'il te plaît, Fanny, gâte ma vache lorsqu'elle arrivera chez nous et écris-moi si ma grand-mère a été bien contente. Après cela, la princesse et moi sommes restées toute l'après-midi à converser. Elle s'est plainte à

52 Domaine impérial situé au Sud de Moscou et disposant d'un grand parc.

moi de l'ennui de sa vie… je la crois : elle possède beaucoup de choses, mais n'a rien à faire…

Je vais encore te raconter notre promenade d'il y a cinq jours. Elle a laissé une profonde impression dans mon âme. Depuis les fenêtres de ma chambre, on voit au-delà des bois du prince le sommet doré de l'ermitage de ***. Cela faisait longtemps que je souhaitais me rendre dans ce monastère. J'avais entendu que là-bas les moines chantaient selon l'ancienne mode et fort bien, et tu sais que je n'avais jamais auparavant entendu de chant monastique et que je n'avais même jamais visité de monastère. La princesse eut l'envie d'y aller et m'emmena avec elle. Lorsqu'elle passe l'été dans son domaine, elle se confesse toujours et son directeur de conscience est l'un des moines de ce monastère. Tous ici le considèrent comme un saint homme. L'extérieur du monastère est tout à fait ordinaire et il ressemble à tous les monastères de Moscou : quatre murs de pierre, de vieilles tours, des saints peints sur les murs. Nous sommes restées silencieuses sur tout le chemin. Je me demandais si la princesse n'était pas fâchée contre moi ; mais, lorsque nous nous sommes approchées du monastère, elle m'a dit d'un air sombre : « C'est là qu'est enterrée ma mère ». Sa *mère* ! J'ai compris la raison de sa tristesse, je me suis sentie moi-même abattue et malheureuse. Le monastère me paraissait désormais un tombeau de morts-vivants qui garderaient les tombes des morts. Arrivées devant ses portes, nous sommes descendues de voiture… Non ! Quel dommage qu'il n'y ait pas d'icônes dans nos églises luthériennes ! Tu ne saurais croire quelle impression ont fait sur moi les portes figurant deux bienheureux portant la croix, avec sous leur portrait cette inscription : « Humilie-toi, prends ma croix et suis-moi ! » Mais dans le même temps, l'image du Sauveur au-dessus de la porte principale a produit dans mon âme un plaisir indescriptible : « Venez à moi, vous qui êtes fatigués et qui êtes chargés, et je vous donnerai du repos ! » Il m'a semblé que je m'approchais du lieu saint où je trouverais la paix, comme le promettait le Sauveur. Lorsque nous sommes entrées dans l'église, ancienne, haute, sombre, un sentiment de déférence s'est emparé de moi. L'église était presque vide, il y avait peu de monde : de vieilles paysannes et quelques pèlerins venus de Moscou ; mais le service se déroulait dans l'église comme à l'ordinaire ; des cierges brûlaient partout. Ô Fanny ! la pensée qu'ici, dans ce refuge solitaire, des gens qui ont renoncé au monde, qui ont été oubliés par le monde, prient pour le souverain, pour ceux qui souffrent, pour les prisonniers, pour le monde entier, pour son bonheur, pour le ciel à venir d'autres gens… et que dans le même temps, le monde, les gens, la foule s'agitent, courent, passent à côté et ne songent pas à leurs prières… et il n'y a pas de récompense au monde pour ces reclus, mise à part la pensée d'un sombre tombeau, d'une vie lumineuse au-delà… Fanny ! Je suis tombée malgré moi à genoux et ai prié de toutes mes forces ! Seule la prière des pauvres habitants et de paisibles pèlerins venus de loin pour rejoindre ce lieu à l'écart du monde se mêlait à la mienne. « Mon Dieu ! Fais qu'il repose là où reposent les justes ! » chuchotait derrière moi une vieille, toute bossue, un baluchon sur l'épaule et un foulard en loques sur la tête… elle priait, toute en larmes, prosternée par terre. J'ai demandé à une autre vieille ce qui faisait pleurer sa compagne. « Son fils est mort, mademoiselle, et elle est venue ici pour trouver du réconfort, car elle s'est complètement privée de pain par désespoir et c'est seulement dans la prière qu'elle trouve la paix. » La pauvre mère ne remarquait rien, priait et pleurait. J'étais toute prête à la prendre dans mes bras et à pleurer avec elle. Tous les malheureux me paraissaient mes amis. « Ainsi, c'est seulement dans la peine, dans le deuil, pensais-je, que nous nous rappelons ces saints monastères, que nous nous y rendons pour pleurer et prier ! » Et le son de la cloche, que j'avais si souvent entendu avec indifférence, le matin et le soir, me disait à chaque fois : « Mes pauvres ! Soyez apaisés ! Il existe un lieu où vous pouvez pleurer, et les gens ne viendront pas vous importuner, et le Sauveur lui-même fera descendre une sainte paix dans l'âme de celui qui souffre ! »

Par ailleurs, j'observais avec intérêt les moines, leurs longs habits noirs : il me semblait que je voyais l'ombre d'hommes qui étaient déjà morts, et c'était la seule prière, affligée, sombre, triste, qui m'apparaissait dans la figure de ses noirs reclus, comme si elle s'était relevée des profondeurs de la tombe où ils étaient enfouis. « Pourquoi la prière adressée à quelqu'un d'aussi miséricordieux doit-elle être sombre et triste ? » pensais-je en regardant les robes noires et les faces importantes, moroses des moines. J'écoutais plus attentivement leur chant et il m'a frappée par sa gravité, il était empreint de quelque chose de funèbre, de terrible, qui vous faisait frissonner. Je ne comprenais pas un mot de ce qu'ils chantaient, mais ce chœur m'a frappée par sa sorte de simplicité patriarcale : il me semblait que je voyais encore les premiers temps de la chrétienté, lorsqu'un petit groupe de fidèles se rassemblait encore dans les lieux saints et que tous avaient peur que les envoyés du tyran ne prennent d'assaut l'église dissimulée au fond d'un quelconque désert, et que la mort n'attende les croyants au cœur même de leur prière…

Mais le chœur s'est tu, et tout d'un coup trois voix douces se sont mises à chanter. Ô Fanny ! Jusqu'à maintenant, j'en ai les larmes aux yeux, dès que je me rappelle comme elles ont chanté ! J'ai réussi à me procurer les paroles et la partition de cet air liturgique : c'est la même chanson que chantait le saint Siméon le Sage lorsqu'il vit le Christ lui apparaître dans le temple de Jérusalem. Tu te rappelles cette grande histoire ? On avait promis à Siméon qu'il ne mourrait pas avant d'avoir vu le Sauveur du monde. Et Siméon attendait, attendait, il vieillissait, il se fanait… cela ne se réalisait pas ! C'était en vain qu'il venait tous les jours au temple, qu'il guettait, s'affligeait dans son âme et dans son cœur… il n'était pas là ! Déjà, les jambes de Siméon le portaient à peine, ses yeux ne voyaient presque plus… mais la mort ne venait pas l'emporter ! Il se rend encore une fois au temple… et il voit devant lui un enfant divin, porté par une vierge sainte… et l'idée qu'il voit le salut du monde et des gens promis par les siècles et la douce pensée qu'il voit celui qui annonce la libération universelle de la prison du monde terrestre et qu'est venue pour lui l'heure de la mort du juste et pour le monde l'heure du salut éternel… tout ceci lui coula des yeux en larmes brûlantes. Et Siméon le Sage rejeta sa béquille, prit dans ses bras le divin enfant et se mit à entonner d'un air inspiré : « Maintenant, tu peux laisser partir ton esclave en paix, mon maître, selon ta parole ! »… Les habitants de ce lieu chantaient cette même chanson. Je ne peux pas t'écrire davantage – laisse-moi un peu pleurer ! »

X

« Ne souhaitez-vous pas relever la jalousie, votre excellence ? demanda humblement à la princesse une servante, sa femme de chambre, si l'on veut. D'ailleurs, dans toute la maison on appelait cette servante Agrafena Mikhaïlovna[53], le concierge lui faisait toujours un salut respec-

53 Le fait d'utiliser le prénom et le patronyme est une marque de respect. La princesse utilise au contraire le diminutif « Grounia ».

tueux et Miss Chart (ou la diablesse, comme le personnel surnommait l'intendante anglaise[54]), l'appelait toujours auprès d'elle pour le petit-déjeuner. Agrafena Mikhaïlovna lui refusait rarement de se joindre à elle : elle aimait beaucoup les petites brioches que Miss Chart se faisait confectionner pour sa collation du matin.

La princesse était installée sur un tabouret bas près d'une table ronde et, semblait-il, elle regardait avec attention la lettre qu'elle venait juste de lire et qui gisait devant elle sur la table. Les yeux de la princesse ne pouvaient se détacher des mots suivants de la lettre (nous les traduirons pour nos lecteurs, car la lettre était bien entendu écrite en français) :

« En un mot, ma chère, pardonne l'égoïsme avec lequel j'ai lu la nouvelle que tu m'annonces au sujet de l'espoir de guérison qui est advenu pour ton Paul. Tu vas pouvoir revenir à Saint-Pétersbourg, tu verras à nouveau, heureuse mère, ton cher fils promis au brillant avenir que lui garantissent sa famille, ses dons naturels et son éducation. Mais ceci nous réjouit d'abord pour nous même, chère amie : sans toi nous sommes comme orphelin, nulle part où confier son âme, et si le baron B. B. ne tenait pas salon, je ne saurais quoi faire des journées qu'auparavant je te consacrais. Tu vas être toquée de sa baronne : j'en suis sûre. D'ailleurs, chère amie, ne sais-tu pas que cet été encore, la sœur de la baronne, la comtesse N. N., s'est installée tout près de chez toi ? Il me semble que vous avez été assez proches naguère, avant que la comtesse ne parte pour l'Italie. La baronne dit que le bébé de la comtesse, cette petite tête à la Thomas Lawrence[55], *Moïna*[56], est devenu adorable et parée de toutes les qualités que tout Moscou en était entiché l'hiver dernier. Ton Paul m'est venu malgré moi à l'esprit. Si ses problèmes de santé ne lui ont pas permis d'entrer dans le service, Moïna est ta voisine. En dépit de la mauvaise situation de la mère… »

La princesse, songeuse, tourna la tête vers la fenêtre. Agrafena Mikhaïlovna regardait alors avec la plus grande attention par la fenêtre.

« Que vois-tu de si intéressant par là, Grounia ? lui demanda la princesse d'un air distrait.

---

54 Le patronyme anglais « Chart » se prononce presque comme le mot russe « diable » (čjort).

55 Thomas Lawrence (1769-1830) est un peintre anglais qui a réalisé de nombreux portraits d'aristocrates.

56 Le prénom est emprunté à l'un des chants d'« Ossian » (1773), où Moïna est la fille d'un chef celte qui meurt abandonnée par son époux Clessàmor parti au combat.

– Ah, votre excellence ! Pardonnez-moi... j'étais absorbée...

– Qu'y a-t-il à voir là-bas ? »

La princesse se leva et s'approcha de la fenêtre, depuis laquelle on voyait une partie du jardin. Sur la magnifique pelouse, le jeune prince et Emma jouaient au cerceau et couraient gaiement dans le jardin.

La princesse se tut et regarda attentivement. Le jeu prit fin. Emma posa son bâton, le prince courut vers le remblai où se trouvaient le parapluie et le mouchoir d'Emma, il les lui remit et donna ensuite le bras à Emma. Ils se mirent à se promener sur l'un des chemins du jardin.

« Quel joli couple !... murmura Agrafena Mikhaïlovna, comme si elle s'était oubliée.

– Que dis-tu ? demanda vivement la princesse en se tournant vers elle.

– Ah, votre excellence ! Pardonnez...

– Que dis-tu ?

Le regard de la princesse s'assombrit.

– Votre excellence ! Je me suis permis de dire "quel joli couple".

– De quel couple parles-tu ?

Agrafena Mikhaïlovna tourna les yeux sans rien dire vers le princesse et Emma. On apercevait au loin, entre les arbres, la robe blanche d'Emma.

– Tu sais bien, Agrafena, que je ne peux pas supporter quand tu te permets de prononcer des balivernes.

– Je supposais que tout ceci se faisait avec la bénédiction de votre Excellence et je n'ai jamais osé penser quoi que ce soit qui aille contre votre volonté.

– Tu es une bavarde et une insolente.

– Ce n'est pas moi, votre excellence : c'est la rumeur qui court. Dans la maison de la comtesse N. N. on en a parlé il n'y a pas longtemps. (La princesse se tut). Le grand-père d'Emma n'en cache rien à ses connaissances.

– Qui t'a dit qu'il en a été question chez la comtesse ?

– Louka Loukitch, en revenant de chez la comtesse, en a parlé à sa femme, et elle m'a posé la question lorsque nous nous sommes vues à l'église.

– Se peut-il que le vieil Allemand ait osé dire quoi que ce soit qui allait dans ce sens ?

– Votre Excellence ! Je ne savais pas que c'était un secret.

– Va-t'en et ne t'avise pas de reparaître à mes yeux ! »

Agrafena Mikhaïlovna fit une mine penaude et sortit sans un mot de la pièce en pensant : « tantôt la colère, tantôt la gentillesse ». Mais son sourire moqueur aurait pu montrer que son trait venimeux n'avait pas été tiré sans une intention précise, et qu'il avait fait mouche et atteint sa cible.

« On en *parle* déjà chez la comtesse N. N., et je suis devenue la fable des serviteurs et des voisins, et cet effronté d'Allemand ose y songer et le dire… ». La princesse heurta si violemment un piédestal supportant un Cupidon en marbre que le pauvre dieu de l'amour en dégringola et se fracassa les deux ailes. La princesse était si plongée dans ses pensées qu'elle ne remarqua pas la chute du Cupidon…

« En fait, quel malheureux enchaînement de circonstances ! Qui l'aurait cru ? » prononça-t-elle à mi-voix.

Oh ! Quelle force peut avoir un mot unique, une seule remarque ! Comme elles ont raison, nos vieilles, quand elles disent : « Un mot n'est pas un gourdin, mais il peut frapper fort ! ».

Les yeux de la princesse étaient encore étincelants de fureur et une série de pensées se fit jour en elle, dont nous ne relatons que quelques-unes :

« Elle, ma belle-fille, la femme de mon Paul, cette effrontée ! C'était vraiment ce que tu croyais ? Pour moi ceci met fin à tout ! Comme j'ai été stupide, comme j'ai manqué de jugement ! »

Se peut-il que sa conscience n'ait pas crié à cet instant à la princesse : « Et la situation désespérée de ton fils ? Et cet instant où tu avais pleuré près de sa couche et dit à son médecin : "Sauvez-le, sauvez-le, à n'importe quel prix !" ? ».

Non ! Sa conscience ne lui disait rien de tel.

La princesse avait maintenant ces pensées confuses, emmêlées : « L'effronterie de ces Allemands… cette guérisseuse… ma fille ! » Oui, le fils de la princesse était guéri, et que lui fallait-il d'autre ? À quoi servait que le secret incompréhensible de la nature qui s'était accompli sur le fils de la princesse dût s'achever, peut-être, en se transformant en tendre sentiment amoureux, que le terrestre dût devenir le céleste ? À quoi servait que le regard de la princesse n'eût pas pu découvrir la moindre tache dans l'âme lumineuse d'Emma ? À quoi servait que le destin eût donné sa bénédiction pour que deux cœurs n'en fissent qu'un pour l'éternité et qu'en les séparant, on dût les déchirer, les faire saigner et, peut-être, mettre au tombeau d'une main ensanglantée à la fois le jeune homme sauvé par Emma et la jeune fille qui avait été son salut... Pourquoi le destin stupide n'avait pas plutôt fait paraître Paul dans le monde sous les traits d'un petit instituteur allemand, parti parfait pour une Allemande, la fille d'un fonctionnaire sans le sou ? Mais non, il est *prince*, elle est *roturière*, pourquoi le destin s'est-il mis en tête de jouer aussi étourdiment avec les titres de noblesse ?

Mais, quelles que fussent les pensées de la princesse, elle alla calmement, sans rien changer, à la rencontre d'Emma et de son fils, lorsqu'ils rentrèrent de leur promenade.

Et comme la princesse fut injuste envers la pauvre Emma ! Lisons la lettre qu'Emma envoya à Fanny quelques jours plus tard.

XI

« Tu me demandes, ma chère amie, pourquoi je n'ai jamais mentionné le jeune prince dans mes lettres ; tu me dis que tu vois à l'avance que je vais rougir en lisant ta lettre. Tu te trompes, Fanny : j'ai lu ta lettre et je n'ai pas rougi. Tu te ris de mon idéal sublime, injuste Fanny ! Je veux à dessein t'écrire ma confession complète, et si jurer n'était pas un péché, je te jugerais maintenant que je dis la vérité.

Tu m'as toujours réprimandée pour mes rêves étranges, pour mes conceptions irréalistes au sujet de ce que les gens appellent *l'amour*. Suis-je coupable, ma chère amie, si je ne pouvais penser autrement ? Je ne sais pas comment et pourquoi ces pensées se forment dans notre âme, mais je ne pouvais aimer un homme tel que ceux que j'appelais des hommes dans le monde, ni d'un amour dont tu as aimé, Fanny, ainsi que d'autres amies.

Le jeune prince S*** n'est pas du tout l'homme qu'attendait mon rêve – non ! Ce n'est pas lui ! Dois-je te le dire, Fanny ? Au début, il m'a semblé que ce pauvre malade avait ému mon cœur parmi des millions d'autres personnes afin que ma prière et l'action incompréhensible par laquelle je pouvais lui rendre la raison le guérissent et qu'après cela il puisse me donner à jamais son cœur, et recevoir à jamais le mien. Jamais un tel sentiment n'aurait pénétré mon âme si j'avais rencontré le prince dans le monde, dans le cercle brillant de la vie aristocratique, avec toutes nos différences de naissance et de rang ; mais tu sais comme notre rencontre a été étrange… et j'ai pu songer, j'ai pu rêver à mon âme sœur… Fanny ! Cette pensée m'a occupé l'esprit lorsque ce n'était pas un *prince*, mais un jeune homme ordinaire et infortuné qui se présentait à mes yeux. Et cette pensée, je ne l'ai eue qu'un instant, Fanny, et je t'assure qu'elle a disparu pour toujours. Jusqu'à maintenant, je ne sais absolument pas pourquoi ma volonté était requise pour guérir le prince. Mais je l'ai compris comme une nécessité de souhaiter sa guérison, de la désirer de tout mon cœur et de prier Dieu de m'exaucer. Fanny ! Je l'ai souhaité de tout mon cœur, j'ai prié… je n'ai rien fait de plus, mais c'est vers cela que convergeaient tout mon être, toutes mes pensées. Il n'y a que cela qui ait occupé toute mon âme, c'est avec cette idée que je me suis rendue dans le domaine du prince, et c'est seulement à cela que je pense toujours, tout le temps, jusqu'à maintenant. Depuis peu s'y est ajouté un plaisir supplémentaire : celui de voir que ce que le médecin avait prédit se réalisait, et que le jeune prince retrouve peu à peu la raison, la santé et la jeunesse, et que c'est à moi qu'il doit tout cela…

Il n'a pas du tout eu de crise de furie depuis que nous sommes arrivés. Le lendemain de notre arrivée, il est apparu vêtu normalement, simplement pâle, silencieux, morose. C'est ainsi qu'il a passé quelques jours. Il se trouvait en permanence avec nous, mais il gardait le silence et baissait les yeux. Sur l'ordre du médecin, il devait chaque jour faire une promenade avec nous. C'est étrange, mais je devais presque toujours le regarder fixement pour qu'il obéisse. Un jour, nous sommes restés seuls tous les deux. Je l'ai regardé d'un air engageant, je lui ai souri… il a souri lui aussi et sa morosité lui est passée. Ah ! comme cela m'a réjouie, réjouie d'une gaieté pure, sainte ! Le lendemain, le médecin m'a ordonné de me promener à ses côtés en lui donnant le bras. Le prince a frémi lorsque j'ai tendu le bras vers lui, il s'est essuyé les yeux, mais il ne pouvait pas ne pas obéir. Nous nous sommes promenés longtemps sans rien dire. La fois suivante, durant la promenade, je me suis mise à parler avec lui et il m'a entretenue avec plaisir. Mais longtemps encore après cela, il refusait de parler à qui ce soit d'autre. J'étais très surprise de voir qu'il parlait avec moi comme si quelqu'un l'y contraignait. Et je l'étais plus encore de voir qu'il ressemblait alors à un enfant, il devait chercher ses mots, il formulait sa pensée avec des efforts visibles ; parfois il ne répondait pas du tout à la question posée, semblait se la rappeler seulement après, y repensait et répondait laborieusement. Imagine-toi, ma chère amie, une statue qui prend vie peu à peu : voilà dans quel état se trouvait ce pauvre prince. Maintenant que les traces de son abominable maladie s'effacent, il est tout à fait bien de sa personne ; la sauvagerie de ses yeux a disparu, et il est maintenant admirablement vêtu. On peut voir à tout cela qu'il a reçu une éducation parfaite. La folie avait détruit tout cela en lui ; c'est seulement, je pense, dans son âme que s'étaient conservées quelques traces du passé : il se les rappelle désormais et, tantôt facilement, tantôt avec plus de difficulté, il recommence à faire comme auparavant. C'est ainsi que j'ai su qu'il dessine admirablement, car un jour je lui ai demandé de s'asseoir près de moi, j'ai pris un crayon et j'ai commencé à dessiner une fleur. Il regardait attentivement. Mon dessin achevé, je lui ai donné le crayon et j'ai dit : "Dessinez vous aussi". Il semblait surpris, comme d'habitude, il a essuyé ses yeux ; je l'ai regardé fixement ; il a pris le crayon, l'a longtemps fait tourner entre ses mains. J'avais, épinglées sur la poitrine, quelques fleurs que j'avais cueillies pendant notre promenade. Je les ai jetées sur la table en disant : "Dessinez-les". Il s'est mis à les dessiner et il l'a fait de manière charmante à côté de ma fleur ; mais ce travail semblait difficile pour lui : il réfléchissait, effaçait ce qu'il avait tracé, dessinait à nouveau. Il finit par me regarder avec un sourire et fit une guirlande avec ma fleur et celles qu'il avait dessinées. C'est aussi à cette période que nous avons commencé à jouer au forte-piano à quatre mains et désormais nous jouons tous les jours. De jour en jour il montre davantage à la fois tout l'esprit qu'il possède et l'excellente éducation qu'il a reçue. Il parle maintenant librement avec tout le monde ; il continue seulement de paraître timide, réservé, en dépit du fait qu'auparavant il était, à ce qu'on dit, très à l'aise et volubile. Son âme devait être tout aussi merveilleuse. Hier, nous nous tenions tous deux à la fenêtre. On voyait un splendide arc-en-ciel : il traversait tout le ciel et ressemblait à une voûte céleste magnifique et le soleil couchant changeait en permanence de couleur et se fondait avec elle. "Comme c'est beau ! », ai-je dit. Il a répondu : "*Voyez avec quelle brillante variété il change ses couleurs ; mais quelque changement qu'on aperçoive dans ses teintes, n'est-ce pas toujours le signe consolateur de l'amour céleste ?**" Des larmes me sont venues malgré moi aux yeux lorsque, en entendant ces mots, je me suis représenté son état abominable d'il y a quelques mois. Alors, pour la première fois il a pris ma main et, me regardant d'un air abattu, m'a dit : "*Notre vie ici-bas – rien que misère – un souffle et nous ne sommes plus ; mais tout ce qui nous attriste et nous accable n'est fait que pour nous rapprocher de l'amour du Père céleste**..."

Fanny ! Accorde-moi que seule une âme magnifique, pure peut lui souffler ces mots. Mais, ma chère amie, le prince ne remplacera jamais dans mon âme ce à quoi je rêvais avec toi il y a peu de temps encore. Pour dire le vrai, je n'ai pas le temps de penser à quoi que ce soit maintenant, mais je ne vois pas dans le prince cette image charmante dont le regard m'a forcé de baisser les yeux, a forcé mon cœur à battre plus fort qu'à l'ordinaire. Si cela était possible (cela devrait l'être, voulais-je dire), alors j'appellerai mon sentiment pour lui une sorte d'attachement spontané... je serai franche : quelque chose de plus que l'amitié, de moins que l'amour. Je t'avoue que le voir, parler avec lui, lui expliquer mes différentes idées est devenu pour moi une habitude. Je serai peut-être triste d'être séparée de lui, mais je ne le serai pas moins de quitter la princesse. Je suis un tel *animal d'habitude**, je me suis tant faite à lui, et même à notre médecin si fantasque. Mais en quoi est-ce de l'amour, Fanny ? Mes sentiments ressemblent-ils à ceux de Thekla[57] ? Car tu as lu *Wallenstein* et tu t'en souviens. Je ne remarque absolument pas de tristesse secrète ni de langueur en moi. Nous jouons si gaiement, nous courons avec le prince, et ce qui m'apporte le plus de plaisir est que ma chère princesse se réjouit en nous regardant. Tous ici m'aiment, même la vieille intendante anglaise qui n'est qu'une mégère pour tous les autres. Mais ne va pas penser, Fanny, que tout ceci vous a remplacés dans mon cœur – toi, ma chère, ma grand-mère et mon grand-père ! Ah non ! Personne ne prendra jamais votre place ! Il me suffit d'un seul regard aux convenances splendides et froides en cours ici pour me rappeler que le bonheur ne m'y attend pas, que le but de ma vie ne s'y trouve pas... J'ai aussi oublié de te dire que nous n'allons pas nous revoir prochainement. La princesse restera dans ses terres tout l'hiver et elle a demandé à mon grand-père que je puisse rester avec elle. Croirais-tu que cela m'a d'abord attristée lorsque je l'ai appris ? Après cela, juge toi-même si ce que je t'ai écrit au sujet du prince est vrai ou non. On dit qu'au cœur de l'automne sur le domaine on s'ennuie ferme, mais qu'en

57 Il s'agit de la fille de Wallenstein dans le drame de 1799 de Schiller.

hiver c'est insupportable. Il me semble au contraire que cela doit être gai. Pourquoi les feuilles jaunes qui tombent des arbres devraient nous rendre tristes si nous savons qu'après l'automne un nouveau printemps viendra et apportera de nouvelles feuilles vertes ? Ce serait triste si cela n'était pas le cas. Et l'homme ? Où trouve-t-il un nouveau printemps après son automne ? Où ? Mais dans la vie après la mort, chère amie ! Te souviens-tu des dernières paroles du pauvre Palmer : "*There is another and a better world*[58] ?..." »

XII

LA PRINCESSE

Eh bien, cher monsieur le docteur, pouvez-vous maintenant me garantir la guérison définitive de mon fils ?

LE MÉDECIN

Pour autant que l'esprit humain puisse faire des prévisions, il est hors de tout danger. Laissons passer l'hiver, et au printemps nous en viendrons à des exercices de gymnastique tonique, nous lui ferons boire du lait fermenté, et l'hiver prochain votre fils sera en meilleure santé que moi, car depuis quelque temps mon fort rhumatisme me donne à sentir la dureté du climat de ce pays, et moi...

LA PRINCESSE (*l'interrompant*)

Je souhaitais vous consulter pour savoir s'il n'était pas temps désormais de tenter un quelconque divertissement mondain.

LE MÉDECIN

Non ! Cela n'est pas encore possible. Vos sorties nocturnes, les théâtres, les bals, la vie en ville peuvent en général avoir à nouveau un effet perturbateur sur sa santé. Encore une année de solitude, princesse : ennuyez-vous à la campagne encore un été.

---

58 L'acteur anglais John Palmer (1771-1810) avait récité ces vers de la traduction anglaise de *L'Étranger* de Kotzebue avant de tomber mort sur scène.

LA PRINCESSE

Mon Dieu ! Vous m'avez mal comprise ! Puis-je m'ennuyer dans la contrée la plus perdue, si cela est indispensable à la santé de mon Paul ? Non ! Voilà ce que à quoi je pensais : ne pourrions organiser de petites soirées, ici, à la campagne ? Quelques connaissances sympathiques et quelques parents heureux de venir nous voir de Moscou, et nos réunions seront sans éclat et sans bruit…

LE MÉDECIN

Oui, s'il en est ainsi. En réalité, cela ne coûte rien d'essayer. Cela peut servir à distraire votre fils, et c'est peut-être la seule chose qui dissipera sa rêverie, son espèce de tristesse et son étrange retenue. J'avais oublié que chez les gens du monde, le divertissement est l'élément sans lequel ils ne peuvent pas vivre et respirer, comme le poisson hors de l'eau. Vous avez raison, princesse : un peu plus d'agitation dans la vie de votre fils ne peut lui nuire.

Et une semaine plus tard, à l'occasion d'on ne savait quelle fête ou quel anniversaire, les grandes salles du palais à la campagne du prince S*** étaient somptueusement éclairées. Une foule d'invités venus de Moscou s'y déversaient depuis la veillée et la matinée.

XIII

(Lettre qu'Emma n'envoya pas à Fanny. Elle fut écrite durant la nuit qui suivit le bal chez le prince)

« Fanny, ma chère amie ! Où es-tu ? Viens sauver ton Emma ! Elle est malheureuse, elle se meurt, et l'épouvante la saisit lorsqu'elle pense à l'avenir !

Je ne t'ai pas trompée, Fanny, lorsque je t'ai écrit naguère que je ne ressentais aucun amour pour Paul – je n'ai pas la force de l'appeler *prince* – non ! je ne t'ai pas trompée : je ne le savais pas moi-même ! Maintenant – j'ai honte de te l'avouer – maintenant, je vois, je sais, je sens que je l'aime, je l'aime tellement que, en dépit des tourments que me causent ces mots, je suis prête à l'écrire cent fois de suite : "J'aime Paul !" Et il a fallu que je prenne conscience de cette vérité terrible au moment où j'ai eu l'affreuse certitude que mon malheureux sentiment n'était qu'une folie sans espoir, que j'apprenne cette vérité avec le sentiment déchirant de la jalousie et du désespoir. Tout ceci s'est fait en un jour… et en un jour s'est ouvert devant moi le précipice de l'avenir, au bord duquel je me tenais si allègrement ; tout d'un coup, mon aveuglement s'est dissipé, ç'en a été fini de la paix de mon âme, de la simplicité de mon cœur, et j'ai éprouvé en un jour toutes les souffrances de l'amour… Et est-ce possible qu'il doive maintenant en être ainsi toute ma vie – *toute ma vie* ? Et si ma vie se poursuit et se met à ressembler à ce malheureux jour… est-ce un péché de songer à la mort ? Est-ce vraiment un péché ? Mais, grand Dieu ! Est-ce moi qui ai recherché Paul ? Est-ce moi qui me suis jetée dans cet abîme de souffrance affreuse ? Quelle main invisible d'un méchant démon m'a attirée jusque-là ?.. Je ne peux pas pleurer, Fanny ; mes yeux me font mal, ma poitrine me brûle ; tout autour de moi est calme et silencieux, et il me semble entendre des funérailles au loin. Quant à te dire tout, je ne le peux : j'étoufferais ! Mais aurai-je quand même la force de te raconter ce qui s'est passé ? Oserai-je t'envoyer cette lettre ? Pourquoi n'es-tu pas ici : je te dirais tout et je m'enfuirais avec toi de ce lieu !… mais en aurais-je la force ?

Il y a trois jours, la princesse m'a annoncé qu'on allait recevoir. Les pressentiments existent : j'en suis convaincue désormais – cette nouvelle m'a paru affreuse ; je sentais que mon sang se retirait de mon cœur et me montait à la tête ; je me remémorais involontairement l'impression incompréhensible qui m'avait arrêtée lorsque je m'apprêtais à monter pour la première fois dans le carrosse de la princesse, mon songe abominable la veille de ma première rencontre avec elle, ma répugnance lorsque je suis entrée dans la maison du prince. "Des invités, une soirée, des gens de la haute société… et que seras-tu au milieu d'eux ?" Mais Paul est entré à cet instant dans ma chambre. La princesse lui a parlé de la fête à venir. Il ne semblait pas content du tout. "Il pense comme moi !", ai-je failli dire à haute voix. Paul m'a proposé de jouer au forte-piano. La musique a dissipé ma tristesse, et pour la première fois j'ai alors pensé : "Que *nous* sont les autres, à *lui* et à *moi* ? N'est-ce pas à moi qu'il est revenu de lui rendre le goût de la vie ? D'autres auraient-ils pu le faire ?

Il est à *moi* : je lui ai redonné vie – il est ma créature. Pourquoi d'autres gens veulent-ils s'interposer entre nous ? Où étaient-ils lorsque, oublié de tous, Paul était un fou terrible et grinçait des dents à la simple vue d'un être humain ?" Nous avons joué "La Olimpiada" de Cimarosa et en particulier l'air où Megacle chante :

Addio mia vita ; addio
Mia perduta speranza. Il ciel ti renda
Piu felice di me[59]...

Je ne pouvais continuer : il me semblait que je prédisais mon propre sort.

Aujourd'hui, les invités ont commencé à arriver dès le matin. La petite réunion simple et *amicale* de la princesse se composait de cent dames et messieurs : les nobles ont tant d'*amis*... On m'a noyée sous les noms ronflants, les excellences et les éminences. Les tenues élégantes, cette espèce de langue particulière à la bonne société, incompréhensible pour moi, les regards des invités sur moi, la pauvre Emma qui se démarque si clairement (j'étais la seule à n'être pas une excellence, une éminence, à être gauche, timide)... oh ! comme tout ceci m'a humiliée à mes propres yeux ! J'ai été épouvantée : ces gens ne savent-ils donc pas les événements étranges qui nous ont liés, Paul et moi ? On m'aurait prise alors pour une magnétiseuse, pour un charlatan. Ah ! Comme j'étais déchirée ! Et comme je me suis réjouie en remarquant que la princesse me faisait simplement passer pour une pauvre jeune fille, sa demoiselle de compagnie, et je ne voyais envers moi aucun signe de surprise ou d'ébahissement. D'ailleurs, ce sont seulement les *bourgeois** comme nous qui s'émerveillent, tandis que les nobles auraient honte de manifester le moindre étonnement. J'étais oubliée dans cette foule de gens. Tout autour, de jeunes filles me parlaient de ce ton plein de componction et de bienveillance qu'on leur a appris depuis le berceau. Hélas ! Tous ici étaient *entre eux*, des égaux – sauf la pauvre Emma ! Pour la première fois, j'ai vu ma bonne princesse d'une manière toute autre que ce qu'elle me semblait auparavant : elle était habillée différemment, elle s'exprimait différemment. Et Paul m'est apparu pour la première fois en véritable homme du monde, habillé avec goût. J'ai été frappée, je ne le reconnaissais pas – et ce n'était pas moi qui étais

59 « Adieu, la vie, adieu, mes espoirs perdus. Que le ciel te fasse plus heureuse que moi. »

la cause de ce changement : *elle* était là, *elle* – et quoi ? Puis-je me plaindre de Paul ? Elle était superbe, la plus belle de toutes ! Ce n'est pas Emma qui pourrait lui disputer le cœur sur lequel cette beauté règne depuis longtemps…

Mais qui *est-elle donc* ? C'est la famille N. N. que la princesse a accueillie avec le plus d'amabilité. J'avais entendu parler de ces voisins, mais je ne savais pas que la comtesse avait une fille. Je ne sais pas son nom russe, mais tous l'appellent *Moïna*. Et Moïna est belle à faire tourner les têtes, chère amie ! Fine, charmante, fringante, joyeuse, causeuse. Paul parlait avec un homme quelconque lorsque Moïna fit son entrée avec sa mère. Il l'a regardée, il a semblé réjoui. Ah ! Comme il est devenu beau à cet instant où ses yeux se sont illuminés, où ses joues se sont couvertes d'incarnat. "Moïna ! C'est donc vous ?", a-t-il dit en se jetant vers la jeune comtesse. C'est donc ainsi que pouvait être Paul, lorsque l'amour le transcendait ? Et pour la première fois, la jalousie, et non l'envie, s'est immiscée dans ma poitrine… Je ne comprenais pas encore mon propre sentiment : ma tête tournait, il faisait sombre devant mes yeux ; je pensais que j'avais un simple malaise, je me suis hâtée d'aller dans une autre pièce, et là tout m'a paru clair. Le cœur ne peut pas se tromper : que le monde entier tente de le convaincre qu'il a tort – il continue de croire ; même si personne ne voit rien et que tous croient – on ne le trompe pas, il ne croit pas. Réfugiée dans l'autre pièce, je me suis assise sur un fauteuil, je pouvais à peine respirer. "Vous êtes très pâle, mademoiselle ?", m'a dit la femme de chambre de la princesse, sa favorite, Agrafena. Je ne sais pas pourquoi, je ne peux aimer cette femme. Il me semble toujours que ses yeux gris de serpent révèlent un cœur méchant, bien que tous disent que c'est une bonne femme. Il m'a toujours semblé qu'elle ne pouvait pas me souffrir, je ne sais pas pourquoi. "Ce n'est rien", ai-je répondu à Agrafena. Sa bouche s'est alors tordue et elle s'est mise à me dire avec un sourire moqueur : "Avez-vous vu son excellence, la comtesse N. N. ?" Je suis restée muette. "Regardez-la donc, mademoiselle, c'est une telle beauté, et en plus elle est extrêmement riche, et elle a reçu la meilleure éducation ! Pour sûr, avec le temps elle ne sera plus une étrangère dans notre maison, et elle est destinée à appartenir à notre jeune prince. Il l'aime depuis longtemps ; ils ont quasiment grandi ensemble et ils sont très attachés."

J'ai encore eu la force de m'arracher à cette méchante bavarde et de me traîner jusqu'à ma chambre ; mais là, mes forces m'ont abandonnée – je me suis évanouie. Ma première pensée, lorsque la jeune fille attachée à mon service m'a ranimée, a été : "Malheureuse ! Tu l'*aimes* !" Je l'ai vu, je l'ai vu clairement, et ma première pensée d'amour s'est mêlée à un désespoir amer.

Et il m'a fallu à nouveau rejoindre cette société brillante et bruyante, rester tout le jour avec eux, voir comme Paul avait oublié et lui-même et les autres pour Moïna. Et elle n'avait d'yeux que pour lui, ne parlait qu'avec lui… La pensée m'est venue que mon regard, ma volonté exercent sur Paul une force irrépressible ; mais le charme est rompu : il ne me regardait plus, ne m'accordait aucune attention, ne m'a pas parlé une seule fois : Emma n'existait déjà plus pour lui…

Je ne sais pas comment j'ai pu traverser tout ce jour d'inquiétude, d'angoisse. Vers le soir, on a dansé – tous étaient gais, plaisantaient et souriaient. Paul n'a dansé qu'avec Moïna. Elle danse admirablement bien. La princesse a dû à la fin interdire à Paul de danser. Et Moïna s'est tout de suite mise à refuser les danseurs ; après cela, ils sont restés assis côte à côte et n'ont cessé de parler, de rire. De quoi n'ont-ils pas eu l'occasion de parler durant tout ce temps…

Il m'a semblé que ma bonne princesse a subi une espèce de changement, qu'elle m'a dit adieu froidement, que son regard était même empreint d'une sorte de regret assortie d'une joie secrète et qu'elle aurait voulu les partager avec moi… Mais non ! Bien sûr, elle était fatiguée, épuisée… elle n'avait pas le temps de discuter avec moi…

Cinq heures viennent de sonner, mais je ne dors toujours pas et je ne comprends pas comment j'ai pu naguère dormir si volontiers dès le soir, sans être épuisée par un bal quelconque. C'est vrai qu'aujourd'hui je n'ai presque pas dansé, et je n'ai guère de quoi être épuisée…

Fanny ! Est-ce donc mon tour de perdre la raison ? Folle ! Ah ! non – mieux vaut la mort, la mort… »

XIV

Trois semaines après la soirée du prince, le médecin discutait avec la princesse. Il arpentait la pièce, sombre et pensif. La princesse était tranquillement assise sur son divan avec un air insouciant, même si elle ne paraissait pas totalement satisfaite. En les regardant, on aurait pu penser : *il a perdu, elle a gagné.*

Mais qu'a-t-il *perdu* ? Qu'a-t-elle *gagné* ? Leur conversation va-t-elle le révéler ? Nous ignorons malheureusement ce qu'ils se sont dit auparavant. Nous ne sommes arrivés qu'à la fin de la conversation.

« Je souhaiterais vivement connaître la raison de votre mécontentement, cher docteur, après tout ceci.

– Vous avez raison, princesse, vous avez raison : je n'ai plus rien à dire.

– Mais vous dites que la santé de notre amie va se rétablir complètement.

– Oui, je lui ai permis aujourd'hui de sortir de sa chambre.

– Je vous le demande encore une fois : n'épargnez ni vos efforts ni vos soins.

– Vous parlez de cataplasmes et de poudres. (Le médecin eut un sourire amer.) Je ne les ai pas épargnés, princesse.

– Et vous supposez que le péril est tout à fait passé ?

Le médecin se taisait et marchait à travers la pièce. La princesse semblait attendre la réponse.

– Je n'en sais rien, répondit finalement le médecin avec un effort douloureux. Je ne sais rien, sinon que toute la science humaine n'est que de la vanité multipliée par de l'ignorance et partagée selon la loi de la camaraderie : aux philosophes, aux juristes, aux mathématiciens, aux physiciens, aux chimistes, et *aux médecins* !

Il faisait un pas à chaque mot et, en prononçant le dernier, il s'arrêta en face de la princesse avec un dépit comique. Elle éclata de rire.

– C'est votre devoir de savoir, cher docteur !

– Sans doute, cela va de soi ; c'est comme cela que ça fonctionne, et ça fonctionne à merveille. Nous nous en sortons si facilement, lorsque nous agissons en accord avec ce qui est écrit dans le grand livre des convenances sociales. Celui qui donne un rouble d'argent à un pauvre et qui, une fois son don effectué, ordonne à son valet de le mettre dehors, est un bienfaiteur. Celui qui donne à un bal de charité en faveur des miséreux et mange en un repas quatre fois cette somme est un généreux donateur. Enfin ! Nous serions capables de tuer un homme et d'ordonner à un médecin de le guérir. Le médecin va mentir, nous assurer qu'il va guérir, tandis que nous mentirons à notre conscience en l'assurant que nous mettrons tout en œuvre pour sauver celui que nous avons tué.

La princesse eut un sourire.

– Au moins, ne riez pas, princesse ! Bien entendu, tout ceci vous amuse : vous avez devant vous un fils en bonne santé et un médecin qui s'est ridiculisé et qui avoue en toute franchise que toute sa science n'est que balivernes et que lui-même est un crétin.

– Je vous ai demandé de m'expliquer la raison de votre mécontentement. La maladie d'Emma n'a-t-elle donc pas cessé ?

– Si ! Elle a bien cessé ; mais d'ailleurs, peut-on jamais savoir.

– L'amitié que vous portez à cette jeune fille vous égare, bien qu'il n'y ait aucun motif d'inquiétude. Ne nous arrive-t-il pas à tous de tomber malade ? Et si à chaque fois les médecins devaient avoir aussi peur que vous, qu'adviendrait-il ? Vous et moi, nous avons essuyé notre dette envers Emma : elle a été traitée comme un membre de la famille, et je suis prête à m'entremettre pour l'avenir de cette gentille fille.

– Que voulez-vous dire par ces mots : vous entremettre pour son avenir ?

– Et que devinez-vous ?

– Je pense que l'élévation d'esprit que nous avons vue en Emma n'arrive pas par hasard chez un individu. Le moindre bon à rien qui se met en tête de s'élever au-dessus de la masse poisseuse des autres, recevra en retour un soufflet du destin, et cette pauvre jeune fille va payer de son âme ou de son cœur son audacieuse ascension.

Le médecin chercha une formule, mais ne put la trouver et dit avec dépit :

– C'est tout simple : votre fils et Emma s'aiment ; et Emma, comme votre fils, peut en mourir.

La princesse éclata de rire.

– Mon cher docteur ! dit-elle d'un air froid. Vous connaissez les maladies du corps, non celles de l'âme. Je vous assure qu'un attachement amoureux entre mon fils et Emma est un rêve sorti tout droit de votre imagination.

– Comment cela, un rêve ? Vous m'avez appris, princesse, à en user avec vous en toute franchise. J'ai eu le bonheur de vous rendre service. Il est étrange que je vous parle maintenant au nom de tout autre chose que la médecine. Mais qui ai-je en face de moi ? Vous êtes bonne, vous êtes intelligente – vous êtes mère. Et qui avez-vous en face ? Une telle… une telle ordure que… il me faut vous parler.

– Je suis habituée à votre franchise, docteur. Vous pouvez tout dire, même ce qui ne concerne pas la médecine ; mais je dois vous prévenir que vous ne vous y connaissez guère en amour.

– Cela ne serait pas de l'amour, ce sentiment d'abord secret, cette espèce de frayeur que votre fils a manifestée ? Sa soumission implicite… voilà ! elle aurait dû se transformer en amour.

– Pas le moins du monde, docteur. Celui qui comprend qu'il a été manipulé, qu'on a exercé une puissance sur lui et contre sa volonté, il ne peut aimer.

– Certes ! C'est vrai ; admettons que ce soit vrai. Mais si Emma, en lui donnant son âme…

– … devient si imbue d'elle-même qu'il tombera amoureux de l'âme qu'elle lui a transmise ?

– Peut-on plaisanter d'un tel sujet !

– Mais que dois-je faire, à la fin ?

– Je suis sûr que sa maladie a été la conséquence d'un terrible choc moral ! Elle aime !

– Vous l'a-t-elle donc dit ?

– Emma me le dirait ? Cette jeune fille en parlerait ? Oh, princesse ! Comme vous la comprenez peu !

– Mais enfin, me faudrait-il donc lui amener mon fils et lui dire : prends-le et épouse-le, bien qu'il ne t'aime pas ?

– Princesse ! Grands dieux ! C'est affreux ! Pourquoi s'est-elle perdue sans retour ? Pourquoi a-t-elle sauvé votre fils ?… et voilà sa récompense ! Princesse ! Les maladies de l'âme sont horribles. J'ai guéri Emma de la fièvre, mais son âme… il n'y a que Dieu qui puisse la guérir…

– Remettons-nous en à lui.

– Oui ! C'est à lui, à lui, et non aux hommes, qu'il nous faut confier ton destin, pauvre Emma ! Mais encore un mot, princesse, et soit j'embrasserai votre main avec la même dévotion que les catholiques embrassent la pantoufle du Pape, soit…

– Je devine votre question : pourrais-je consentir au mariage de mon fils avec Emma, s'il l'aimait ? Embrassez donc ma main avec dévotion. Quand bien même cela ferait une histoire à la Pamela[60], j'y consentirais.

– Et vous mépriseriez tous les préjugés de votre condition ?

– Vous me considéreriez comme une exception parmi les humains ! dit la princesse en riant.

« Presque, pensa le médecin, et tu n'oserais pas rire de la sorte si tu disais la vérité. »

Au même moment, Emma parut dans le salon. Elle marchait lentement, pâle, faible ; chacune de ses joues déployait en taches colorées une teinte vive… une teinte surnaturelle ! Le symptôme d'une maladie dévastatrice qui déchire horriblement un être de l'intérieur, alors qu'à l'extérieur il semble tranquille et en bonne santé.

La princesse alla à sa rencontre, la prit amicalement par le bras et la conduisit doucement dans sa chambre en disant :

« Je vous félicite, ma douce Emma, pour ce prompt rétablissement. Asseyez-vous, asseyez-vous ; comment vous sentez-vous ?

– Je vais bien maintenant, princesse. Je suis venue vous remercier pour tous vos soins, pour votre tendresse et votre diligence.

– Aurais-je pu, ma chère amie…

– Ah ! Je ne sais pas comment vous manifester ma profonde reconnaissance de ce que vous avez caché ma maladie à mon grand-père et à ma grand-mère ! Les deux vieillards auraient pris peur – ils m'aiment tant…

– Mais bien sûr, pas plus que je ne vous aime, ma chère.

Emma embrassa la main de la princesse.

– Je vous prie maintenant de me laisser retourner dans ma famille. Je ne vous suis plus d'aucune utilité, et puis contempler des malades n'est pas très gai…

– Quoi ? Vous souhaitez, dans votre état de faiblesse, en plein hiver, retourner à Moscou ?

– Mes forces seront suffisantes.

– Seulement *suffisantes* ! Et pour qui me prenez-vous, Emma ! Moi, consentir à vous laisser partir maintenant ? Jamais ! Nous attendrons l'été, nous vous raccompagnerons.

---

60 *Pamela, ou la vertu récompensée* roman épistolaire de Samuel Richardson paru en 1740 et évoquant l'ascension sociale de la servante Pamela, qui résiste aux assauts d'un séducteur, lequel, devant la constance et la moralité de la jeune femme, acceptera finalement de l'épouser.

– Et après, il faudra nous séparer ? Ah ! vous oublierez vite Emma, si je pouvais même me bercer de l'espoir que j'ai mérité votre reconnaissance... Mais il m'est pénible de vous quitter : je vous ai tant aimée...

La princesse sourit.

– Ne parlons plus de cela ; pensez seulement à votre santé. N'avez-vous pas froid ici ? Attendez, je vais vous apporter mon châle.

– Ne vous donnez pas cette peine...

– Restez assise, restez assise, ma chère ! »

La princesse passa dans la pièce d'à côté. Emma resta seule. Cela faisait trois semaines qu'elle n'avait pas quitté sa chambre, et elle regarda tout autour d'elle. « Ici, tout est resté comme avant ; mais moi ? Quel changement ! » Au même moment, le bruit du forte-piano se fit entendre dans une pièce éloignée. « C'est lui ! », pensa Emma. On jouait une polka d'Oginski[61] qui était alors très à la mode. « Oh ! quels sons ! » L'histoire du pauvre compositeur, sa passion, ses malheurs dont il se consolait en écrivant de la musique, ses polkas revinrent en mémoire à Emma. « Paul ! arrête, arrête ! », s'apprêtait-elle à crier, bien que le prince ne pût entendre sa voix. Mais il s'arrêta de toute façon. « Se peut-il que ma volonté ait encore sur lui du pouvoir ? Comme je voudrais ne serait-ce que l'apercevoir... »

En trois semaines, Emma n'avait pas revu le jeune prince, elle ne l'avait pas vu depuis cette fameuse soirée donnée par le prince. Pas une fois il n'était venu rendre visite à Emma quand elle était malade. Il n'y avait eu que le médecin pour lui dire que le prince se portait bien, que souvent il faisait du traîneau et jouait au billard avec eux, qu'il était gai, même s'il se désolait de la maladie d'Emma.

Une longue enfilade de pièces s'ouvrait devant Emma et s'achevait par un grand miroir en face duquel elle était assise. « Dieu ! C'est lui ! Il vient par ici ; il est encore à *moi* ! »

Le prince marchait gaiement en sifflant une *aria* quelconque. En voyant Emma, il parut se réjouir, alla joyeusement à elle et embrassa plusieurs fois sa main en disant : « Vous allez mieux, chère Emma ? comme je suis heureux de vous voir... »

Quel changement en lui et en elle ! Où était-elle, celle qui naguère pouvait commander le prince ? Est-ce bien elle, faible, timide, les yeux

61 Michał Kleofas Ogiński (1765-1833), homme politique et compositeur polonais, qui passa une grande partie de sa vie en exil.

baissés ? Et ce jeune homme à l'aise, insouciant, est-ce bien le pauvre fou qui se tenait assis dans un coin sans oser regarder Emma…

La princesse entra à cet instant, tenant son châle à la main. Elle s'arrêta sur le seuil, étonnée : elle fixa des yeux attentifs, inquiets sur son fils et sur Emma. Au bout d'une minute, son inquiétude se dissipa. Elle enveloppa Emma de son châle. La conversation s'engagea…

Pauvre jeune fille ! Elle pensait : « Les sentiments de Paul n'ont pas changé ; j'ai été injuste de le soupçonner ! Et son âme se soumettrait-elle devant cette Moïna, cette coquette mondaine ! » Emma s'anima de nouveau. Le prince s'apprêtait à sortir pour faire du traîneau, mais il ordonna de remiser l'engin. Il resta avec sa mère et Emma.

XV

Comme les événements de la vie d'un homme sont étranges ! Combien de riches privés de leur énorme fortune bénirent le destin pour la pauvre vie qu'il leur avait laissée ! On navigue à bord d'une fière embarcation, on se considère le maître des flots, on se plaint de la lenteur de sa course ; voilà l'orage, le navire se brise en mille morceaux et… le maître des flots remercie le sort de l'avoir jeté, à demi-mort, sur une île déserte.

Il vient un temps où l'homme est dans une condition étrange, entre le bonheur et le malheur, un temps d'oubli de soi, lorsque nous avons peur de nous-mêmes et que nous ne voulons pas regarder autour de nous, ou devant nous. C'est un temps où les nuages se sont déjà accumulés des quatre coins du ciel et où la pluie commence déjà à tomber en gouttes énormes, lentes. Encore un instant et les nuages vont éclater, et la pluie, en bruissant, se mêlera au feu des éclairs et au grondement du tonnerre. Mais peut-être n'y aura-t-il ni tonnerre, ni éclairs ; les rayons du soleil perceront les nuées obscures ; un tourbillon les déchirera, les éparpillera dans le ciel, et la journée s'achèvera par un clair retour du soleil.

Il en est également ainsi dans le monde des mœurs, comme dans celui des passions. Il en était également ainsi pour Emma. L'insouciance est caractéristique de l'homme ; elle est la lointaine parente du plaisir.

Le jeune prince S*** était plus attentif, il manifestait même une sorte de reconnaissance, une sorte de tendresse envers Emma, et elle reprenait chaque jour des forces.

N'allez pas penser qu'Emma, à l'instar d'une coquette patentée, espérait attirer le prince dans ses rets. Non ! Elle se réjouissait comme une enfant, ne pouvait cacher sa joie lorsqu'il parlait amicalement, tendrement avec elle et… elle n'exigeait rien de plus, elle avait même peur d'exiger.

Ne pensez pas qu'Emma rêvait de réaliser un jour, grâce à l'amour du prince, des espoirs pleins de vanité ! Cette pensée ne l'effleurait même pas.

Le jeune prince traitait Emma avec une espèce de révérence. Il n'avait pas encore été corrompu par le monde ; il avait été éduqué par le malheur, et ce malheur lui avait servi de terrible révélation sur le cœur humain. Il savait ce qu'il devait à Emma. Il lui était agréable à son tour d'adoucir les souffrances d'Emma par sa prévenance. Mais *il n'aimait pas Emma.*

Un jour où sa mère (qui scrutait avec une grande diligence chaque geste de son fils) et lui étaient restés auprès d'Emma toute une soirée, le prince se mit à réfléchir en retournant dans sa chambre et dit : « Quelle jeune fille intelligente !.. et qu'elle est bonne ! », ajouta-t-il, après un instant de réflexion. Lorsque nous faisons l'éloge de l'esprit, de la beauté, du cœur… c'est que nous n'aimons pas. Celui qui aime ne fait pas d'éloge, ou bien seulement l'éloge de ce qui n'en mérite pas. Il semble avoir peur d'avouer aux gens ce qui a emprisonné son cœur : c'est le secret de l'amoureux, et souvent il serait même incapable de le prononcer. Ce soir-là, Emma était extraordinairement loquace : elle parlait avec tant de gentillesse, tant de bienveillance du monde, des gens, de l'amitié, de son enfance.

La princesse n'était pas le moins du monde inquiète du rapprochement de son fils et d'Emma. Elle avait déjà percé à jour son âme.

Le médecin restait souvent pensif, prisait du tabac, allait se plonger dans les traités psychologiques des savants sur l'amour, l'amitié, et fronçait les sourcils.

Pendant ce temps, les jours filaient, la neige fondait, l'hiver mourait… Les forêts reverdirent. Les rivières finirent par briser leur carapace de glace, l'alouette se mit à chanter au-dessus des champs. Le médecin vérifiait avec angoisse le pouls d'Emma. Elle était faible. Le printemps arriva, et il prescrit à Emma de sortir se promener. Le prince l'accompagnait dans ces promenades en galopant aux côtés de son cabriolet.

C'était un splendide jour de printemps. Le soleil brillait ardemment ; un vent frais soufflait à travers les fenêtres ouvertes. Le médecin avait conseillé de tirer parti de ce beau temps pour aller se promener. Emma prit place dans son cabriolet. Elle menait elle-même le paisible cheval ; le prince chevauchait à côté d'elle : le laquais les suivait. On décida de faire une longue promenade : on s'arrêtait, on s'émerveillait des divers panoramas offerts sur les environs ; puis on poursuivait sa route. À la fin, on arriva au bout du parc du prince : devant les promeneurs s'ouvrait un immense champ bordé de taillis.

À l'autre bout du champ, entre les pins, on vit soudain une grande cavalcade de dames et de messieurs, à cheval ou en voiture. Ils étaient tous, semblait-il, vêtus avec élégance. Le prince les aperçut et se tut au milieu de la conversation.

Emma le regarda avec surprise. Il arrêta son cheval et regarda, immobile, les promeneurs au loin. D'un coup d'œil dans sa lorgnette, Emma reconnut cette foule : Moïna montait à cheval, vêtue d'une manière adorable ; de nombreuses dames et messieurs l'entouraient, mais Emma n'eut d'yeux que pour Moïna. C'en fut trop. Les rênes faillirent lui tomber des mains.

« Prince ! on vous a vu », dit-elle d'une voix tremblante. En effet, deux cavaliers se dirigeaient tout droit vers le prince à travers champs. Tous les promeneurs s'arrêtèrent.

Le prince ne répondit pas un mot, il restait immobile. Emma fit faire demi-tour à son cabriolet et donna un coup de fouet à son cheval. Depuis un taillis où elle pouvait tout voir sans être vue, Emma s'arrêta : le prince était déjà entouré des compagnons de Moïna. Cette dernière galopait vers lui avec grâce.

Emma lança son cheval, le fouetta encore, plus vite, changeait constamment de route, sans savoir où elle allait. L'air frais du printemps lui semblait empoisonné ; le chant de l'alouette lui paraissait une moquerie haineuse envers le genre humain. Enfin, une large route parut devant elle.

« Où mène cette route ? demanda Emma au laquais.

– Mademoiselle, vous êtes allée loin vers la droite. C'est la route du monastère de …

“C'est là qu'elle mène !” pensa Emma.

– Le monastère est encore loin ?

– Environ trois verstes.

– Nous y arriverions pour les vêpres ?

– Oui, je pense. Le soleil n'est pas encore si haut. »

Emma laissa son équipage et le laquais aux portes du monastère et entra dans l'église, où les vêpres venaient de finir. Des fidèles priaient dans l'une des chapelles. Emma se dirigea vers l'autre. À cet endroit où elle pensait n'être vue de personne sauf de Dieu, elle tomba à genoux, et les larmes se mirent à couler à flots de ses yeux ; des sanglots compulsifs soulevaient sa poitrine… elle pleurait, elle ne priait pas ; pas un mot, pas une pensée ne lui passait par la tête.

Mais Emma n'avait pas vu qu'à ses côtés, se tenant tout près d'elle, un moine la regardait. Son visage jaunâtre, blême, traversé de profondes rides donnait l'impression que ses cheveux avaient blanchi sous le coup non des années, mais des souffrances. Ses yeux pétillaient d'esprit, on y voyait une âme que ni le monde, ni les malheurs n'avaient vaincue, mais qui était toute tournée vers l'espérance qu'au-delà de la tombe un autre monde existait, un autre monde empli d'une lumière douce et impénétrable. Ce regard ne pouvait rien rechercher sur terre.

La tête posée contre l'un des quatre piliers glacés sur lesquels reposait la coupole de l'église et qui sont les témoins froids, silencieux de tant de larmes humaines, Emma était au bord de l'évanouissement. Le moine s'approcha d'elle et lui dit dans un allemand parfait :

« Mademoiselle ! vous vous sentez mal… remettez-vous. »

Emma regarda le moine avec étonnement. Elle reconnut en lui le père Païssi, le directeur de conscience de la princesse, un reclus très respecté qui dirigeait le chœur du monastère. Mais auparavant, elle ne pensait voir en lui qu'un modèle de piété et ne l'avait jamais entendu parler. Sa voix, le ton de sa conversation montrèrent à Emma l'étendue de son erreur. Elle vit un homme éduqué qui avait renoncé au monde, qui dissimulait sous la bure du moine son âme déchirée et qui par la foi et la piété avait tourné le dos aux espoirs de pauvre bonheur de ce monde.

Emma essuya ses larmes en hâte, se leva, mais elle dut s'appuyer contre le mur, tremblante, tombant presque.

« Ma fille ! dit le père Païssi (sa voix était la voix d'un père), si tu cherches ici le réconfort, laisse toutes les contraintes du monde et devant moi qui suis un serviteur de notre Seigneur et consolateur, ouvre ton âme comme l'enfant qui vient de naître. Si le péché t'oppresse, je prierai pour toi et je te rappellerai qu'Il est venu dans le monde non pour inciter les justes au repentir, mais pour sauver les pécheurs. Si le malheur s'est posé sur ta jeune âme, tu trouveras dans la parole de Dieu le réconfort de ton esprit accablé. Et alors, ce n'est pas le désespoir, mais l'espoir qui sera ton compagnon.

– Mon père ! Je suis de confession luthérienne.

– Que m'importe dans quelle langue et dans quelle église tu pries Dieu ! Ses bras bienveillants sont ouverts à tous également ; le serviteur de l'autel accepte le cœur de chaque malheureux, ma fille.

– Je suis malheureuse, mon père !

Les larmes se mirent à nouveau à couler des yeux d'Emma.

– Sortons d'ici. L'air frais te fera du bien ; mes frères pourraient remarquer ta détresse. »

Le père Païssi sortit de l'église ; Emma le suivit malgré elle. Juste à côté de l'église se trouvait un cimetière tout planté d'arbres. Des bancs de bois étaient disposés entre les tombes, à l'ombre des arbres dont les feuilles commençaient à peine à verdir ; une herbe nouvelle poussait sur les tombes entre les touffes desséchées de l'année dernière.

Là, tout près d'une tombe dont la main du temps avait déjà brisé la pierre tombale, Emma s'assit, et l'air frais la fit revenir à elle. Elle regarda tout autour d'elle : l'enceinte du monastère, l'église où l'on servait Dieu, les tombes, le reclus pieux et chenu. Non loin de là s'étendait une rangée de cellules ; quelques visiteurs du monastère se reposaient sur les tombes, insouciants, détachés. Un enfant jouait là-bas près d'une pauvre femme qui s'était endormie d'épuisement. Un vieillard, camarade d'un pénitent, puisait dans son baluchon ouvert des morceaux de pain rassis. Emma leva les yeux vers le ciel : il était grand ouvert au-dessus d'eux, clair, printanier, égayé par des nuées d'oiseaux qui volaient dans l'éther. Emma se souvient que le même ciel lumineux était au-dessus d'elle lorsqu'elle avait pour la première fois vu le prince fou. Mais à cette époque, sa position dans le monde était si différente !... Elle était entourée de ses proches, dans son paisible foyer. Et maintenant elle était seule, entourée de tombes, déchirée, humiliée par le monde...

« Ma fille ! lui dit le père Païssi, lorsqu'Emma se fut quelque peu reposée et ne pleurait déjà plus de désespoir, mais versait des larmes douces, apaisantes, ma fille ! oublie le reclus en moi. Ne pense pas rencontrer en moi le terrible juge de la conscience, de ton âme. Tu vois un homme. Un homme qui a lui aussi pleuré des larmes de sang, qui, au moment de mourir au monde, était plein d'amertume, un homme qui maintenant appelle à lui seulement ceux qui sont dans le malheur. J'ai connu la souffrance ; je me suis bercé de grands espoirs – je connais le monde et ses peines – des peines affreuses, dont mon âme souffre encore aujourd'hui et qui ne s'effacent que dans la tombe. J'ai perdu des êtres chers à mon cœur, j'ai été humilié, j'ai connu le désespoir…

Il se tut.

– Mon père ! vous me connaissez, fut la seule réponse que put faire Emma.

– J'en sais plus que tu ne le penses. Ton âme est pure. Aucun secret de ta protectrice, la princesse, ne m'est inconnu. Pauvre victime d'un destin incompréhensible ! Que recherches-tu dans le monde ? Ton bonheur est perdu à jamais. La sagesse humaine s'est immiscée dans ton destin ; elle t'a arrachée à ta destination première – qui était de passer ta vie auprès de ta famille et de tes amis paisibles – et t'a jetée dans la grandeur, la noblesse, le luxe…

– Mon père ! Ce n'est pas moi qui me suis tournée vers ce monde qui m'est étranger…

– Et pourquoi y restes-tu, quand tu vois qu'il n'est pas le tien ?

– Où pourrais-je fuir ?

– Là où ton enfance s'est passée sans heurts. Pars d'ici, ma fille : ici tu es une étrangère – c'est là-bas que tu appartiens.

– Puis-je retrouver ma tranquillité passée, mon insouciance d'enfant…

– Tu partiras accablée, mais pure, souffrante, mais en paix avec Dieu. Ne vois-tu donc pas que si tu restes encore ici, alors le démon de la passion va commencer à creuser dans ton cœur le trou qui te servira de tombeau ? Ton sentiment sans tache, dont personne n'oserait te rendre responsable, va se troubler dans l'orage des passions. La jalousie, l'envie, la haine vont s'emparer de toi. Sauve-toi, ma fille ! Regarde dans ton âme et prends soin de sa pureté. Celui qui apporte son cœur déchiré devant le trône de Dieu, il en sera le fils ; mais pour le cœur que les passions ont obscurci, même s'il n'est pas tombé dans le crime, le trône de Dieu apparaîtra comme le siège d'un terrible jugement. Que les gens soient coupables envers toi : ils en répondront devant Dieu, mais ne sois pas coupable envers eux.

– Vos paroles, mon père, déchirent mon âme ! Soutenez-moi… »

Et cette touchante conversation se poursuivit entre Emma et le pieux reclus. Emma lui ouvrit toute son âme, et il versa sur son cœur déchiré par l'amour toutes les consolations de la foi et de l'espoir.

Emma embrassa sa main avec dévotion et se dirigea calmement vers la demeure du prince. Elle fut accueillie par une grande agitation : plusieurs équipages et des chevaux se trouvaient dans la cour. Elle comprit que la princesse s'apprêtait à faire une visite. Dans la salle de billard, on entendait des voisins. Emma se retira dans sa chambre, située dans l'aile arrière de la maison. On lui rapporta que la princesse l'avait longuement demandée. Emma se sentait épuisée, mais prête à tout. Il lui semblait que la princesse l'appelait pour lui annoncer une décision fatale. « Dieu ! Je suis prête ! » dit Emma, se tournant vers l'icône et croisant les mains sur la poitrine. Elle se mit en chemin et se rendit chez la princesse. Ses joues brillaient à cause de la promenade et de tout ce qu'elle avait senti et entendu ce matin-là.

XVI

« Vous avez fait une bien longue promenade, ma chère, dit à Emma la princesse, et je commençais à m'inquiéter. Comme mon Paul est inconstant : il vous a laissée, il est allé chez la comtesse N. N. et a fait dire qu'il y resterait toute la journée.

– Nous avons croisé la comtesse en grande compagnie. Je ne voulais pas que l'on me remarque, et c'est moi qui ai laissé le prince pour aller prendre encore un peu l'air.

– Et vous avez fort bien fait. Voyez comme les roses de vos joues se sont épanouies.

Emma eut un sourire amer. La princesse ne le remarqua pas, car elle essayait des boucles de diamant devant son miroir.

– Nous allons encore sortir, dit-elle. Nous allons déjeuner chez nos voisins les B. B. Me permettez-vous de rester ici ? demanda Emma avec inquiétude.

– Je pense que vous avez besoin plus que tout de repos, et il y aura là-bas beaucoup de monde.

La princesse s'installa sur son divan et y fit asseoir Emma auprès d'elle.

– Je sais, ma chère, dit-elle, que vous êtes oppressée dans le bruit et le grand monde. Vous aimez la solitude, le calme de la vie de famille, le bonheur domestique. Ah ! qui n'échangerait pas contre eux le lourd fardeau de la vie mondaine. Comme il est triste de voir les gens que leur naissance et leur éducation attirent dans le monde ! Et j'ai souvent pensé à moi-même en vous voyant…

– Pouvez-vous dire cela, princesse !

– Et pourquoi pas ? Je sens que je ne suis pas née pour le grand monde, et que seules ma noblesse et mon éducation ont fait que j'ai pu le supporter. Vous connaissez mon mari : peut-il faire mon bonheur ?

La franchise de la princesse stupéfia Emma.

– Mais ensuite, la perte de mes enfants, la maladie du seul fils qui me restait !.. J'aurais pu faire le bonheur d'un homme possédant une âme et un cœur, ma chère : j'aurais été prête à beaucoup lui offrir. Le destin m'a privée de tout moyen de sacrifier quoi que ce fût pour les gens que j'aime, et il n'y a rien qui remplace le plaisir que l'on trouve à un tel sacrifice.

"Sacrifice ?" pensa Emma, intriguée.

– Je m'imagine : quel sentiment céleste doit emplir l'âme d'une jeune fille, par exemple, qui pour le bonheur de ses proches, d'êtres chers aurait décidé de sacrifier quelque passion insensée ; d'échanger un plaisir éphémère contre un bien plus solide ; troquer un caprice de l'imagination contre la satisfaction permanente d'avoir bien agi et d'en tirer une joie paisible.

Emma sentait un tremblement fiévreux secouer tout son corps.

La princesse ne regardait pas Emma, elle paraissait songeuse et, jouant avec une chaîne d'or à laquelle était suspendue une montre de prix, elle continua de parler :

– J'ai besoin de m'entretenir avec vous d'une affaire importante, ma chère Emma. Je veux vous consulter, pas vous commander. Vous savez que j'ai l'habitude de vous aimer comme une fille.

"Une fille !" Emma frémit à ce mot.

– Vous m'avez attachée à vous par votre bon cœur, par votre âme, pure et merveilleuse. Bien entendu, vous n'avez remarqué dans ma demeure aucune différence par rapport à l'amour filial prodigué par vos gentils proches ; vous avez été pour moi une amie dans le malheur et tout ce que j'ai pu faire pour votre satisfaction, je l'ai fait…

Emma leva les yeux. Ils se posèrent sur les estampes disposées sur le divan, et s'arrêtèrent en particulier sur une pièce grande et splendide.

Elle représentait Dante, exilé de sa patrie, fugitif sombre, morose. Il se tenait, vêtu de pauvres hardes, sur la première marche d'un magnifique perron qui menait à un palais grandiose ; le bâton du voyageur était dans sa main ; le vent d'un pays étranger mettait ses cheveux en désordre, et ses lèvres venaient de prononcer les mots gravés au bas de l'estampe :

Tu proverai si come sa di sale
Lo pane altrui, e come è duro calle
Lo scendere e l'salir per Paltrui scale[62]...

– Princesse ! dites-moi ce que tout ceci signifie ? Quel sacrifice attendez-vous de moi ? Que dois-je faire ... et pour le bonheur, le repos de qui...

– Voilà ce que j'espérais venant de vous, chère amie, et pour cette raison j'ai pris le soin de vous bâtir un destin futur. Je connais la situation de votre famille...

– Ai-je jamais réclamé de vous quoi que ce fût, princesse ?

– Oh mon Dieu ! À qui suis-je en train de dire cela ? Votre grand-père est âgé ; vos frères sont encore si jeunes ; vous aurez à vous soucier de leur sort, mais pourrez-vous le faire, vous, une jeune fille, seule...

– Il existe un père pour les orphelins, princesse...

– Voilà une pieuse pensée. Mais nous ne vivons pas à l'ère des miracles, ma chère enfant. Vous devez vous trouver un protecteur sûr... – la princesse se tut une minute – Vous avez rencontré notre honorée connaissance, le lieutenant Dobrov ? Vous l'avez vu environ trois fois chez nous. Il demande votre main. »

« Grand Dieu ! pensa Emma. J'étais préparée à tout ; mais... je suis un être humain ! C'en est trop, mon créateur, mon sauveur ! Il faut une mesure à tout, il faut une borne à tout, sauf à ta miséricorde. »

Le lieutenant Dobrov était un veuf de quarante ans, un riche propriétaire du district de .... Après la mort de sa première femme, il avait renoncé au service et vécu quelques années sur son domaine pour s'occuper de l'éducation de son jeune garçon. Ensuite il était revenu, disant qu'il s'était décidé à passer l'hiver à Moscou. Par trois fois, il était venu les voir et avait longuement entretenu Emma du temps qu'il

62 « Tu fais l'expérience du goût salé / Qu'a le pain d'autrui et comment il est dur / De monter au perron d'autrui et d'en descendre... », canto XVII du *Paradis* de Dante. Dante a été exilé en raison des troubles politiques qui sévissaient à Florence.

faisait, de la littérature allemande, de son grand-père. Une semaine plus tard, la princesse avait reçu une lettre de lui parfaitement manuscrite dont nous connaissons maintenant le contenu.

Emma se tut, mais la princesse ne tarissait pas sur l'amour du lieutenant pour sa première femme, sur sa belle situation, sur le fait qu'il assurerait l'avenir des frères d'Emma.

Emma ne pleurait pas. La princesse acheva et se décida à la regarder. Emma était pâle, mais calme ; elle souriait même.

« Permettez-moi, princesse, de vous faire la réponse habituelle de la fiancée. J'ai entendu dire que les jeunes filles répondent toujours aux propositions semblables à la vôtre par un : j'ai besoin d'y réfléchir.

– Bien sûr, douce Emma. Vous ne vous attendiez, bien entendu, pas à cela.

– Je dois avouer que non.

Emma se leva et voulait partir.

– Ah, au fait, mon enfant : n'écrirez-vous pas aujourd'hui à votre famille à Moscou ? C'est aujourd'hui que part notre courrier habituel.

– Je vais écrire. Je dois absolument leur écrire. »

La princesse resta seule, fronça les sourcils et essuya la sueur de son front à l'aide de son mouchoir de batiste. « Comme les obligations d'une mère sont pesantes ! », chuchota-t-elle.

Emma s'arrêta sur le seuil de sa chambre. « Tu seras mon tombeau ! pensa-t-elle en embrassant la pièce d'un regard. Je ne franchirai plus ce seuil. »

Elle s'assit à sa table et écrivit les lignes suivantes :

« Fanny ! Si tu m'aimes, si tu aimes ton Théobald, viens vite me retrouver ici, afin que je ne meure pas dans des mains étrangères. Demande à ton Théobald de se rendre chez mon grand-père, de le préparer à la nouvelle de ma mort et de faire la route avec lui. Mais toi, arrive avant eux. Dépêche-toi, Fanny, au nom du Ciel, dépêche-toi !.. »

« Va porter cette lettre à l'adresse indiquée et voici ton pourboire, mais ne traîne pas et livre cette lettre dès ton arrivée à Moscou. J'en ai absolument besoin. »

Emma disait tout ceci d'une voix ferme au courrier envoyé à Moscou. Elle prit ensuite place près de la fenêtre et regarda comme on approchait l'équipage de la comtesse. C'était avec ces mêmes chevaux d'un noir d'ébène qu'elle était venue de Moscou avec la princesse.

XVII

La princesse rentra tard chez elle. Lorsqu'elle se réveilla le lendemain, Agrafena lui rapporta que mademoiselle Emma Ivanovna s'était à nouveau sentie mal la veille et qu'elle semblait gravement malade.

« Et pourquoi donc, idiote, ne m'as-tu pas dit cela hier, quand je suis rentrée ?

– Je ne voulais pas inquiéter votre Excellence. »

La princesse abandonna son petit-déjeuner et alla dans la chambre d'Emma.

Le médecin vint à sa rencontre à la porte : il venait juste de quitter Emma. Il avait passé toute la nuit à son chevet.

« Comment va votre malade ? lui demanda tout de suite la princesse.

– Ce n'est rien, elle va mieux à présent. Ne la dérangez pas, princesse.

– Je dois la voir.

– Pourquoi, princesse ? Elle est plus calme à présent et elle demande qu'on envoie chercher votre directeur de conscience, le moine Païssi. Oui, elle me demande de vous transmettre ses excuses : elle est navrée de vous imposer les nombreux désagréments de sa maladie. Demandez qu'on fasse venir ce moine au plus vite ; quant aux soucis que vont causer l'indisposition d'Emma, ils ne dureront pas longtemps. Emma ne vivra pas jusqu'à ce soir.

– Cher docteur !...

– Oui, pour cette fois, la science va me donner raison... »

La princesse n'avait pas la force d'aller voir Emma, ni de parler.

Elle se dirigea vers son boudoir. Le vieux prince la croisa dans un des salons.

« Est-il vrai que notre Allemande est dans un état désespéré et qu'elle se meurt ? demanda-t-il.

– Oui, répondit la princesse.

– Comme c'est embêtant ! Filka ! Que l'on prépare ma voiture. *Adieu, ma chère** ! Je vais à Moscou.

– Maintenant ?

– Oui, tu sais que je ne peux supporter les morts et je perds le sommeil et l'appétit quand il y a un défunt dans la maison. »

Une heure plus tard, on entendit partir l'équipage du prince et, à la porte du domaine, il croisa un vieux chariot qui amenait le directeur de conscience de la princesse.

On mena le reclus dans la chambre d'Emma. La malade était assise dans un grand fauteuil, face à la fenêtre, entourée de coussins.

« Mon père ! dit Emma d'une voix faible, à peine audible. Bientôt tout sera fini : et la lutte, et la souffrance. Je n'ai qu'une demande à vous faire, vous qui êtes ma dernière consolation sur cette terre : prononcez sur moi le saint sacrement de la conversion à la foi orthodoxe et, je vous le conjure, demandez à la princesse que l'on m'enterre dans le cimetière de village d'ici.

– Ma fille ! Ton souhait est sacré, et la sainte Église orthodoxe est toujours prête à recevoir celui qui accourt vers elle. Mais pourquoi penses-tu au cimetière…

– Serait-ce donc un péché ? C'est là que reposent ses ancêtres… c'est là qu'*il* reposera, où qu'il meure et quel que soit le nombre d'années qu'il vive encore. Dieu ! accorde-lui une vie longue et heureuse ; mais son tour viendra. Mes frêles os se réjouiront à l'idée que nous nous relèverons un jour dans la même béatitude divine : je me lèverai, non pour lui adresser des reproches, mais pour aller à sa rencontre avec le regard de l'amour saint qu'il ne lui a pas été donné de connaître dans cette vie ; il se relèvera, non pour me rejeter, mais pour marcher avec moi vers le trône de l'amour infini. »

Le pieux reclus ne put retenir ses larmes. Il posa les deux mains sur la tête d'Emma et pria pour elle…

Le rite de l'onction venait de s'achever et Emma avait pris part au saint sacrement, lorsque Fanny entra doucement dans la chambre et tomba toute en larmes aux pieds de son amie.

« Grand-père n'est pas avec toi ? demanda Emma avec inquiétude.

– Non, je suis seule.

– Dieu merci ! Je ne pourrai pas l'attendre s'il arrive demain… Assieds-toi ici, près de moi, Fanny, déplace mon fauteuil par-là, plus près de la fenêtre.

Tous quittèrent la pièce ; Fanny s'assit près de son amie.

– Fanny ! donne-moi ta main. Es-tu heureuse, Fanny, avec ton Théobald ?

– Oh, ma chère amie !

– Fanny ! si mon vieux grand-père ne devait pas survivre à ma mort… sois une mère pour mes frères…

– Vis, ma chère, songe à nous !

– Non ! la vie terrestre n'existe déjà plus pour moi… Mais Fanny, regarde… mes yeux… s'obscurcissent… j'ai l'impression qu'on amène un cheval dans la cour… Il va quelque part ! Le voir encore une fois… Fanny ! envoie quelqu'un dire à Paul que je voudrais le voir, parler avec lui…

XVIII

Le jeune prince était dans sa chambre, tout à fait habillé pour la promenade. Un autre jeune homme se tenait près de lui. Ils riaient et causaient.

« Le temps file, Paul, on nous attend ; dépêche-toi ! ton cheval est-il prêt ? Comme tu es maladroit ! C'est comme si ta maladie continuait toujours un peu de te tourner la tête.

Le valet de la princesse entra.

– Que veux-tu ?

– Mademoiselle Emma Ivanovna vous demande instamment auprès d'elle ; elle a ordonné de dire qu'elle a un besoin impérieux de vous voir.

– Qui est-ce, Paul ? Qu'est-ce que cette mademoiselle Emma Ivanovna ?

– La demoiselle de compagnie de Maman.

– Mais qu'as-tu à faire avec elle ? Paul ! Que signifie ?

Le jeune prince rougit sous le coup du regard entendu de son camarade.

– Fadaises ! je ne te laisserai pas partir. Qu'est-ce que c'est que ces enfantillages ! On s'aime dans un recoin de la maison ! On fait des romans !

– Ce n'est rien ; laisse ces soupçons stupides.

– Eh bien ! fais dire alors…

– Elle est de nouveau malade, d'après ce que l'on dit ? demanda le prince au valet.

– Très gravement, c'est ce qu'on dit, votre Excellence.

– Et serais-tu médecin ? Sottises ! Ce ne sont que des rumeurs, tu auras encore le temps de venir lui dire adieu et pleurer.

– Mais est-elle vraiment très malade ?

– Je ne peux pas vous répondre, votre Excellence.

– Pourquoi perdre notre temps à discuter ? Dis que tu es parti. Hé, toi ! vas donc dire que le prince n'était déjà plus chez lui. N'est-ce pas vrai, Paul ?

– Oui, oui ! »

Emma eut un sourire triste lorsqu'on lui apporta la réponse du prince. Elle leva la main et, désignant la fenêtre, elle dit à Fanny :

« Il est parti, vois-tu, Fanny, on vient de lui amener son cheval… donne-moi ma lorgnette… c'est lui, il me semble, qui traverse la cour. Dieu !.. quand il reviendra, on lui dira qu'Emma n'est plus. Adieu, Paul, adieu. »

Elle croisa les mains et ferma les yeux. Fanny se hâta de faire appeler le médecin. Il entra et, les bras croisés, silencieux, il regarda Emma. La pâleur de la mort était déjà sur ses lèvres ; ses doigts se refroidissaient… Une gaie hirondelle se posa à cet instant sur le rebord de la fenêtre, elle se mit à chanter, à gazouiller, à sautiller, et… quand elle s'envola, Emma n'était plus. Fanny se mit à pleurer à chaudes larmes en sentant que son corps devenait froid. La porte s'ouvrit. Le père Païssi entra dans la pièce ; la princesse le suivait. Tous deux s'arrêtèrent, frappés de stupeur. Les gens du prince s'assemblaient dans la pièce voisine.

« Elle est morte, elle est morte ! disaient-ils.

– Morte ! Qui est morte ? Mon Emma ? »

Un cri à fendre l'âme retentit au milieu de leurs chuchotements.

Tous se retournèrent : un vieillard chenu, échevelé, dans ses habits de voyage, couvert de poussière, arrivait en toute hâte, soutenu par un jeune homme – c'était le grand-père d'Emma accompagné de Théobald.

La douleur de celui qui a perdu un être cher est sacrée ; mais la peine déchirante du vieillard qui a perdu un fils chéri, une fille bonne… le spectacle d'une telle souffrance chez le vieil homme qui survit à ses derniers espoirs est insupportable.

« Emma ! s'écria-t-il en frappant dans ses mains. Elle est morte, elle est vraiment morte…

Il tomba presque sans connaissance dans les bras de Théobald qui tentait de le réconforter. Le vieillard se mit à sangloter, à sangloter amèrement.

– Mon honoré ami ! commença à lui dire le médecin. Pensez-vous donc que nous ressentions moins vivement que vous la perte de cette créature douce, céleste…

– Tu la ressens ? toi, être sans cœur ! N'est-ce pas toi qui me l'as enlevée, gaie, en bonne santé, gentille, et maintenant tu me rends son cadavre, n'est-ce pas toi, charlatan étranger, assassin !

– Je n'attendais pas de tels reproches de votre part, cher monsieur, je ne m'y attendais vraiment pas, objecta le médecin. Vous pouvez dire ce qu'il vous plaît, mais vous n'avez pas le droit de m'accuser d'erreur ou de négligence. Je vous invite à consulter le journal que j'ai tenu de sa maladie ; je suis prêt à disséquer le corps de votre petite-fille et à vous prouver que sa maladie était incurable, qu'elle avait rongé son cœur… »

Le grand-père ne répondait déjà plus rien : il étreignait le froid cadavre d'Emma et pleurait…

Les larmes coulent et s'assèchent. Et le cœur humain oublie ce qui lui a été bon et cher.

On enterra Emma dans le cimetière de village du domaine princier, là où dans un tombeau particulier reposaient les ancêtres du prince S*** et où tout autour d'eux les paysans qui leur appartenaient dormaient paisiblement. On installa la tombe d'Emma dans un recoin solitaire de ce cimetière.

La princesse resta quelque temps songeuse, mais ensuite cela lui passa. « Quand bien même cette pauvre jeune fille s'est sacrifiée, pouvais-je moi, une mère soucieuse du sort de son fils, me conduire autrement ? »

Le sort de son fils ! Connaissais-tu ce sort, mortelle à la vue étroite ?

L'année 1812 arriva[63]. Le jeune prince S*** s'arracha aux rets de son ensorcelante Moïna et n'eut cure des larmes de sa mère qui pleurait sans parvenir à le convaincre de rester. Il réintégra son ancien régiment de hussards et se trouvait dans l'armée lorsqu'après l'incendie de Moscou, elle faisait route de Riazan à Kalouga. Quelques jours plus tard, on lisait dans les dépêches les mots suivants : « Rayés des rangs : prince S***, cornet du régiment de hussards …, tué au combat ». La balle d'un maraudeur français avait mis fin à l'antique lignée princière.

Le fidèle serviteur du prince, qui l'avait accompagné à l'armée, ramena son corps dans le village de ses ancêtres sur un simple traîneau de paysan.

63 Date de l'invasion napoléonienne de la Russie.

Là-bas, tout est maintenant désert, détruit ; à la place du splendide palais du prince, on ne voit plus que des ruines consumées. Les habitants du village se sont enfuis ; l'église du village a été pillée, transformée en écurie ; même les tombes des ancêtres du prince S*** ont été ouvertes.

Le fidèle serviteur, aidé de quelques paysans, se résolut à enterrer le corps de son jeune maître dans un coin du cimetière. On commença à creuser la tombe et on tomba sur un cadavre encore frais.

« Quelqu'un vient donc d'être enterré ici ? demanda l'un des paysans, appuyé sur sa pelle.

– Ah oui, j'avais oublié ! C'est cette petite Allemande qui vivait chez la princesse, qui s'est convertie et est morte ici.

– Ah ! oui, oui ! »

Tes os se sont-ils réjouis, Emma ? Ont-ils fait un bon accueil à leur voisin ?

Les tombes ont leurs secrets pour les vivants.

VLADIMIR ODOÏEVSKI

LA PAYSANNE D'ORLACH

1842

Édité et traduit par Laetitia Decourt

PRÉSENTATION

Après des études à la pension pour nobles de l'Université de Moscou où ses professeurs l'ont initié à la pensée de Schelling, Vladimir Fédorovitch Odoïevski (1804-1869) fonde en 1823 la « société des amis de la sagesse », société secrète consacrée à l'étude des théories de l'idéalisme allemand et de la *Naturphilosophie*, avant tout celles de Schelling, Oken, Kant et Fichte mais on y abordait aussi la question du lien entre science et religion, souvent sous un angle mystique, comme Raymond Lulle, Jakob Böhme, Martinès de Pasqually, Emanuel Swedenborg. S'inspirant des œuvres littéraires de Novalis et Hoffmann, enthousiasmé par ses expériences (al)chimiques, Odoïevski publie nombre d'œuvres marquées par le dualisme idéaliste. Ainsi, dans les nouvelles « La Sylphide [Сильфида] » (1837), « Le Cosmorama [Косморама] » (1840), et « Le cadavre vivant [Живой мертвец] » (1844), il est déjà question de la dualité entre monde physique et monde idéal, du mystère accessible à quelques rares élus qui, incapables de surmonter le fossé séparant les deux mondes, sombrent souvent dans la folie. C'est ce dernier thème qui préside également à la conception de sa dernière grande œuvre littéraire, le roman philosophique *Les Nuits russes* [*Русские ночи*] (1844).

Dès le début des années 1840, Odoïevski s'est emparé du magnétisme, thème omniprésent à l'époque, à la croisée de la vulgarisation scientifique et du motif romantique du double monde. En 1844, il aborde la question de la « galvanoplastie ou galvanotypie » dans la brochure « Le galvanisme. Application technique [Гальванизм в техническом применении] ». En 1845, à l'occasion d'une recension de l'ouvrage récent d'A. Teste, *Le Magnétisme animal expliqué*, il traduit en russe la douzaine de préceptes théoriques du magnétisme animal découlant de l'étude du « fluide électrique », d'où il ressort que le magnétisme est une manière scientifique d'interroger ce qui fait la spécificité de la vie animale, par opposition à la « vie » des objets inertes.

« La paysanne d'Orlach [Орлахская крестьянка] », parue en 1842, était pensée comme la première partie d'un cycle inachevé, qui devait s'intituler « Les possédés [Беснующиеся] ». Venant d'un auteur si impliqué dans l'étude scientifique du phénomène, on aurait pu attendre un texte plus direct, mais « La paysanne d'Orlach » est un récit qui laisse son lecteur tirer ses propres conclusions en lui présentant des alternatives à l'interprétation « mystique » ou « merveilleuse ». En l'absence du stéréotype du magnétiseur-charlatan (ainsi qu'Odoïevski qualifiait Mesmer), nous est donnée une figure de magnétisée, une vierge simple et innocente, dont l'esprit n'est pas encombré par les raffinements de l'instruction. Elle subit à la fois les apparitions et la lutte pour la possession de son corps de la part de l'homme noir maléfique et de la dame grise, l'*alter ego* de l'héroïne dans le monde spirituel. Il s'agit donc pour l'auteur d'utiliser cette histoire vraie, attestée par des témoins contemporains (l'auteur n'a modifié que le prénom de l'héroïne, Magdalene Grombach), pour démontrer la réalité incontestable, quoiqu'inexplicable par la science « conventionnelle », de ce phénomène de possession et, par contiguïté, la réalité de l'existence du monde spirituel. Deux aspects de ce texte le rendent unique et contribuent à lui donner sa place dans le présent recueil : l'absence presque totale du motif du regard « magnétique », remplacé par celui de la voix comme miroir de l'âme, et le thème, extrêmement courant dans la littérature russe de l'époque, de l'usurpation d'identité, qui reçoit ici un développement inattendu lorsque l'héroïne est possédée à la fois par l'homme noir et la femme grise.

Laetitia DECOURT

LA PAYSANNE D'ORLACH

> Je prévois que beaucoup de ceux qui liront ces lignes croiront que ce sont les fruits de l'imagination. J'affirme en toute vérité que ce ne sont pas des choses inventées, mais des choses qui véritablement ont eu lieu et furent vues, non pas dans un état du mental assoupi, mais dans un état de pleine conscience[1].

– Dites-moi, je vous prie, pourquoi aimons-nous les diamants ? dit la jeune princesse Rifeïski[2], en approchant du comte Valkirine[3] qui, assis dans un coin du divan, étudiait tour à tour, avec une attention toute particulière, les visages des quelques membres du cercle intime de la princesse.

– Princesse, répondit-il, votre question est bien plus complexe que vous ne le pensez. Si je vous faisais la réponse adéquate, vous ririez, comme à votre habitude…

De toutes parts, on se mit à rire : Ah, nous savons bien ce qu'il dira !

– Eh bien ! Je n'ai pas encore prononcé un seul mot que vous vous gaussez déjà tous, remarqua le comte d'un ton froid. Qu'arrivera-t-il

---

1 E. Swedenborg, « Aspect, situation et nombre des Enfers », trad. Jean Prieur in *Les Visions de Swedenborg*, Paris, Fernand Lanore, 1984, p. 111.

2 Riphée est le nom de l'ami d'Énée dans l'*Énéide* de Virgile. Les monts Riphées, en revanche, sont présents dans les sources grecques antiques et désignent une chaîne de montagnes située dans un lointain septentrion. Le *Dictionnaire universel d'histoire et de géographie* de Marie-Nicolas Bouillet et Alexis Chassang (Paris, Hachette, 1878), les identifie comme ayant pu correspondre au Tchardagh, au Balkan, aux Carpathes ou à l'Oural.

3 En musicologue averti, Odoïevski connaissait certainement déjà la musique de Wagner, mais il faut préciser qu'à la date de parution de « La paysanne d'Orlach », seul *Tannhaüser* avait reçu la faveur du public. *L'Or du Rhin* et *La Valkyrie* n'ont vu le jour qu'en 1869-1870 à Munich. Le nom du personnage fait donc avant tout référence au personnage de la mythologie scandinave et à son lien avec le monde des morts et des esprits.

lorsque j'aurai parlé ? À cause de cela, vous n'aurez pas de réponse, ajouta-t-il avec un sourire un peu triste.

– Parlez, parlez, protestèrent les invités d'une seule voix.

– Je vous promets de ne pas rire, ajouta la princesse.

– Écoutez donc. Je vous assure que votre question est bien plus importante qu'elle n'y paraît au premier abord. Oui, répéta le comte après un soupir, cette question nous emmène fort loin.

– Irons-nous jusqu'à Mathusalem[4] ? demanda la jeune nièce de la princesse.

– Bien avant, répondit l'original avec la plus profonde gravité.

Tous se mordirent les lèvres pour éviter de rire. Le comte était visiblement dans l'incertitude et n'ajoutait rien.

– Eh bien ? disaient les dames.

– Eh bien, me croirez-vous si je vous disais que notre passion pour ces pierres brillantes est le souvenir d'une époque fort lointaine ? Qu'il y eut un temps où notre corps brillait plus fort que tous les diamants du monde ? que ces vulgaires pierres, disséminées avec tant de parcimonie à la surface de la Terre, nous rappellent notre précédent habit de lumière… elles nous le rappellent involontairement, car nous ne savons plus comprendre cet état lumineux !..

L'éclat de rire fut général.

– Ah, comme cet habit de diamant massif devait être beau ! dit la princesse. Ne pourriez-vous pas tenter de vous procurer cette matière ? ne serait-ce que pour un chapeau…

– Savez-vous, princesse, dit le comte gravement en la regardant, que ce n'est pas vous qui dites ce que vous dites ?

– Qui est-ce donc, si ce n'est moi ?..

– Eh bien, quelqu'un d'autre… Vous n'auriez pas ri de ce que je dis à présent ; mais quelqu'un d'autre vous force à rire. Cela lui est fort profitable.

– Qui est-ce ?

– Je ne peux vous le dire…

Après ces paroles, un certain calme retomba.

À cet instant, un homme d'âge avancé se leva. Sa physionomie était froide, presque sans vie. On le traitait avec le plus grand respect, en l'appelant par son prénom et son patronyme, Ivan Krestianovitch.

4 Le texte russe indique littéralement « jusqu'au déluge ».

Remarquant ce mouvement, le comte tourna vers lui un regard attentif et demanda à son voisin :

– Qui est-ce ?

– Comment ? Vous l'ignorez ? C'est Ivan Krestianovitch Ryndine[5], un personnage important… C'est le meilleur d'entre nous, un homme bon et droit !

Le comte baissa la tête et se plongea dans ses pensées.

Ivan Krestianovitch alla jeter un regard dans la pièce voisine, où l'on préparait la table verte ; en passant à côté de la maîtresse de maison, il lui murmura :

– Qui est donc ce comte ? Je ne l'ai encore jamais vu.

– Il est arrivé tout récemment ; il a beaucoup voyagé. Où n'a-t-il pas été : Turquie, Égypte, Inde…

– Il ne semble pas avoir rapporté beaucoup d'esprit de son voyage…

– Il est un peu étrange, mais amusant et fort aimable…

– Ah, vous les dames, comment vous comprendre ! répondit Ivan Krestianovitch avec cette muflerie qu'il donnait pour de la franchise. Pardonnez-moi, vous savez que j'ai le caractère franc… Qu'y a-t-il donc de si amusant ? Il débite des sottises, comme on dit chez nous. Pourquoi donc à présent voyage-t-on dans les pays étrangers ? Fadaises et balivernes… Et notre partie ? demanda Ivan Krestianovitch à un vieil homme qui s'était approché.

– Nous sommes quatre, Ivan Krestianovitch, je venais justement vous chercher…

– Eh bien, allons-y ! Allons prendre notre revanche.

Pendant ce temps, à la table des dames, l'on riait et débattait pour savoir qui, en l'homme, peut parler à sa place si ce n'est lui-même.

– Je suis entièrement d'accord avec le comte, dit le baron Keinezeit, un jeune diplomate provisoirement rentré de l'étranger, qui écoutait les paroles du conteur en feignant d'y croire. Lorsque je traversais l'Allemagne, j'ai entendu partout des rumeurs au sujet d'une jeune paysanne à travers qui, soi-disant, parlait un individu mort il y a quatre cents ans, racontant ce qui se passait alors avec des détails si abondants qu'ils n'auraient certainement pas pu venir à l'esprit d'une simple paysanne. Mes bons Allemands croyaient à tout ceci…

---

5 La famille Ryndine est une lignée russe qui remonte au XVIe siècle et a donné à l'Empire russe un explorateur, un sénateur, et plusieurs héros militaires.

– Avez-vous vu cette jeune fille ? demanda le comte, sortant aussitôt de sa rêverie.

– Non. Je le voulais, mais on me dit que ses parents n'autorisaient personne à la voir, ce que je trouve fort sage. Le fait est qu'une foule de gens s'était rendue dans ce village et, bien que personne n'eût rien vu, on disait que le village s'était beaucoup enrichi grâce aux voyageurs.

– C'est là tout le mystère ! remarquèrent plusieurs convives.

– Il est regrettable que vous ne vous soyez pas rendu à Orlach, dit le comte. Il est vrai que, lorsque la pauvre fille se retrouva indisposée, son père interdit les visites des curieux qui, par leurs questions, ne faisaient que la tourmenter. Il y eut un grand nombre de récits faux à ce sujet. Mais, au fond, cette histoire ne fait aucun doute.

– Vous, comte Valkirine, connaissez sans doute cette histoire à la perfection ? Faites-nous le plaisir de nous la raconter, disaient les dames en souriant.

– Je vous promets que personne ne rira, ajouta la princesse en souriant d'un air moqueur.

– À votre guise, dit le comte. Je ne refuse jamais de faire de tels contes lorsqu'on me les demande car, dit-il en baissant la voix, c'est un sentiment intérieur lointain qui les réclame en vous, un sentiment que vous-même ne comprenez pas.

– Eh ! quoi ? Encore ? s'exclama la princesse. Il est déjà fort heureux que les démons ne soient pas les seuls à parler en nous. Qui d'autre ?.. Je ne comprends pas.

– Quelqu'un, princesse, quelqu'un qui, en dépit de vos railleries, vous force à désirer le récit de cette histoire et éveille en vous une curiosité... salvatrice, sans doute, ajouta le comte d'un air mystérieux en la fixant de ses yeux ardents.

– Ah, quel regard étrange vous fixez sur moi ! dit la princesse.

– Oh, je vous en conjure, ne riez pas. Écoutez les voix qui parlent en vous : vous entendrez des sons merveilleux, et bientôt vous saurez distinguer entre les différentes voix, vous...

– Foin des préfaces ! s'écrièrent les auditeurs, l'histoire ! l'histoire !

Tous se réunirent autour de la table à laquelle notre orateur était assis. L'auditoire était composé d'une jeune comtesse, de la princesse, leur hôtesse, du jeune diplomate fraîchement revenu de l'étranger, d'un homme à la contenance grave qui attendait la partie de cartes avec une expression des plus importantes, de la jeune nièce de la princesse, tout juste sortie de sa pension et qui n'avait pas encore perdu l'habitude d'écouter attentivement et même, parfois, de s'étonner. Il y avait enfin quelques gens de maison qui, en société et dans la vie, jouent le rôle de ce que nos anciens poètes appelaient chevilles, tels les mots : guère, encor, etc., utiles pour compléter un vers. Impossible de faire sans eux, et pourtant ils ne servent à rien.

Le conteur commença ainsi :

« En Allemagne, dans le hameau d'Orlach, vivait, et vit peut-être encore aujourd'hui, le paysan Grombach, un luthérien si honnête et intelligent qu'il fut élu à la fonction de chef de son village. Grombach avait quatre enfants, dont une fille de vingt ans, nommé Enchen, un modèle de zèle et de santé allemands : elle était bien en chair, fraîche et avait les joues vermeilles. Elle travaillait des journées entières à la fenaison ou au battage des épis et avait seule la charge de deux travailleurs. Elle n'était jamais souffrante, n'avait jamais contracté aucune maladie infantile, ni été la victime d'aucune crise, et, depuis sa naissance, elle n'avait jamais pris aucun médicament. On ne lui avait pas donné d'instruction ; elle savait à peine lire et nourrissait même une sorte de dégoût pour les livres.

– Je dois avouer que votre héroïne n'a pas le moindre intérêt, remarqua la comtesse.

– Je donne la vérité sans aucun ornement. Tout ce que je m'apprête à vous dire me fut raconté par des personnes honorables, qui virent de leurs propres yeux toute l'affaire. Il y a quelques années de cela, Grombach acheta une nouvelle vache…

– Sera-t-elle la véritable héroïne ? intervint la jeune moqueuse.

– Presque, répondit le conteur. Mais, si vous continuez à m'interrompre, nous n'atteindrons jamais la fin. Grombach, donc, acheta une nouvelle vache. Tout à coup, on remarqua que, lorsqu'on l'attachait à un certain endroit de l'étable le soir, on la retrouvait au matin suivant attachée à un autre endroit. Personne n'entrait dans cette étable, hormis Grombach et ses filles. Trois autres vaches partageaient cette étable…

La princesse ne put se retenir de lâcher :

– Quels détails passionnants !.. *C'est du Georges Sand tout pur*[6] *!..*

6 En français dans le texte. La princesse fait référence à l'innovation stylistique de George Sand qui, dans ses premiers romans, choisit souvent son Berry natal comme cadre de l'action, qu'elle décrit de manière rustique, non poétisée. Il faut noter que les plus connus

Le conteur, faisant mine de n'avoir rien entendu, poursuivit :

– Bientôt, tous dans la maison remarquèrent que quelqu'un tressait les queues des vaches, aussi serré que le meilleur coiffeur. Si l'on défaisait les tresses, celles-ci réapparaissaient, réalisées par une main invisible, dès qu'on laissait les vaches seules dans l'étable. Ces facéties se prolongèrent quelques semaines, jusqu'à quatre ou cinq fois par jour, et personne ne put voir qui en était responsable.

– Ah, Seigneur ! remarqua Rounski, récemment arrivée de Moscou, voilà jusqu'où sont descendus vos savants de Pétersbourg ; chez nous à Moscou, il n'y a que les cochers pour répéter que les domovoïs[7] tressent la crinière des chevaux. Trop paresseux pour leur peigner la crinière, ils accusent le domovoï !

Le conteur fit à nouveau la sourde oreille et poursuivit :

– Un jour qu'Enchen trayait les vaches, une main invisible – veuillez pardonner cette grossièreté – frappa soudain la pauvre fille si fort que son bonnet tomba de sa tête. La malheureuse Enchen poussa un cri qui fit accourir son père, mais il n'y avait personne à côté d'elle. Quelques jours passèrent. Dans l'étable, on vit apparaître tantôt un chat noir à la tête blanche, tantôt un oiseau noir semblable à un corbeau, lui aussi à tête blanche. Toute la maisonnée les avait vus. Un jour, le chat se jeta sur la pauvre fille et la mordit jusqu'au sang. De tels incidents étranges se poursuivirent une année entière. Un jour, alors qu'Enchen et son frère se trouvaient à l'étable, un feu apparut soudain dans un coin…

L'homme important haussa les épaules et sortit de la pièce en marmonnant : "Quelles fadaises ! Comme si l'on ne pouvait trouver un sujet de discussion plus convenable que des contes de bonne femme." Les auditeurs restants se pressèrent dans l'espace qu'il avait libéré auprès du conteur qui poursuivit :

– Le feu commençait à attendre le toit. On cria, on appela les voisins, on éteignit le feu. Mais l'affaire ne s'arrêta pas là. Pendant plusieurs jours, la flamme apparut à différents endroits de la maison, si bien qu'à la fin Grombach, qui attribuait ces incendies à une volonté criminelle, dut

des romans champêtres, *La mare au diable*, *François le Champi* et *La petite Fadette* n'ont pas encore vu le jour en 1842.

7 Parmi les esprits familiers de la mythologie païenne slave, le *domovoï* est l'esprit, la plupart du temps invisible, qui réside dans la maison. Il est d'usage de le nourrir et de l'apaiser pour éviter qu'il ne s'adonne à de mauvaises plaisanteries.

faire appel à la police. Des sentinelles furent postées autour de la maison, mais rien n'y fit. En dépit d'une surveillance de jour comme de nuit, la flamme s'allumait sans cesse ici ou là. Tant et si bien que Grombach et sa famille décidèrent de quitter la maison. Vidée de ses habitants, et en dépit de toutes les précautions prises, la demeure continuait à subir des départs de feu.

Un jour, après l'incendie, Enchen arriva dans l'étable à six heures et demie du matin, quand tout à coup, dans un coin, comme venant de sous le mur, elle entendit clairement un cri de nouveau-né. Il vous faut savoir que la maison de Grombach était construite sur les ruines d'un épais mur de pierres anciennes, comme cela se rencontre souvent en Allemagne. Enchen appela son père. Il inspecta toute l'étable et les alentours sans rien trouver. Le même jour, à sept heures et demie, Enchen vit dans un coin sombre de l'étable une femme en robe grisâtre, la tête couverte d'un voile noir[8]. L'apparition tendit les bras vers la jeune fille mais une force invisible la retint. Enchen prit peur, cria. À ce bruit, son père accourut, et l'apparition se dissipa.

La pauvre fille reprit ses esprits et, quelques heures plus tard, retourna dans l'étable nourrir les vaches. Elle regarde : dans le même coin se tient la même femme en robe grise, la tête couverte d'un voile noir. À nouveau, tantôt elle cherche à s'approcher d'elle, tantôt elle disparaît dans la pénombre. Enfin, d'une voix saccadée, comme sous l'effet d'un effort extraordinaire, l'apparition prononça : "Il faut détruire la maison ! Il le faut absolument ! Faute de quoi, un malheur arrivera, elle brûlera – et à vous aussi un malheur arrivera – c'est ce que veut cet homme malfaisant – je l'en empêche – mais c'est difficile – je ne puis – démolir – démolir – trouvez… Promets ! Promets !"

Enchen, terrifiée, promit tout – et l'apparition se retira… La nuit, alors qu'Enchen était déjà couchée, la femme grise apparut à nouveau. "N'aie pas peur de moi, dit-elle, ne crains rien. Je ne te ferai pas de mal, je t'aime comme une sœur ; oui, moi aussi je suis née à Orlach, le même

---

8 La jeune femme dont le visage est masqué par un voile noir est un motif qui renvoie les lecteurs, entre autres, à son emploi récurrent dans *Le Moine* de Lewis. Cela permet d'évoquer la Nonne sanglante et les thèmes qui lui sont associés : la tentation du désir sexuel, la damnation de ceux qui se livrent à une sexualité débridée, le meurtre des nouveau-nés innocents, ainsi que le thème gothique très fréquent de la jeune femme emprisonnée dans un donjon.

jour que toi, mais quatre cents ans avant toi, et moi aussi je m'appelais Anna. Je suis accablée, je suis liée à un être maléfique, mais tu peux m'en libérer – oh ! Démolissez la maison, détruisez-la au plus vite…"

À compter de ce moment, l'apparition se manifesta si souvent à la pauvre paysanne qu'elle s'y habitua, lui parlant comme à un être humain ordinaire. Enchen interrogeait souvent son étrange sœur : quelle était la cause de ses souffrances ? Qui était cet être maléfique dont elle parlait si souvent ? Comment lui était-elle liée ? Pourquoi fallait-il démolir la maison ? Mais, à toutes ses questions, l'apparition répondait de manière vague, elle soupirait, se languissait et, peu après, s'évanouissait.

Souvent, la femme grise, sans attendre les questions d'Enchen, disait : "Je sais ce que tu veux me demander", et elle répondait parfois à une question posée mentalement. Parfois, elle disait : "Ne me demande pas cela, je ne puis te répondre." Chaque fois, l'apparition répétait : "Détruisez la maison ! il faut la démolir, sans quoi… je n'aurai pas la force d'éviter un malheur. Oh, quand donc viendra l'heure de ma libération !"

Souvent, aussi, l'apparition prédisait à Enchen divers événements de sa simple vie, comme l'arrivée de telle ou telle personne et d'autres choses de la sorte. Or, puisque l'apparition n'était visible qu'à Enchen, son père, qui avait consulté des médecins, attribuait tous les récits de sa fille à une maladie et ne se décidait pas à démolir sa maison. Cependant, la femme grise ne cessait pas d'apparaître à Enchen, se languissait comme auparavant et la suppliait de tenir sa promesse.

– C'est toujours ainsi, fit remarquer, en souriant, l'un des auditeurs, si une apparition doit se manifester, ce n'est jamais à deux témoins en même temps, mais toujours à une seule personne, et celle-ci a beau jeu d'en dire tout ce qui lui passe par la tête.

– Écoutez donc la suite, répondit d'un ton froid le conteur, avant de poursuivre :

Vint le temps des foins. Un jour qu'Enchen et son père étaient partis pour le pré, elle entendit la voix de l'ouvrier du voisin : "Entendez-vous, père, Franz nous crie de l'attendre, qu'il veut marcher avec nous ?" Mais son père n'entendait rien. Peu après, Enchen entendit à nouveau la même voix répéter les mêmes mots, puis éclater d'un rire sardonique. Tout le jour, elle vit passer devant elle tantôt le chat noir, tantôt un chien noir, tantôt voler au-dessus d'elle l'oiseau noir ; mais elle était la seule à le voir, son père ne remarquait rien.

Le jour suivant, au même endroit, la voix invisible dit à l'oreille d'Enchen : "Regarde un peu quelle dame vient te voir", et partit d'un rire mauvais. Au loin, l'image de la femme grise tremblotait devant elle. À la mi-journée, alors que les ouvriers s'étaient dispersés, Enchen vit apparaître face à elle, d'après ses dires, un homme en habit noir. Il marcha avec elle de long en large dans le pré tout en lui répétant : "Pourquoi cette dame vient-elle te trouver ? Qu'attend-elle de toi ? S'il te plaît, ne l'écoute pas, ne lui réponds pas ; elle ne fait que t'égarer. Réponds-moi, plutôt, et en échange, je te donnerai la clef de la cave sous votre maison ; il y a encore près de huit tonneaux de bon vin, de vieux vin…" Mais quelque chose de si étrange s'entendait dans cette voix qu'Enchen ne pouvait rien lui répondre, pas même un mot.

Les jours suivants, le même homme apparaissait. "Enchen, disait-il, ne veux-tu pas m'aider à botteler le foin ? Je te donnerai un thaler pour chaque botte. Ah, si tu savais, j'ai des thalers sonnants et trébuchants ! Les veux-tu ? Mais réponds-moi donc ! Non ? Eh, je vois que tu es aussi sotte que ta visiteuse".

Parfois, l'homme noir lui disait : "Donne-moi ta faux, je vais l'aiguiser pour toi". Et, en effet, il prenait la faux et l'aiguisait si bien qu'elle n'exigeait plus de soin tout le reste de la journée. Tantôt, il la harcelait de séductions d'un autre genre : "Veux-tu, disait-il, que je te mène à la dame qui te rend visite ? Nous prendrions du bon temps ! Là-bas, il y a de quoi boire et manger. Mais pourquoi donc ne réponds-tu pas ? Pour chacune de tes réponses, je te couvrirai d'or, car je suis très riche…"

L'homme noir fit une cour assidue à la pauvre fille : il retournait le foin, le fauchait avec elle, lui racontait les choses les plus diverses, toujours pour obtenir la même chose : une réponse. Mais Enchen, suivant un sentiment involontaire et inconnu, ne lui répondait jamais. Souvent, pour tenter de lui dérober une réponse, il paraissait sous les traits d'une ouvrière venue prier Enchen d'aller voir son père, ou prenait l'aspect d'une voisine qui serait venue prendre de ses nouvelles. Étrangement, l'homme noir ne parvenait jamais à déguiser totalement sa voix, si bien qu'Enchen le reconnaissait toujours et le laissait, comme auparavant, sans réponse. Un jour, en entrant dans l'étable avec sa sœur, elle vit sur une bûche un petit sac rempli de pièces d'argent anciennes, le souleva en se demandant lequel des habitants de la maison aurait pu le perdre. Mais elle ne trouva personne pour réclamer cet argent, personne ne déclara de perte. Sa sœur ne savait quoi faire d'une telle trouvaille. Brusquement, l'homme noir se retrouva à côté d'Enchen et lui déclara dans un rire moqueur : "N'aie crainte, Enchen, prend cet argent, il est à toi. Je l'ai pris à un certain monsieur qui en avait berné un autre de six carlins. Tu pourrais au moins me remercier, Enchen ; c'est en dédommagement de la gifle que je t'ai donnée lorsque nous avons fait connaissance, parce que tu me plais beaucoup…"

La même nuit, la femme grise apparut à Enchen : "Tu fais bien de ne pas répondre au méchant homme noir ; ne garde pas non plus l'argent, distribue-le aux pauvres. La première fois que tu iras à la ville de Halle[9], marche dans la ville jusqu'à ce que quelqu'un t'appelle. On t'offrira de l'argent et tu achèteras un bon livre. Essaie de le lire quand tu seras triste. – Et la maison ? Sera-t-elle bientôt détruite ? Quand ? Bientôt ?"

Enchen exécuta précisément ces ordres. On ne détruisait toujours pas la maison, mais une partie de l'argent de l'homme noir fut donnée à l'orphelinat de Stuttgart, une autre partie à l'hospice des pauvres de Halle, et le restant à l'institut d'Orlach. Un jour, alors qu'elle se trouvait en ville, Enchen marchait dans la rue. Un marchand la héla depuis son étal et lui demanda si elle n'était pas la jeune fille d'Orlach dont on racontait les si étranges aventures, avant de lui offrir un florin. Elle l'utilisa pour acheter le livre qui lui avait été conseillé.

Avec tout cela, l'homme noir ne cessait de visiter la pauvre Enchen sous différents aspects. Il lui disait : "Pourquoi reçois-tu cette dame chez toi ? pourquoi lui parles-tu ? Elle ne te donne pas d'argent ! Moi je t'en donne, et tu ne veux même pas me répondre !" L'homme noir ajoutait à ses mots une raillerie, une tentation ou des menaces : "Je t'aurai bien, un jour, tu verras que tu me répondras ! Qu'a-t-elle de bon, ta vie si ennuyeuse ? Trouves-tu donc de la joie à traire les mêmes vaches et toujours faucher l'herbe ? Daigne prononcer un mot en réponse, et tu seras riche, contente de tout, tu ne feras rien. Mais si je ne reçois pas de réponse, ne t'en prends pas à moi ! tu verras ce qui arrivera !"

Ces étranges événements se répétèrent sans interruption pendant quelque temps. Tantôt l'homme noir venait, tantôt la simple apparition de la femme grise le chassait et il ne revenait qu'à son départ.

Puis, pendant quatre ou cinq jours, les apparitions cessèrent. Mais un jour qu'Enchen était en bonne santé et très calme, elle dit : "Voilà

9 D'après le contexte, il s'agit de la ville de Halle-en-Souabe, dans le Bade-Wurtemberg.

encore la femme grise. Elle dit que je souffrirai encore plus de l'homme noir mais que je dois supporter ces attaques avec courage et qu'elle m'aidera. Je ne comprends pas grand-chose à ce qu'elle dit, mais elle répète sans cesse qu'il faut au plus vite détruire la maison, qu'alors elle sera libérée. Ah ! Écoutez-la, écoutez ce qu'elle dit ! Elle dit que l'homme noir est mauvais et rancunier, elle le connaît... Obéissez-lui, accomplissez sa volonté."

Le père d'Enchen ne parvenait pas à prendre une décision. Un jour, assise sur un banc, la pauvre fille tricotait un bas. Tout à coup, elle pâlit et s'écria : "L'homme noir ! l'homme noir ! le voilà ! Il vient vers moi, il me tend les bras, il serre mes épaules de ses doigts froids, il menace de m'étouffer, – le voilà ! il est là !" – "Où ? Où donc ?" demandaient les gens qui se trouvaient autour d'elle. "Ici, ici !"répondait Enchen en montrant son cœur. Son visage fut saisi de terribles spasmes, ses yeux se voilèrent, prirent une expression bestiale et, tout à coup, Enchen se mit à parler d'une grossière voix d'homme : "Que me voulez-vous ?" cria-t-elle. "Pourquoi ne me laissez-vous pas en paix ? Vous pensez me chasser d'ici ? Nenni ! Je ne suis pas un de vos invités, je suis le chef ici, je suis le prieur. Écoutez : ici, sous la maison...Ah ! voilà encore cette maudite femme pour me tourmenter, – je n'irai pas, – je ne sortirai pas, – pour rien au monde..."

S'ensuivirent les plus horribles malédictions qui, semblait-il, n'auraient jamais pu venir à l'esprit de la pauvre fille.

Les convulsions empirèrent. Enchen tomba sans connaissance. On appela un médecin. En vain, car aucun remède n'agissait. Quelques instants plus tard, elle reprit ses esprits d'elle-même et, bien que faible, se sentait en parfaite santé. Elle ne se rappelait ni les paroles qu'elle avait prononcées pendant sa crise, ni les questions qu'on lui faisait. Elle racontait seulement qu'elle avait vu l'homme noir, sous un aspect terrible, s'approcher d'elle, appuyer ses mains froides comme la glace sur ses épaules, et sauter droit dans son cœur. Elle sentait la présence de cet hôte indésirable la tourmenter, elle voulait se plaindre mais ne le pouvait pas : l'homme noir disposait à volonté de ses pensées et de ses paroles. Quelque temps plus tard, Enchen avait vu son amie en robe grise, elle l'avait regardée s'approcher, elle aussi, et entrer dans le côté droit de sa poitrine. Alors avait commencé entre les deux apparitions, selon les mots d'Enchen, une dispute qu'elle ne pouvait comprendre puisqu'ils parlaient une langue inconnue d'elle. Puis, elle avait vu l'homme noir, maudissant le monde entier, sortir de son corps, elle avait entendu la femme grise répéter : "Il faut démolir la maison ! démolir la maison !" Enfin, Enchen assura qu'elle s'était comme éveillée.

Cette scène ne fut pas la dernière. Plusieurs fois, Enchen raconta l'apparition de l'homme noir ou de la femme grise, elle sentit à nouveau les doigts froids la toucher, elle parla à nouveau d'une voix d'homme grossière et perdit connaissance.

Des milliers de gens se rassemblaient pour regarder ce prodige inouï. La présence de certains irritait l'homme noir qui parlait par la bouche de la malheureuse paysanne. Il recevait d'autres avec amabilité. Il raillait les troisièmes et racontait leur vie depuis leur naissance, révélait certaines de leurs actions secrètes qui horrifiaient leurs auditeurs, d'autant plus que, parmi les curieux, se trouvaient des gens venus de loin, dont Enchen, dans son état ordinaire, n'aurait jamais rien pu savoir.

Revenant de son état d'inconscience, Enchen pleurait amèrement et se plaignait d'avoir, probablement, le haut mal[10]. Son père était plongé dans un profond désespoir. Les médicaments n'apportaient pas de répit, et il se décida finalement à exécuter l'ordre étrange de la femme grise : il transporta la malade dans une autre demeure et entreprit de détruire la maison. Le médecin recommanda de cacher la malheureuse fille aux curieux qui, semblait-il, ne faisaient qu'alourdir ses tourments par leurs questions.

Dans sa nouvelle demeure, les crises de la malade se poursuivirent mais avec moins de force. On remarqua que, pendant qu'elle était inconsciente, son visage penchait tantôt à droite, tantôt à gauche, prenait une expression tantôt bestiale, tantôt bienveillante, puis se tournait tout à fait vers la droite : c'était le signe que la crise prenait fin.

Un jour, Enchen dit : "Ce matin, alors que j'étais couchée, seule dans mon lit, ma bonne amie m'a rendu visite. Elle ne portait plus sa robe grise, mais était couverte d'un long voile blanc qui brillait si fort que je ne pouvais la regarder[11]. Elle semblait très joyeuse. Elle m'enjoignit de

10 Le haut mal, encore appelé mal caduc, mal Saint-Jean, mal comitial, est connu aujourd'hui sous le nom d'épilepsie.

11 Cette transformation qui s'apparente à une transfiguration évoque le roman inachevé *Le visionnaire* [*Der Geisterseher*] (1787) de Schiller, dans lequel ont lieu deux rencontres avec des jeunes femmes d'une beauté éblouissante et vêtues de blanc, toutes deux qualifiées

remercier mon père d'avoir accédé à sa demande, puis ajouta : 'Je puis à présent te raconter beaucoup de choses. Il y a quatre cents ans, alors que j'avais vingt-quatre ans, l'homme noir me convainquit de quitter ma maison. Il me déguisa en homme et m'amena chez lui, à l'endroit exact où se trouve aujourd'hui votre maison. Je l'aimais ! Lorsque notre premier enfant naquit, l'homme noir le tua aussitôt, pour que ses cris ne révèlent pas notre secret criminel. Son cadavre fut emmuré. Oh ! Quel instant horrible ce fut pour moi ! Pourtant, je brûlais toujours autant d'amour pour lui, je lui pardonnai tout et me jetai à nouveau dans ses bras. Un autre enfant naquit, qu'il tua aussi. C'en fut trop. Je tombai dans le désespoir. Mes pleurs l'irritèrent – il me tua ! Mon cadavre est emmuré aussi. Pendant plusieurs années encore, il s'adonna à toutes sortes de crimes jusqu'au jour où, dans un instant de rage, il se suicida. Depuis lors, mon ombre erre à la suite de son ombre : mes cendres et celles de mes enfants nous unissent par des liens indissolubles. Tu es la seule à pouvoir les briser et le temps est venu, enfin, de le faire. Arme-toi de fermeté, supporte encore quelques tourments – ils ne dureront pas longtemps. C'est à ce prix que tu achèteras ma délivrance !'

Sur ces paroles, la blanche apparition tendit la main vers la jeune fille. Enchen, confondue par l'événement, n'osa lui donner sa main qu'une fois enveloppée de son mouchoir ; lorsque la main de l'apparition toucha le mouchoir, celui-ci se consuma sans aucune fumée. Enchen montra ce mouchoir à sa famille et ses amis : on y distinguait clairement l'empreinte noircie d'une paume et de cinq doigts.

On commença à détruire la maison. Enchen était calme et bien portante, quand soudain elle poussa un cri plein d'effroi : "Encore lui, voilà encore l'homme noir ! Il vient vers moi, écoutez ce qu'il dit ; il me gronde, il se moque d'elle (c'était ainsi qu'elle nommait l'apparition blanche), pourquoi m'a-t-elle raconté ses secrets à lui… oh ! quelle peur ! Il dit qu'il entrera à nouveau dans mon corps et que, même si c'était la dernière fois, il me tourmentera pendant longtemps". Enchen se tut puis pâlit. Son visage avait pris une expression de bête sauvage, ses yeux

---

d'apparitions mais toutes deux bien réelles. Le rapprochement entre ces deux œuvres est encore motivé par l'usage semblable de la symbolique du noir et du blanc, mais aussi par le thème général du magnétisme et de la crédulité d'une partie de la société qui veut à tout prix voir des fantômes, faire parler les morts et se convaincre rationnellement de l'existence de l'au-delà.

s'étaient clos tout à fait. Lorsqu'on lui souleva de force les paupières, la pupille n'était pas visible. Son pouls n'avait pas changé, mais tout son côté droit était glacé. Au même instant, elle parla de la voix de l'homme noir, raillant cruellement chacun de ceux qui l'entouraient : « Alors ? disait-il par la bouche d'Enchen, avez-vous découvert tous mes tours ?

Eh bien oui, j'étais un criminel. Et où était le mal ? Qu'aurais-je dû faire ? Mon père était un homme riche. Il brigandait parfois sur les routes, et mes deux frères aînés et moi l'accompagnions. Nous avions un superbe château à Geislingen, à une heure de route d'Orlach. Notre vie était gaie, et j'avais pris goût à cette vie joyeuse et débauchée. Mon père mourut. Mon frère aîné hérita du château, et moi de rien. Mais je n'aurais pas pu abandonner ainsi mon ancienne vie : vous auriez fait la même chose à ma place, n'est-ce pas ? Je n'oubliais pas les belles filles, et elles me le rendaient bien. Je les déguisais en homme, et elles vivaient avec moi en toute tranquillité. Le problème, c'est qu'elles concevaient des enfants : je n'allais pas devenir leur nourrice, tout de même ! Pour mon malheur, parmi ces belles femmes, je tombai sur cette dame blanche qui prit l'habitude de venir ici d'elle-même. Lorsque je nous débarrassai, elle et moi, des enfants, elle eut l'idée de me dénoncer à un larbin quelconque : mais cela, elle n'en parle pas.

On ouvrit un procès. J'étais fait comme un rat, encore heureux que je m'en sois aperçu et que je l'aie envoyée dans la même cache que ses enfants. On chercha tant et plus sans rien trouver, et l'affaire s'arrêta là. Seulement, après cela, j'avais du mal à ramener des filles chez moi : j'étais surveillé. La vie me parut ennuyeuse et je pensai : si on coupe un arbre, il reste couché ; l'homme aussi. Je réfléchis un peu, et je me tranchai la gorge. Oui, je vois bien à présent que je n'ai pas fait ce qu'il aurait fallu : je n'ai pas un instant de repos. Mais en échange je ne donne de répit à personne. Je vais, j'erre, et quand je remarque une porte ouverte chez quelqu'un, j'y saute d'un bond. Nous aimons bien, nous autres, nous réfugier dans un être humain, il n'y fait ni trop froid ni trop chaud. Dans certains hommes, tout est si joyeux qu'on y passe une vie entière sans se faire remarquer ; on vit des années durant, bien sagement, sans éveiller le moindre doute. Vous mourez tous trop tôt, bande de bons à rien, et on doit sans arrêt déménager. J'avais l'intention de prendre cette sotte fille pour refuge et j'ignore même comment je l'ai dénichée, mais on dirait qu'elle s'est trouvé une protectrice… Sans cesse, elles m'agacent et cherchent à me mettre dehors, mais elles en seront pour leurs frais ! »

À chacun de ces mots, les souffrances de la malheureuse Enchen empiraient. Elle se jetait d'un côté, de l'autre, de sorte que six personnes ne pouvaient la maîtriser. Ses membres s'entrechoquaient en de terribles spasmes. Ses lèvres laissaient échapper les plus horribles malédictions ou des railleries.

Pendant ce temps, la démolition se poursuivait. Sous les fondations, on trouva les voûtes d'une tout autre construction qui appartenait apparemment à une époque très reculée. On y découvrit un endroit recouvert d'une chaux différente des autres parties de l'édifice. Dès qu'on y porta la pioche, des os humains en dégringolèrent. Au même instant, Enchen, qui se trouvait dans une autre maison et, bien entendu, ne pouvait savoir ce qui se produisait pendant la démolition, reprit brusquement ses esprits, se sentit d'un coup en parfaite santé et n'eut plus de nouvelle crise. Les témoins de cette scène furent quelques médecins et beaucoup d'autres personnages renommés en Allemagne.

Voici mon histoire. Vous pouvez, princesse, en déduire la morale suivante : il arrive parfois que ce ne soit vraiment pas nous qui parlions, mais quelqu'un d'autre à notre place… »

Le conteur se tut. Minuit avait déjà sonné. Soit qu'en ces heures nocturnes l'imagination de chacun est plus ou moins encline au merveilleux, soit que le comte ait parlé avec éloquence, il n'y eut aucune moquerie, et tous se plongèrent dans leurs pensées.

« Permettez pourtant de remarquer, dit Zvenski, le jeune neveu de la princesse fraîchement émoulu de l'université, qui avait accordé la plus grande attention au récit, permettez de remarquer que cet événement ne prouve en rien votre argument et que tout votre récit peut fort bien s'expliquer par les lois connues de la nature. La pauvre Enchen souffrait en réalité d'épilepsie. Et l'on sait que, après la plus terrible des crises, les épileptiques se sentent parfaitement sains et ne se rappellent absolument rien. Les récits d'Enchen proviennent manifestement de contes allemands, où les apparitions blanches et noires jouent un grand rôle. Que ses crises aient cessé à l'instant même où les os furent découverts n'est rien qu'une coïncidence qui aurait aussi bien pu ne pas se produire.

– Très bien, répondit le comte Valkirine, mais voilà le nœud de l'affaire : Enchen n'était pas la seule à ignorer l'existence de ce château, les patients savants allemands l'ignoraient aussi. Ses paroles mirent en branle tous les chercheurs d'antiquités. Il en fut question dans les revues, on se mit à fouiller les archives et, dans des piles de vieux papiers que personne n'avait examinés pendant des siècles, on trouva l'authentique dossier de l'instruction menée quatre cents ans auparavant contre un malfaiteur qui vivait, d'après les documents, à l'endroit exact où fut ensuite érigée la demeure du père Grombach. D'autres documents indiquaient l'endroit où se trouvait le château de Geislingen, dont les voyageurs peuvent, aujourd'hui encore, voir les ruines et dont personne ne soupçonnait l'existence avant cela.

– Vous savez, lui rétorqua le jeune homme, que dans toutes les histoires de ce genre, tout doit être examiné avec la plus grande minutie, comme au tribunal. Mais je me permets de remarquer aussi que tous ces phénomènes ont cessé d'être merveilleux depuis que le magnétisme nous est connu…

– Connu ? reprit le comte avec un sourire imperceptible et amer. Prenez garde, jeune homme, qu'il ne vous devienne vraiment, intimement connu ! », ajouta-t-il d'un ton si expressif que le jeune homme, faute de mots, dévisagea le comte avec surprise et curiosité.

La discussion prit fin, les invités commençaient à prendre congé. Dans l'escalier, le diplomate fit, à l'oreille des dames, une plaisanterie pleine d'esprit au sujet du conteur, tout en pensant à part lui en français : « Ce n'est pas un mauvais procédé, à vrai dire. Ce brave homme a captivé tout le monde, et je n'ai pu placer un traître mot. J'ai dû avaler ma langue. Mais c'est une bonne astuce, je dois l'essayer ! Il faut lire quelque chose sur ces divagations. N'importe qui connaît l'Europe par cœur, désormais, si bien qu'en parler est devenu de mauvais ton. Rien à faire, il faudra se mettre à la diablerie et ensuite… ensuite surpasser en raffinement ce bon monsieur… On doit bien pouvoir trouver quelque chose de plus effrayant que son récit… »

Ces réflexions furent interrompues par le cri du garde suisse qui annonçait, déformé, le nom de notre diplomate…

BIBLIOGRAPHIE SUR LE MAGNÉTISME EN RUSSIE

COLLIS, Robert, *The Petrine Instauration Religion, Esotericism and Science at the Court of Peter the Great, 1689-1725*, Leiden, Brill, 2011.

FEUILLEBOIS, Victoire, « Introduction », in Vladimir Odoïevski, *Les Contes bigarrés et autres textes*, Paris, Classiques Garnier, 2016.

FEUILLEBOIS, Victoire, « Magnétisme noir et magnétisme blanc dans le romantisme russe », *Cahiers du cercle*, « Science et littérature. Inspirations réciproques. Europe centrale et orientale (XIXe-XXIe siècles) », sous la direction de Stanislaw Fiszer et Antoine Nivières, 2020.

KATZ, Michael R., *Dreams and the Unconscious in Nineteenth-Century Russian Fiction*, Lebanon, University Press of New England, 1984.

KORIOUKINA-SACRÉ, Natalia, *L'Image du médecin dans la littérature russe du XIXe siècle*, thèse de l'Université Paris Sorbonne, 2011

LEIGHTON, Lauren G., *The Esoteric Tradition in Russian Romantic Literature : Decembrism and Freemasonry*, University Park, Pennsylvania State University, 1994.

NEKLYUDOVA, Ekaterina, *Under doctors' eyes : private lige in Russian literature in the first half of the ninteenth century*, PhD, Stanford University, 2012.

VINITSKY, Ilya, *Ghostly Paradoxes : Modern Spiritualism and Russian Culture in the Age of Realism*, Toronto, University of Toronto Press, 2009.

ZIELINSKI, Liudmila (dir.), *Abnormal Hypnotic Phenomena : a Survey of Nineteenth-Century Cases. Vol. 3, Russia and Poland*, Londres, J. and A. Churchilll, 1967.

Богданов К. А. *Магнетизм и черепословие // Врачи, пациенты, читатели : Патографические тексты русской культуры XVIII-XIX веков.* – М. : ОГИ, 2005, с. 178-196.

Долгорукий А. В. *Животный месмеризм.* СПб., 1844.

Долгорукий А. В. *Месмер и его начальная феория.* СПб., 1846.

Долгорукий А. В. *Описание месмерических действий госпожи Лукини, рождённой Компиний* 1832 и 1833. СПб., 1861.

Долгорукий А. В. *Органон животного месмеризма.* – СПб. : В тип. М. Хана, 1860. – XVII, 354, V с.

Долгорукий А. В. [*Сочинения о месмеризме*]. Кн. 1-2. СПб., 1857.

Долгорукий А. В. *Часы досуга меж практикою о месмеризме : лекции матерям.* СПб., 1846.

Глинка Ф. *Замечательный опыт животного магнетизма в Москве // Современник.* – СПб., 1846. – Т. XLIII. – С. 69-76.

Громбах С. М. *Пушкин и медицина его времени. М.*, Медицина, 1989.

Кирпичников А. *Между славянофилами и западниками // Русская старина*, 1898. Т. 96 – С. 297-330, 551-585

Кондаков Ю. Е. *Эзотерическое движение в России конца XVIII - первой половины XIX вв.* М. : Касталия, 2018.

Мусий В. Б. *О животном магнетизме и художественном психологизме в русской литературе начала XIX века / В. Б. Мусий // Література в контексті культури.* – 2009. – Вип. 19. – С. 220-225.

Рихард. *Описание действий животного месмеризма профессора Рихарда /* пер. с фр. А. Долгорукого. СПб. : В. П. Поляков, 1857.

Рожнов В. Е., *Рожнова М. А. Магнетический флюид Франца Антона Месмера // Гипноз и мистика.* – М. : Знание, 1973. – С. 10-18.

Фер Ж. Б. *О месмеризме / пер. с фр. и прибавление с картою А. В. Долгорукого.* СПб., 1857.

INDEX DES NOMS

TABLE DES MATIÈRES

MIKHAÏL POGODINE

ADÈLE

1830

Édité et traduit par Victoire Feuillebois

NIKOLAÏ MELGOUNOV

QUI EST-IL DONC ?

1831

Édité et traduit par Victoire Feuillebois

NIKOLAÏ POLEVOÏ

EMMA

1834

Édité et traduit par Victoire Feuillebois

VLADIMIR ODOÏEVSKI

LA PAYSANNE D'ORLACH

1842

Édité et traduit par Laetitia Decourt

IMPRIM'VERT®

Achevé d'imprimer par Corlet,
Condé-en-Normandie (Calvados), en novembre 2021
N° d'impression : 173883 - dépôt légal : novembre 2021
Imprimé en France